MPR 出版物链码使用说明

本书中凡文字下方带有链码图标“══”的地方，均可通过“泛媒关联”App 的扫码功能，获得对应的多媒体内容。

您可以通过扫描下方的二维码下载“泛媒关联”App。

“泛媒关联”App 链码扫描操作步骤：

1. 打开“泛媒关联”App；
2. 将扫码框对准书中的链码扫描，即可播放多媒体内容。

读者在使用本 App 链码时如遇问题，也可至暨南大学出版社官网“下载专区”进行相关资源下载。

扫描体验：

新南方集团·16条共同价值观

1. 我们的理念：诚、信、义，八大意识要坚持不变。
2. 我们心中有五气：大气、正气、勇气、志气、霸气。
3. 我们鼓励有个性的人，欣赏英雄主义，支持大家成为行业的专家、业界的精英，但我们也重视发挥团队的力量，坚韧智勇、严礼协和、理想卓越是我们的团队精神。
4. 我们注重自己的承诺，言必信、行必果是我们的作风。
5. 我们赞赏坦率、正直、风险和高度的责任感，我们认为包容是一种美德，互相欣赏，互相支持，有礼仪是应该提倡的。
6. 我们认为在工作中执著于职业上的高标准与彼此之间宽厚相待并不矛盾。
7. 我们因为知识而受约束，不愿因无知而感觉自由，我们追求知识，不断学习，充实生活。
8. 我们认为没有责任心，不做事是不道德的。
9. 我们感到为社会、公司和他人作出贡献，能使人生充满意义。
10. 我们需要物质做基础，但我们崇尚精神享受。
11. 我们不喜欢为物质享受侵吞企业和他人利益的人。
12. 我们要创造品牌，铸就品牌，我们相信品牌的价值力量。
13. 对于创新、理性的分析和创造性的技能以及有履约能力的我们都应褒奖。
14. 我们相信激情是生命力的象征。
15. 我们相信自私会贫穷而奉献会富有。
16. 我们相信理想会不断实现。

◆ 新南方文化丛书 ◆

新南方
NEW SOUTH
精氣神

新南方商学院 编

中国·广州

图书在版编目（CIP）数据

新南方精气神/新南方商学院编．—广州：暨南大学出版社，2022.7
（新南方文化丛书）
ISBN 978－7－5668－3445－4

Ⅰ.①新…　Ⅱ.①新…　Ⅲ.①制药工业—工业企业管理—研究—中国
Ⅳ.①F426.7

中国版本图书馆 CIP 数据核字（2022）第 106273 号

新南方精气神
XINNANFANG JINGQISHEN
编　者：新南方商学院

出 版 人：张晋升
项目统筹：苏彩桃
责任编辑：黄　斯
责任校对：周海燕　刘小雯　黄亦秋
责任印制：周一丹　郑玉婷

出版发行：暨南大学出版社（511443）
电　　话：总编室（8620）37332601
营销部（8620）37332680　37332681　37332682　37332683
传　　真：（8620）37332660（办公室）　37332684（营销部）
网　　址：http：//www.jnupress.com
排　　版：广州市天河星辰文化发展部照排中心
印　　刷：深圳市新联美术印刷有限公司
开　　本：787mm×1092mm　1/16
印　　张：16.75
字　　数：326 千
版　　次：2022 年 7 月第 1 版
印　　次：2022 年 7 月第 1 次
定　　价：88.00 元

（暨大版图书如有印装质量问题，请与出版社总编室联系调换）

序

PREFACE

本书是广东新南方集团艰苦创业26年历程的集体记忆，这是一组讴歌新南方创业者精神风貌和价值取向的群雕，是集团创始人朱拉伊先生用中医理念管理企业的心得体会，彰显了他以大众健康为己任、锲而不舍追求卓越的高尚情怀，以及对中医药文化的自信和对企业发展方向的自信。它讲述了新南方创业过程中发生的一些难忘的事件，记录了涌现出来的科学家、优秀管理者和普通员工。每一个故事的发生都有它特定的历史背景、渊源、结局，以及对未来所产生的深远影响，我们能从中看到那种支撑员工奋进的信念、情怀和坚韧不拔的毅力。历史是不能回头的，而现实是残酷无情的，但有勇气、大气的企业家可以凭借梦想义无反顾地勇往直前。朱拉伊先生率领新南方集团群英勤奋努力，不断创新，如《礼记·大学》中所自勉的那样："苟日新，日日新，又日新。"这是一首新南方集团事业朝气蓬勃、蒸蒸日上的进行曲。

朱拉伊总裁曾在集团成立24周年庆典上说："新南方是一个家，一条船，我们要做到各司其职，要有方向感和目标。现阶段，我们的方向清晰了，就大胆地往前走，不再内敛含蓄，好的东西要学会说出来让更多人知道，我们的医疗服务、药品是为了更多人获得健康，是要树立品牌的，这是一份有价值、有意义、前景光明的健康事业。”我们认为，一个企业或者一个企业家虽然可以给后人留下亿万金钱、千栋大厦，但其创业精神和创新思想才是真正的无价之宝。本书为何取名为“新南方精气神”？我们借金代中医脾胃学说的创始人李东垣曾说过的一段话来作一个注释：“积神生气，积气生精，此自无而之有也；炼精化气，炼气化神，炼神还虚，此自有而之无也。”①

朱拉伊先生出生在粤东一个偏远的小山村，凭借他立下的宏愿和坚强的意志，艰苦创业，企业从无到有，从弱小到强大，此为自无而之有；现在他事业有成，本可安享天年，但他以大众健康为己任，在母校设立奖学金，到非洲送医药，在汶川地震、“非典”和新冠肺炎疫情中积极捐献，他投入15亿元研发的抗疟新药和以医带药的快速抗疟项目已经成为中国企业走向世界的一张名片，他将中医思想运用于企业管理的智慧是新南方集团宝贵的精神财富。

本书得以顺利完成，要感谢讲述故事的新南方集团各部门和商学院的同事们，以及广州中医药大学经济与管理学院的部分教师与研究生团队。每当朱拉伊总裁和集团里的许多老同志讲述往事时就会心情激动，感慨万千，滔滔不绝，而倾听故事的年轻人则往往聚精会神，竟然忘记了作记录。从企业文化的角度来看，这的确是一场场、一次次具有教育意义的企业文化传承活动。什么是企业精神？有些人以为是写在纸上、挂在墙上的那些豪迈的句子，其实，真正的企业精神是内化在员工心中的信仰、体现在工作中的价值选择、渗透在言行举止中的文化。企业文化不是老板一个人规定的，也不是靠标语和塑像树立起来的，而是靠全体员工用平时的行动实践出来的。本书以口述、笔录和摄影等方式记录下来的故事，即新南方集团鲜活、真实的企业文化精神的剪影。

我们殷切地希望这本书所讴歌的新南方人创业精神，所叙述的新南方人奋斗历史，能有助于将新南方的文化精神传承给新一代的新南方人。

最后，感谢为本书作出贡献的每一个人。感谢参与本书编写的人员：朱拉伊、邱鸿钟、王军、欧阳醒、王海祥、陈韵如。感谢接受采访和讲述故事的朱拉伊、王军、王海祥、潘隆华、邓愚、李义谋、廖俊健、周旭柳、李丹、

① 转引自清汪昂《医方集解》卷下。

谢伟豪和养和医药连锁各门店店长等。感谢提供故事素材的陈韵如、陈玉霏、陈布露、邓烨、邓慧君、黄婷、黄巧仪、黄烨莹、黄嘉慧、胡恩颖、李雅方、李学盈、李雁、李国铭、梁建宁、霖莹、蒙欣阳、马磊、谢晓玲、张继红、钟昀霖、周欢、王洁、王小霏、王国冰、吴考环、温智伦、温天时、余青玉等。感谢参与本书配套视频制作的温智伦，以及新南方集团企业文化部、培训发展部等多个部门的同事。本书得以出版，还应感谢暨南大学出版社的关心和支持。

新南方商学院

2022 年 1 月

目 录

CONTENTS

凉茶之道　文化遗产

4

养和医药　行业深耕

5

健康人居　潮客小镇

满怀激情　一起奋斗

咬定青山不放松，立根原在破岩中。
千磨万击还坚劲，任尔东西南北风。
——郑板桥《竹石》

朱拉伊先生常说："满怀激情，一起去奋斗"，这句话最能概括他总体精神面貌。他说："我相信激情是生命力的象征。"的确，朱拉伊先生这位广东新南方集团有限公司的创始人，不仅是一位满怀创新激情的老总，也是能团结家族兄弟、同学好友、企业员工和父老乡亲一起为梦想而奋斗的人。在家里，他是三兄弟的"老大"；在企业，员工亲切地称他为"朱拉伊"；在母校，大学生们称他为"朱老师"。见过朱拉伊的人都能感受到他独特的人格魅力。虽然他身价亿万，但从未见他穿金戴银，炫耀名表豪车。他穿着朴素，但讲究整洁，偏爱穿白色衬衣；他思想活跃，待人谦和，言语平实，从不见他高谈阔论；他虽然满怀事业激情，但话语总是轻声平和，淡定从容；他为青蒿素的研发和产业化投入超过 15 亿元，为非洲"抗疟"取得进步作出了贡献，也为中国青蒿素扬名世界付出了巨大的努力，他邀请诺贝尔奖提名专家来中国，最终促成中国人获得诺贝尔生理学或医学奖，但他一直保持低调的做人风格。这不仅是岭南儒商的气质，也是中国传统中医药文化浸染的烙印。朱拉伊先生说："我们新南方最好的地方是我们有活力，有激情。"看来朱拉伊也将"有激情"认定为新南方集团的集体无意识特质了。

2019 年朱拉伊刚刚过完 62 岁生日，就远赴肯尼亚首都内罗毕，就新南方集团的援非项目拜会肯尼亚政府卫生官员。首都内罗毕于 1899 年建城，现今是非洲最领先、最时尚、最现代化的国际化大都市之一。朱拉伊到达内罗毕的这一天正好皓月当空，他站在远离祖国的东非大地上，仰望星空，无限感慨涌上心头，即兴写下了如下一段感言：

"40 年前，从凤凰山下，韩江之滨，前往广州。学岐黄术，识尝百草，晨起练体，堂上听课，树下习书，漫步校园，挑灯夜读，且行且悟，学成而归，悬壶乡里，不亦乐乎！壮志未酬，再赴羊城，披荆斩棘，书生苦战，感触良多。奖善斗恶，奋勇向前，稍有小成。良师召唤，凉茶出世，青蒿斩获，呦呦诺奖，健康全球，传承发扬，仍需努力。今夜非洲，明月当空，感慨万分，月是故乡明！"

朱拉伊在非洲大西洋边留影

上面这段四字文，简要地概括了朱拉伊先生近 40 年艰苦奋斗的经历与人生感悟。他说："为什么今天我能站在这里，我要来做什么，全在于 40 年前风华正茂之时就萌发的那颗初心。"他还说："年龄只是人生的符号，激情和心态才是衡量一个人年轻与否的标准。"可以说，了解朱拉伊的激情是什么，激情源自何处，激情又如何持之以恒，就是了解新南方集团事业发展的钥匙，倾听朱拉伊的故事就是读懂新南方人精气神的窗口。

丰顺留隍　朱家三杰

朱拉伊出生于广东省梅州市丰顺县留隍镇口铺村一个普通的农民家庭，父母一生务农，生育了三个很有出息的男孩。兄弟 3 人，朱拉伊排行老大，是新南方集团的创始人；老二朱孟依是合生创展（简称“合生”）和珠江投资（简称“珠投”）的当家人；老三朱庆伊是珠光集团的创始人。朱氏兄弟三人是留隍镇口铺村最有成就的人物。这是一个低调行事的家族，有人戏说这三兄弟都是“沉默的大佬”。我们不妨借助一下公众熟悉的万科地产与朱氏家族的产业进行比较，在 1998 和 1999 年两年，合生创展在广州一地的利润就超过万科在全国五个城市的利润总和。那时合生系开发的项目、销售商品房面积以及销售总额在国内私营房地产开发商中无出其右。2008 年合生创展荣登胡润慈善榜第 2 名，胡润百富榜第 10 名；2012 年胡润房地产富豪榜排名第 8；2019 年福布斯中国慈善榜排名第 19，福布斯全球亿万富豪榜排名第 617 位，胡润百富榜排名第 112，福布斯中国 400 富豪榜排名第 84。难怪原万科地产董事长王石称赞：“合生创展才是中国房地产界真正的航空母舰。”

朱拉伊年轻时的留影

朱拉伊、朱孟依和朱庆伊三兄弟在走出丰顺县留隍镇口铺村进行创业时，都先后进入了房地产创业。1992 年朱孟依在香港与人合作，最先成立了“合生创展”；1993 年他又在广州创立了“珠江投资”。朱拉伊在 1994 年成立了广州新南方房地产开发有限公司。朱庆伊则于 1997 年创立了“珠光集团”。三兄弟在房地产开发上抱团取暖，珠联璧合。如 2004 年老大的新南方集团与老三的广州珠光房地产开发有限公司全面合作房地产项目，联手组建“新南方·珠光”地产。老二很早就意识到资本市场的力量，经过一系列筹划和努力，1998 年 5 月合生创展在香港上市。合生创展利用资本优势，储备了大量土地，项目开工面积大大增加，珠江地产也成了珠江投资的开路先锋，资源不断积累，人才得到锻炼，知名度不断提升。朱氏家族也逐渐发展壮大成为中国南方实力最强大的家族性企业之一。朱家三兄弟性格内向，做人低调如出一辙，因为在香港注册的合生创展公司成立时间最早，因此，后创立的新南方和珠江地产都低调地隐藏在合生创展的光环背后，直到 2004 年朱拉伊才独立组建了广东新南方集团有限公司，并先后成立了广东新南方建材有限公司、广东新南方建筑有限公司、广东新南方电梯工程有限公司等子公司。珠江投资则在 2008 年才完成了地产板块业务的重组，更名为珠江地产集团后正式独立亮相于地产市场。

朱氏三兄弟从丰顺到广州，他们都不太愿意在公众前露面或高谈阔论，但都乐善好施，同情扶助弱者。朱拉伊、朱孟依、朱庆伊三兄弟捐款 2. 36 亿元人民币支援家乡建设，包括为家乡丰顺留隍镇 60 岁以上老人办理农村社会养老保险，设立县第二人民医院建设紫琳基金会，援建东留大堤等项目。2008 年在汶川抗震救灾活动中，珠江地产先后捐赠达 1 200 万元，还向灾区人民捐赠了 100 套住宅，价值逾亿元。

从朱家三兄弟创业的历程中，我们可以发现，他们既没有显赫的家族背景，也没有经商的资金传承，是靠自己的聪明才智，吃苦耐劳，把握了市场机遇才奋斗出来的；而且与一些反目成仇的内耗家族企业相比，朱家三兄弟团结友爱，相互支持，他们不仅秉承了潮汕人和客家人低调务实、刻苦耐劳、善于经营、诚实信义经商的族群品质，而且与时俱进，善于学习，成了改革开放大潮中的弄潮儿。

客家人家庭观念很强，重视家庭成员之间关系的和睦。有一次采访朱拉伊总裁的人向他提了一个许多人不好意思开口的问题：您家里和睦，三兄弟都有自己的产业，但又常常保持协调一致的联合行动，您有什么心得？朱拉伊总裁笑一笑回答，过去父亲在世的时候，晚辈都听父亲的；父亲走后，他作为长子，在家庭问题上他自然多发挥了点主持的作用，但在处理所有产业合作等相关问题时，他们兄弟遵守一个原则：即谁控股谁说话，有需要时大家互相帮助。朱氏兄弟既传承了儒家家庭伦理传统，又吸收了符合现代市场经济规律的潮汕经营理念，多年来团结合作成功经营了许多大型项目，这是潮汕人和客家人精神融合的典范，对于众多家族企业来说，也具有很好的启示意义。

踌躇满志　回乡从医

将时光的指针拨回到 40 多年前。1974 年，17 岁的朱拉伊高中毕业，风华正茂，热爱中医的他经过努力成为乡村里的一名“赤脚医生”，一干就是四年。

四年赤脚医生的经历不仅让年轻的朱拉伊体验到了乡亲们对赤脚白衣天使的敬重，也深深地感受到了作为赤脚医生由于专业知识和医术的缺乏，面对许多疾病束手无策的窘境。他期盼有更多的增长专业知识和提高业务能力的机会。1978 年，因“文革”中断了多年的全国高考恢复，朱拉伊像那时千千万万怀揣梦想的青年一样，克服了重重困难，终于如愿考上了广州中医学院（也就是现在的广州中医药大学）中医临床医学专业。他寒窗苦读五年，于 1983 年大学毕业。

朱拉伊大学时与同窗好友的合照

也许是出于对土生土长家乡的顾念，或许是对原来从事赤脚医生的那份不舍，大学毕业时，朱拉伊做出了一个当时令同学们都很吃惊的决定，他选择回到缺医少药的家乡，去镇卫生院当一名普通的乡村医生。要知道在那个年代，大学毕业生还是社会的稀缺资源，他留在广州当医生的机会很多。“医者仁心，医好一个人比赚一百万还开心。”朱拉伊一直有做一个好中医的理想。然而，满怀当一个好中医激情的朱拉伊在镇卫生院工作了八年后，他深深地体会到现实往往不如理想美好。相较于 20 世纪50—60 年代中医在农村卫生院扛大梁的状况，到 20 世纪 70—80 年代就只剩下几个中医苦撑门面了。那时候的镇卫生院已经变成西医为主，“打吊针”是城乡基层医疗的普遍现象，中医药事业不受重视，中医医疗领域缩小，功能急剧下降，中医事业发展处在深深的低谷期。当时有一首打油诗在民间流行：“金眼科，银外科，累死累活妇产科，小诊所月收入一万多，学会中医吃窝窝。”这从一个侧面反映了当时各科医生生存状况的差别。年轻的朱拉伊深深地感受到作为一个农村中医医生的失落和生存发展的窘迫，他意识到要重新振兴中医药事业必须开辟一条新的道路，而要走新的路子，自己就必须先有一定的事业基础和巨大的资金投入。于是，他毅然辞去了镇卫生院的工作。

再返广州　艰难创业

再次来到广州的朱拉伊发现，眼下的广州已经不再是几年前沉闷的样子，在改革开放的春风吹拂之下，这个多元文化融合的城市迸发出了巨大的活力，诱人的创业机会和多样的选择考验着每一个胸怀梦想来到这里的青年人。

在这样的背景下，朱拉伊和从家乡一起走出来的几个年轻兄弟开始在市场经济的大海中学习。他曾骑着自行车送过煤气罐，做过房屋装修，利用进口摩托车的包装木料加工简易家具等等，创业的探索之路让他尝尽了人生的酸甜苦辣，挫折冷暖。几经辗转，他终于在广州新塘承包了一个加油站，还在赤岗一带办起了当时规模比较大的购物中心，从此开启了他多元化经商的道路。特别是他创办的新恒汽车维修公司，在当时广州 6 000 多家同类公司中排前 30 名，被有关部门批准为二类企业，这算是不错的成绩；加油站项目精打细算，改善服务，年创销售油量近 2 500 吨，在当时是很好的经营水平了。这些产业为后来新南方集团的创立奠定了重要的基础。

就在这一时期，1992 年老二朱孟依在香港与人合作成立了合生创展，接着，和许多香港商人一样，朱孟依也回到内地投资。基于当时的社会背景和市场开放的机遇，1994 年 7 月 13 日，在广州海珠区租借的一间小房间里，朱拉伊与几个创业伙伴们似乎丝毫没有感到广州的炎热，只有一种澎湃的激情在他们心中升腾，这一天“广东新南方公司”通过省工商局的核准正式宣告成立了。虽然当时参加的人员并不多，没有敲锣打鼓、摆放花篮，也没有燃放鞭炮，但是，“7. 13”这个日子被创业者赋予了崭新的意义，这一天被深深地铭记在新南方人的脑海里。从那一刻开始，新南方公司从无到有，从小到大，从弱到强，一步一个脚印走向辉煌。可以说，新南方企业标志凝聚了朱拉伊创办企业的初心。朱拉伊说：每个人心中都有一个太阳，那是激发瑰丽梦想并为之奋斗永远不竭的原动力。每个成功的企业都有自己的核心理念，那是企业冲破一切艰难险阻持续发展的原动力。新南方的核心理念就是“诚、信、义”。“诚、信、义”就是新南方员工心中永远不落的太阳。因此，新南方公司的标志是一轮冉冉升起的太阳，象征着新南方远大的理想和光明的未来，体现着企业最核心的理念。朱拉伊认为，人才是新南方生存发展的根本，新南方需要无数的人才，需要凝聚、有创造力的团队，于是用三个“人”字造型，组成“众”字图案，象征着企业以人为本的意识，表现企业众志成城强大的凝聚力，三个“人”字又构成“八”字造型，寓意着朱拉伊提出的“三大理念和八大意识”。设计中特意将“人”字出头，也象征着新南方人敢于突破常规、不断进取、大胆创新、敢为人先的坚强意志和必胜信心！

据公司档案记载，仅在公司成立两年后的 1996 年，公司业务发展突飞猛进，公司人员从注册时的 20 多人增加到 400 多人。那一年，朱拉伊就将公司的宗旨确定为：“追求卓越，稳健发展，为祖国的繁荣富强、为人类社会的进步与发展作出应有的贡献。”在一般人看来，一个刚刚起步的私营小公司将自己的目标是否定得太高调？的确，用私企追求财富第一的价值标准来看，新南方公司的这一宗旨属于另类。但难能可贵的是，这是朱拉伊先生以及那一代有为青年内心的鸿鹄之志，新南方的发展也一直遵循这种理念。20 年以后，朱拉伊无比自豪、自信地感叹道：“有没有新南方，对于我们的社会将是不一样的。”

广东新南方集团的文化标志

我的快乐　因为贡献

虽然人和动物都追求快乐，但动物因为满足自身的生物需求而快乐，而人因为感到有价值有意义才快乐。不同的人还因为价值观不同而有不同的快乐。朱拉伊先生的快乐观是令人敬佩的。他说："我高兴，我快乐，我心情非常好，因为我对别人有贡献，能够体现我自身价值。"我们可以从朱拉伊先生关于房地产开发设计的理念和承诺来看他的价值观。

在新南方公司的产业发展道路上，房地产一直是其发展的主业。做企业，尤其是创办私人企业，追逐利润，追逐更大的利润无可非议。但如何追求，如何处理义利关系，却因人因企业而异，因投资者的理念而不同。经常有人问朱拉伊："为什么不把珠江广场三期的楼宇建得更高一些?"他的答案永远是"信用"二字："我们要信守、履行原先对一期住户的承诺：保证他们的住房永远是可以望到江景的。虽然因为这样，我们在经济上确实减少了不少利益，但是有力地维护了我们的信誉。而信誉，它是无价的。"如果第三期建高了，就会挡住第一期楼盘住户对珠江景观的欣赏。朱拉伊常说："办企业不是纯粹为了赚钱，钱是为社会作出贡献后得到的。企业主动承担社会责任是第一位的，赚钱是第二位的。商人是逐利而行，企业家不能见利忘义。"

在新南方公司房地产的产品设计上，朱拉伊紧随当代世界建筑行业正兴起的"健康"思想潮流，提倡"以人为本，打造健康人居"的"健康概念"。他说："我们的产品设计要从文化背景、文化知识、文化传统和生理学、心理学等多角度综合考虑不同阶层对居住环境的诉求，以顾客利益为准则，以市场需求为导向，在产品开发、设计上，要让客户住得更加舒适，活得更加健康，实业更加兴旺发达。"从新南方公司多年发展的轨迹来看，创新发展"健康元素"是其一大特色和优势，是新南方公司的一面旗帜，基本上达到了预期的目标，也得到了社会的高度认同。在公司成立初期的10年内，新南方公司就开发了南兴花园和珠江广场两个低密度的房产项目，虽然建筑面积只有30多万平方米，但仅珠江广场这一个项目的销售额就超过20亿元，税后利润超过了当时房地产的平均水平，这说明朱拉伊打造的健康人居品牌得到市场的认可和追捧。

获赠医方　创凉茶业

朱拉伊1978年考入广州中医学院中医临床医学专业，有幸得到邓铁涛教授的谆谆教导，结下师生情谊。毕业后，朱拉伊亦常到邓老家中拜访，聆听邓老关于中医智慧与人生哲学的教导。2002年，为传承中医养生智慧与经验，践行“上工治未病”的理念，邓老欣然答应将自己数十年摸索出的适合现代人饮用的凉茶秘方无私赠予新南方集团进行开发。

在新南方集团的资本和产业化运作下，邓老凉茶配方经过一段时间的筹划，逐渐完成了产品申报、生产许可、品牌打造、市场推广等过程，2004年8月广州养和堂邓老凉茶连锁有限公司在珠海香洲隆重开业。2006年5月25日，凉茶被国务院正式认定为国家级非物质文化遗产。新南方集团抓住难得的机会积极组织材料进行申报，在此次入选的54种凉茶配方中，邓老凉茶的9个配方全部入选，并被认定为第1到9号配方，位居申报单位的榜首。从此，“邓老凉茶”入选非遗的凉茶方和术语受到《世界文化遗产保护公约》及国家法律的永久性保护。2007年12月“邓老凉茶系列产业技术升级项目”被广东省经济贸易委员会选定为当年“广东省产业技术创新十二大重点专题项目”计划。2008年9月邓老凉茶研究所成立，新南方可能是全国凉茶行业唯一一家具有研发机构的企业。2011年11月香港邓老凉茶药业完成控股工

朱拉伊先生与邓铁涛教授（左）合影

作。邓老凉茶营销渠道有直营店、加盟店、关联企业、电商平台，以及代理商和经销商分销网络，邓老凉茶年销售规模日渐增大。目前邓老凉茶直营门店在广州有 12 家，北京合生汇 1 家，加盟门店 359 间。朱拉伊用自己的实际行动将一个国医大师的学术思想精华和临床经验方转化为一种具有巨大潜力的大健康产业，也创造了许多就业新岗位，践行了他十分欣赏的那句格言："空谈误国，实干兴邦！"

朱拉伊对邓老凉茶寄予厚望。他常说，邓老凉茶是根据邓老捐献出来的经验方进行研发的，主要目的不是赚钱，而是要践行中医"上工治未病"的理念。这款凉茶是针对现代空气污染，生活在快节奏的人群容易出现心烦气躁等亚健康状况的民情和现代人体质营养过剩及湿气过重等特点而精心配制出来的经验方，所以这款凉茶被新南方人称为"现代凉茶"，有些人对此不甚理解。

根据中医辨证的理论体系和方剂应用的风格不同，中医常被分为"经方派"和"时方派"。所谓"经方派"，又称"古方派"，是指偏爱运用六经辨证体系，并以汉代张仲景在《伤寒病杂论》中记载的 178 个"医经之方"为基本用药；而"时方派"，又称"后世方派"，是指参合运用脏腑气血八纲辨证各种方法指导组方和施方者的医家。此外，历史上的每一款凉茶都有自身诞生的历史背景和凉茶方创意的故事，例如迄今已有百年创业历史的广东知名凉茶品牌"王老吉"诞生于清朝道光年间，那时岭南气候炎热，中暑人数众多，清热解毒是当时的主要市场需求，从王老吉的组方来看，由岗梅根、山芝麻、海金沙藤、金钱草、千层纸、火炭母、五指柑、布渣叶、淡竹叶等十味具有清热解毒、燥湿解表的中药组成，可见王老吉有自己的产品定位和适应证。同样，邓老凉茶也有自己的方剂创意、产品研发和创业故事。邓老凉茶方主要由金银花、菊花、鲜白茅根、桑叶、蒲公英、甘草等具有疏散风热、清泄里热、平抑肝阳、生津止渴功效的六味中药组成，主要适用于温病初起的疾病预防。因此，从这种意义上，邓老凉茶的设计理念重在体现"上工治未病"养生防病思想。

朱拉伊先生希望将邓老凉茶做成中国最好的健康养生饮料。他认为，邓老凉茶能够成为中国最好的养生饮料除了具有邓铁涛教授六十余年行医经验、广州中医药大学的雄厚技术力量以及邓老凉茶系列配方已成为广东省文化遗产和国家非物质文化遗产等强大后盾等优势外，还具备两个重要的有利因素：一个是具有邓老提出的中国凉茶道的中医药文化内涵；另一个是具有养生防病的附加值，并显示出显著的预防效果。邓老 104 岁高寿，是当代的国医大师，一个有道之人，邓老凉茶具备做成中国最好的养生饮料的基础条件。朱拉伊认为，新南方集团有信心和能力把这个产品做好、做强、做大。在朱拉伊的亲自指挥下，新南方集团制定了产品领先、客户关系建设、运营卓越、成本最低化等销售战略，并借助邓老凉茶这个载体积极倡导中医民俗化、中医生活化、科学中医化、整体生产论的中医文化理念。将兵法思想运用于制定中医治病方案本是中医思维的一个历史传统，熟读中医史的朱拉伊也要求邓老凉茶营销模式要及时创新，在市场运作中要“以正合，以奇胜”。什么是“以正合，以奇胜”？原句出自孙子兵法：“凡战者，以正合，以奇胜……战势不过奇正，奇正之变，不可胜穷也。奇正相生，如循环之无端，孰能穷之？”对于企业经营而言，常规的产品生产流程和营销渠道是“正”，而虚实结合、扬长避短、不跟竞争对手走的经营管理招式就是“奇”。例如成立“邓老凉茶俱乐部”、会议营销和团购等就是当时新南方集团推行的奇招。

目前，朱拉伊正在谋划“百县千店”计划，要将邓老凉茶店升级为具有中医治未病特色的养生馆，在全国城乡基层扩大规模经营。朱拉伊说：邓老无私地将凉茶秘方传授给后人或予以公开，新南方集团应该继承邓老“仁心仁术”的精神，通过凉茶这个载体将中医药养生防病文化发扬光大！

以心执事　惟精惟恒

“以心执事，惟精惟恒”是在 2016 年新南方集团成立 22 周年庆典上朱拉伊向全体员工提出的一个期许，也是朱拉伊先生 20 多年来不忘初心、坚持信念艰苦创业的写照。据《尚书》记载，大舜在禅让帝位给大禹的时候告诫他说：“人心惟危，道心惟微，惟精惟一，允执厥中。”这就是说，在物欲横流的现实社会中，人的理想和意志很容易因各种各样的诱惑而改变，或因为趋利避害的本能而阻碍人的创新进步，君王必须勿忘初心，勿忘使命，保持诚信，坚持不偏不倚的中道。朱拉伊先生投资支持青蒿素研发的故事最能阐释他“在有道的基础上去创造”“以心执事，惟精惟恒”的精神。

在 2000 年新南方集团白云山战略转型会议上，朱拉伊先生宣布了新南方集团以后的主业发展方向是进军中医药大健康产业！许多中层管理干部和员工一时难以理解，正是房地产业风生水起、利润可观的时候，新南方集团为何要转型并不赚钱的中医药大健康行业呢？可行吗？但朱拉伊先生始终未曾犹豫和退缩。因为众人不知道在朱拉伊先生的内心深处仍有着对中医药事业不舍不弃的挚爱之情，以及他离开乡镇卫生院后仍矢志不忘振兴中医的梦想。

朱拉伊虽然创办了新南方公司，进入了房地产业，但他始终没有忘记自己的母校广州中医药大学，没有放下对中医药的情怀。从 1997 年起他就在母校设立了新南方教学奖励基金，奖励优秀的教师、大学生和教育管理者，至今从未中断。为弘扬岭南中医药文化，2006 年他又捐资 200 万元为母校建设了岭南名医壁，重塑了历史上岭南中医名医的形象。朱拉伊也十分关注母校的中医药科研发展，并于 2000 年 4 月与母校合作了广州中医药大学科技产业园。

2003 年朱拉伊得知，母校的李国桥教授为抗疟事业付出了 30 年青春年华却遭遇撤资被迫中断科研，他毅然决定出资支持这项关于青蒿素新药的研究，第一次就投入了资金 6 000 万元。当时朱拉伊知道青蒿素是中国 20 世纪最伟大的发现之一，也知道它在中国已基本没有市场，回忆起当初投资支持研发青蒿素复方的初衷时，朱拉伊说："但这并不代表它就没有价值。这样的项目不继续做下去太可惜了。世界上还有许多有疟疾的国家需要这个药，从这个角度说，中国的抗疟方案和抗疟行动是构建人类命运共同体主张的重要实践。"冒着原创药物研究的巨大风险，朱拉伊义无反顾地坚持了十多年，曾有报社的记者问他，当时投资青蒿素研究有没有想过未来会遇到很多困难？朱拉伊笑着回答："我虽预见到会有困难，但没想到有这么多困难。刚开始以为投三五个亿应该能解决问题。"直到今天，新南方集团对青蒿素及其抗疟复方制剂的产业投入已经超过 15 亿元，新南方集团的产业链条也一直延伸到了遥远的非洲。在这些年中，先后成立了广东新南方青蒿科技有限公司、广东新南方青蒿药业股份有限公司、广东新南方青蒿药业 GAP 种植基地、南药资源研究所，在中国首次建设起一条集种植、研发、生产、检验、销售为一体的青蒿全产业链。朱拉伊说："做医药产业不可能会有暴利，但你会做很多有意

广东新南方青蒿药业股份有限公司

义的事情。”2006 年新南方集团与李国桥教授团队合作研发出具有完全自主知识产权的第四代青蒿素复方药 Artequick（粤特快）。因其具有高效、低副作用、服药次数少等优点，获得国家药监局 I 类新药证书，至今已取得包括美国在内的 40 个国家的国际专利保护和 32 个国家的商标注册。2010 年商务部将“粤特快”列为我国援助非洲的一线抗疟药品，现已在全球 20 个疟疾流行国家上市销售，成为尼日利亚、坦桑尼亚和肯尼亚抗疟药自由市场的主要药品之一。

羊城晚报记者曾以“持续 12 年投入 15 亿，一份钢铁般的坚持成就青蒿素的扬名”为标题报道了朱拉伊的事迹，这是非常恰当的一个新闻评价。记者问朱拉伊：“为什么这么执着于中医中药事业?”朱拉伊充满文化自信地回答：“西医发展才 400 年，传到中国才 200 年，几千年来，中国人就靠中医来预防与治疗疾病的。中医在重大疾病以及传染病的预防上能起到重要作用。”

以医带药　走向非洲

新南方集团独特的“以医带药”模式还有待进一步研究、摸索。什么是“以医带药”？从中医历史来看，“以医带药”大约起源于古代中药铺，以及近代中医馆的经营方式，那时的中药店和国医堂不分家，除了有中药饮片销售之外，还能为前来买中药的顾客提供咨询和常见疾病的诊治、处方与调配制剂。新南方集团创办养和连锁药店之初，正值我国开放实施药店可以有中医坐堂医的政策，因此，养和连锁药店很快就发现由于有坐堂医提供咨询和诊疗等方便顾客的服务，药店零售业务较之前没有医疗服务的情况好很多。后来，新南方集团不仅在邓老凉茶项目营销，还在非洲青蒿素项目大样本推广时都采用了“以医带药”这一战略。这应该看作是新南方对传统中医药店服务形式的传承与创新。概而言之，所谓“以医带药”战略可以理解为：基于中医药文化传播的宗旨和在中医理论的指导下进行中医药大健康产品与服务的营销，让顾客在消费中医药产品和服务的同时，体验中医药文化的效果和认同中医药的健康理念，而不仅仅是买了产品和接受了服务消费。因此新南方的青蒿素产品走进了非洲抗疟前线。“我们不是来卖药的，我们是在治病。”朱拉伊说。

2006 年 11 月 4 日，国家主席胡锦涛在北京召开的中非合作论坛上宣布，

广东省委书记李希考察新南方青蒿药业发展情况

将为非洲援助 30 所医院，并提供 3 亿元人民币无偿援款帮助非洲防治疟疾，用于提供青蒿素药品及设立 30 个抗疟中心。这为青蒿素走向非洲提供了良机，朱拉伊看到了青蒿素走向世界卫生大舞台的希望。“十年磨一剑，霜刃未曾试”，他等待的这一天终于到来了。

2006 年 12 月，在朱拉伊的推动下，一块刻有“青蒿治疟之源”的纪念碑被立在了广东惠州罗浮山（传说是葛洪当年采药的地方）。立碑初期还无人问津，2015 年屠呦呦凭青蒿素获得诺贝尔生理学或医学奖后，有越来越多游客慕名而来。很多人并不知道广东的李国桥教授和朱拉伊总裁等一批投身青蒿素药物研发的专家和员工也是站在诺贝尔奖背后为之奋斗的人。2007 年，“复方青蒿素快速清除疟疾项目”作为国家中医药管理局中医药国际科技合作重点项目正式启动。在随后的十多年间，广东新南方集团与广州中医药大学共同组建抗疟援非专业技术团队，先后派出 140 多人次，前往非洲疟疾流行区科摩罗等国开展青蒿素快速灭疟项目，无偿提供抗疟药 317 万人份。截至 2014 年，在项目组和科摩罗的共同努力下，经过三轮全民服药后，科摩罗这个东非岛国的疟疾发病率下降 98%，并实现了疟疾零死亡，同时还为科摩罗当地培训了初级抗疟人员 4 000 余人，带出了一支专业的抗疟团队，建构了国家、省区、村落三级抗疟防控体系，完善了疫情信息系统。今天，复方青蒿素快速清除疟疾方案已被世界卫生组织和世界同行所认可，非洲不少国家元首、卫生部官员纷纷来到广东新南方公司或青蒿研究基地，几代青蒿人的梦想终于发光、发亮。十年逐梦路很不轻松，但是为了千万疟疾患者的健康，新南方人贡献了自己的青春韶华，付出了巨大的投入，终于让世人见证了以青蒿为名片的中医药智慧。

如果说，重新发现青蒿素和研发出第四代抗疟新药是来自中药宝库的巨大贡献，那么，“以医带药＋全民服药”的防治方案则是中医整体观的生动体现。这两者的结合正是中医智慧的核心。疟疾是一种传染性疾病，以前的防治方案只是灭蚊、防蚊和阻断蚊子传播途径这个中间环节而已。谁患病就对症治疗谁，不仅被动，而且只能实施单人单治。李国桥教授团队基于中医“急则治其标，缓则治其本”以及“整体观”的思想，提出通过全民服药的“快速灭源除疟法”直接消灭人群中携带的疟疾虫，这种同时向给定区域里的所有人提供抗疟疾药物的方法在国际上被称为“群体药物配给”（mass drug administration，MDA）方案。李国桥教授认为，对比通过消灭传播疾病的中间媒介蚊子的方案，我们提出的直接针对传播源的群防群治方案效果更好、更彻底。然而，方案虽然很好，但无论是主导非洲抗疟话语权的西方专业人士，还是当地初级卫生人员和老百姓，一时都还难以理解和接受，甚至不乏争议。有人担心它将导致抗药性不断提高，使疟疾病发率陡增到几十年来未见的水平；有人认为把抗疟药物给没有感染的人或者不希望服药的人是有悖伦理的；还有些人担心是中国企业想要分一杯羹，通过推广 MDA 来提高药品销量。他们质疑为什么一家青蒿素复方药生产商会去研究群体药物干预，认为要不要采用群体药物干预应当由研究疟疾的学者说了算，而不是制药公司。许多西方人和非洲人对中医药不了解，也没有什么热情，甚至有人认为中国制造是不好的。2014 年，美国哥伦比亚广播公司新闻网在报道中就对新南方集团的新药“粤特快”提出了类似的质疑。①

一种新药，尤其是发展中国家研发的药物要进入一个被西方人把控的药品市场是非常困难的，来自经济利益的、法律的和文化的屏障很多。由于世界上疟疾流行的地区大多是经济欠发达国家，遭疟疾困扰的老百姓医疗保障不足，购买力十分有限，因此由世界卫生组织、政府、慈善机构等大型组织采购所组成的公立抗疟药品市场份额占比达到 80% 以上，而这些公立市场长期被欧美发达国家的药企所占据。据了解，进入非洲抗疟采购公立市场必须经过 WHO 预认证、WHO 药品认证和 GMP 认证三道门槛。其中，预认证要求发达国家的原创药和发展中国家的仿制药才能申请，显然，青蒿素哌喹片作为发展中国家的原创药并不符合这些申请条件。然而，中国在科摩罗的抗疟方案及其所取得的效果震惊了世界抗疟同行。当然也有非洲的抗疟友好人士是可以亲身感受到朱拉伊等新南方人“以大众健康为己任”大公无私的情怀的，认为抗疟药并不像抗生素和其他专用药物，青蒿素类抗疟药一片仅售几分钱，几乎不赚钱。因此，他们认为不能用阴谋论来看待和评价新南方集团

① 参见观察者网范莉译自《大西洋月刊》网站资料。

的抗疟事业。他们将朱拉伊这样的中国亿万富翁的抗疟行动与已经投入20亿美元支持抗疟的比尔·盖茨夫妇等西方慈善家相比，认为他们在非洲的抗疟行为都是利他主义，他们还感受到了驱使新南方集团抗疟有一部分动力来自民族的自豪感。当然，这种比较还是有些片面的，因为他们也许不知道或者是忘记了朱拉伊这位亿万富翁还是一名中医医师，他不仅具有“上医医国”的大志，还贡献了“以医带药”的中医智慧。“以医带药”不仅是传统国医堂的经营模式，也是新南方人在创办医药连锁店时传承创新的经验。熟悉中医发展历史的朱拉伊知道，在传统的中医药服务模式中，中医四诊辨证与中药方剂组方施治和成药研发制造从来就是不分离的，只有在中医理论的指导下，中药和中药方剂才能更好地发挥出作用。可以说，朱拉伊及其新南方集团在非洲抗疟项目的成功为世界抗疟事业作出的贡献主要有三：一是运用中西药结合的思路，自主研发了第四代高效的青蒿素复方新药，将青蒿素与哌喹的抗疟疾有效成分结合起来，解决了因单一成分引起疟疾原虫与蚊虫等传播媒介耐药性问题；二是运用了中医“标本兼治”的理论，突破了消灭蚊虫防止疾病传播的旧模式，创造了从宿主身上彻底清除疟疾原虫，从源头上进行根治的快速灭源除疟法新模式；三是秉承中医“治未病”和“以医带药”的理念，在政府动员和资本运作下，真正实现了在特定区域内的人群进行三轮“群体药物配给”，并取得巨大的成就。

在“一带一路”国际合作高峰论坛期间，中国广东新南方集团有限公司与肯尼亚非洲经济特区公司合作投资经济特区，肯尼亚总统乌胡鲁·肯雅塔阁下见证了项目合作签约仪式

2015 年，一直对中国抗疟模式持质疑态度的世界卫生组织自行在西非内陆国家塞拉利昂仿照“广东抗疟模式”做了一次新的实验，即给该国 300 万人实施了 8 个月的全民服药抗疟治疗。虽然全民服药率仅达到八成，但疟疾发病率也奇迹般地下降了近 80%，这一效果是世界卫生组织靠多年灭蚊的方法无法达到的。事实胜于雄辩，世界卫生组织终于认可了“广东抗疟模式”。此后，世界卫生组织疟疾专家委员会分别于 2015 年 5 月和 2016 年 11 月组织专家赴科摩罗现场评估了中国的抗疟疾方案，认可该方案可向全球岛屿国家进行推荐。2015 年和 2017 年世界卫生组织还邀请了广州中医药大学抗疟团队专家赴瑞士日内瓦对全民服药方案进行主题研讨。中国在科摩罗的抗疟项目所取的经验为世界卫生组织制订关于抗疟全民服药指南手册提供了重要的参考依据。与此同时，青蒿素复方全民服药抗疟方案被“一带一路”沿线更多国家所接受，多哥、马拉维、肯尼亚、冈比亚、巴布亚新几内亚等疟疾流行国家均希望能尽快引进青蒿素复方快速清除疟疾技术帮助他们解决疟疾的威胁。目前，“粤特快”已经获准在尼日利亚、坦桑尼亚、肯尼亚、冈比亚、塞内加尔等 20 多个疟疾流行的非洲国家上市销售，并成为柬埔寨、印度尼西亚等国军方指定的抗疟用药。

2015 年中央电视台《朝闻天下》栏目以“青蒿素之力，科摩罗成功抗击疟疾”为题，深入报道了新南方集团在科摩罗实施的青蒿素复方快速清除疟疾项目。2017 年 10 月十九大期间，中央电视台再次报道了新南方集团在非洲的抗疟事业及其取得的巨大成就。朱拉伊先生用自己的实际行动实现了自己的梦想：“最想让青蒿素和中医服务世界！”有人以为新南方远赴非洲的抗疟事业与药商买药没有两样，图的是药物销售利润。不妨听听朱拉伊先生自己的回答：“我们不是在全球卖药，我们是在治病。当青蒿素项目完成清除疟疾的使命后，我们还可以用青蒿素做其他的事，比如抗癌，比如用于老百姓的康养生活。”青蒿素项目十几年来一直都处于低回报状态，因此，羊城晚报记者问他：“您是把青蒿素当项目来做，还是当慈善来做？”朱拉伊回答：“我当作一项事业来做，要把它做成功，赚钱是以后的事，做成功是至关重要的。”“我们赚钱不多，但心里都很充实！”朱拉伊是站在诺贝尔奖背后，一直为抗疟事业无私投入的慈善企业家。

2016 年，新南方集团提出了海外发展的总体战略是：紧跟国家“一带一路”倡议，以青蒿产业为重点，以自贸区和经济特区为双引擎，积极参与非洲的房地产、酒店、旅游、文化等基础设施建设，助力非洲的绿色崛起。朱拉伊一直坚持帮助非洲“绿色崛起”的观念，他说：“这不是一句空话，我们新南方这么多年来一直实施的理念就是‘传播健康生活理念，打造健康美好家园’，几十年来我们一直是这么做的。不论是公益还是经济合作，目的都是一个，能真正考虑到非洲人民的长远利益，只有解决非洲地区对人民生命安全造成最大威胁的疾病，才是真心实意地帮他们，帮助非洲实现‘绿色发展’。通过中医药作为桥梁，新南方集团赢得了非洲相关国家人民和政府的信任，这是用金钱买不到的。只有当他们感受到你是在真心实意地帮他们解决根本问题时，他们才会相信你，才会对我们提出的建设和发展方案给予支持和接受。”这不仅是朱拉伊的理想，也是他创业的真实体验。

中医哲学　管理智慧

朱拉伊先生在2007年年终总结大会的讲话中说：“新南方是在风雨中成长和壮大的，我们有信心、有力量、有智慧克服前进中的一切困难。”朱拉伊所说的“有智慧”是什么呢？朱拉伊对老子学说情有独钟，有些超凡脱俗的儒商气息。他对集团下属各公司的负责人说：“要学习老子的思想，运用哲学的观点去发现我们存在的问题。”也指出“员工们深度内涵的东西不足”。那么究竟老子有什么思想特别值得朱拉伊向高管推荐呢？尝考学界，关于老子学说与现代管理的书籍和文章不少，看来老子的智慧对中国现代企业管理有着诱人的启迪作用。朱拉伊将老子学说和中医理论灵活运用于新南方集团的管理之中，经验可以大概归为如下几点：

其一，循道而行，顺势而为。无为而治、顺道则生是老子的核心思想。检索《黄帝内经》，其中“道”字的词频为276，如“道者，圣人行之，愚者佩之”（《素问·四气调神大论》）。可见，“道”是中医中的一个核心概念，如“知道”“得道”“合于道”“淳德全道”“养生之道”“谨道如法”“至道在微，变化无穷”“道在于一”等常见于《黄帝内经》。中医受道家思想影响深远，以道为宗师，顺其自然之道和因势利导一直是中医养生、辨证施治的基本准则。朱拉伊多次强调新南方员工要认真学习道家思想和中医理论，办企业需要孜孜以求与道的同一，并且将遵循“有道”作为新南方集团发展的根本法则。2011年朱拉伊在新南方集团17周年庆典大会的致辞中简练地概述了新南方走过的历程及其创业经验：“我们公司17年前只有十几个人，现在发展到两千多人，从原来两三万块钱到现在几十个亿的资产。新南方的发展不断得到社会各界的认同和政府的支持，其中最根本的原因是我们有道。我们做的许多事情对社会是有利的，对人类是有贡献的，是与我们公司的宗旨、使命紧紧相连的，是我们所倡导的。我们现在做健康产业一定要以德以道为先，不能以利益取胜。利益都是短暂的，我们创造品牌、树立品牌，为社会为大众带来好处，从而得到回报。任何不义之财是不能取的，新南方十多年来都坚持这一点，所以我们成功了。现在我们基本能够立足并得到社会的认同。也许当初你们觉得不可信，但现在回过头来看，这就是一个非常正确的选择。有道无道，不是看现在，而是要从一个历史周期角度来看。”毫无疑问，朱拉伊准确地把握了中国传统文化中关于“道”的含义，并将其具体化为企业的战略之道和经营之道。遵循天道，意味着法天则地，顺势而为。朱拉伊在 2015 年度集团总结暨表彰大会上以“天时地利人和助力新南方腾飞”为题做了一场演讲，他重点阐述了：一是如何识势，顺应天时，要加强对国内外大局的认识，对趋势的研判，对方向的把握，所谓“善谋者谋其势，势成则事成”。二是如何造势，造势要利用好互联网时代的营销手段与方法推广新南方集团的产品和服务及文化。三是如何借势，即学会当“大气候”来临，借力发挥，迅速行动，借取东风扬帆起航。四是如何发挥新南方所处的改革开放的地缘政治经济的地利，遵循自然规律和事物发展的客观规律，打造过硬的服务、技术和产品。简而言之，天时地利人和，才是企业发展之道。

其二，知丑知善，知行知止，谨慎稳重。老子主张谦逊处下，认为“善下之，故能为百谷王”；主张自知自省，认为“知不知，尚矣”；主张淡泊自守，认为“敦兮若朴”；主张戒躁致虚，守柔执中。熟悉朱拉伊的人对其都有类似的评价：他话虽不多却很有激情，身家亿万却从不夸海口，善于抓住转瞬即逝的机遇，却谨慎稳重。他善于反思总结，既能看到新南方集团的优势，也对集团的不足和短板有很清晰的认识。正如《素问·方盛衰论》所说：“知丑知善，知病知不病，知高知下，知坐知起，知行知止，用之有纪，诊道乃具，万世不殆。”朱拉伊每次讲话总是赞扬公司员工与优秀团队，给大家带来信心和希望，但他也从不忌讳公司内部存在的诸多问题，如营销模式老化、战术与战略不匹配、有帅无将的人才困境、公司制度僵化、总裁与高管交流不足等等。“在发展中发现问题，在前进中解决问题”是朱拉伊处理企业管理中发展与问题关系的辩证法。朱拉伊认为，常具有强烈的忧患意识，才能保证新南方集团每一个决策行动，不至于出现大的失误。他有这样的总结：“在新南方发展整个过程中，我们有自己的特色。第一，我们始终坚持沿着定下的道路方向，不断完善，不断前进，一步一个脚印地把基础打牢。第二，在困难与挑战面前，我们能够坚持原则，不为外利所困。”在市场经济中，一个私企大老板肯定会遇到许多诱惑，或者动摇其初心或美好理想的事情，朱拉伊常用明代王阳明的那句格言来表明自己不为外利所困的心迹：“胜负之决，只在此心动与不动。”老子说：“知人者智，自知者明。”熟读《道德经》的朱拉伊在新南方集团成立22周年的庆典中对员工们说："要懂得谦卑。不管我们现在做的如何，依然有很多人做得比我们好、做得比我们漂亮；无论我们现在做的事情多有意义，都要学会内视自己。我们公司现在处于产业布局阶段，韬光养晦不只是一种策略，也是一种美德。"对于一个私有企业来说，这种忧患意识、执着的意志、谦卑的态度和很强的自控力难能可贵。有钱而不傲气，有功德而不摆谱，这正是朱拉伊的人格魅力。

其三，大道至简的辩证法。朱拉伊不止一次要求公司的高管与他多沟通，而不要去猜测他的心思和揣摩他的用意，以致没有认真体会他所做事情的真正意图，导致执行的结果大打折扣。其实，朱拉伊的心思真的不用去揣测，他是怎么说的，就是怎么想的。朱拉伊眼界宽阔，事业做得大，激情从未熄灭，但他内心并不复杂。他很欣赏唐代诗人李白的那句诗："明月直入，无心可猜。"在这首意境优美的诗里，皎洁的明月直入作者不设防的心，两颗孤寂的心相互倾诉，只有纯净与光明，没有污秽与世俗。如果你仔细品读李白《独漉篇》这首诗，或许会对朱拉伊的内心世界有更多一些诗意的理解。

去学习老子的学说，这是理解朱拉伊管理思想的一条途径，认真地读《道德经》，也许就明白朱拉伊的管理哲学了。简而言之，老子学说是关于无与有、智与愚、正与反、进与退、刚与柔、近与远、静与动、大与小、奇与正、多与少、有限和无限等两极如何对立统一与和谐发展的辩证法。老子主张无为而治，主张谋取不争而胜之途，以曲求伸，以枉求直；用兵尚奇，待时而动；认为大于其细，主张"见素抱朴"；提倡"上善若水"和"上德若谷"的厚道宽容，诚朴信实。朱拉伊穿着朴实，也要求员工厉行节约，反对铺张浪费，营造不追逐名利的企业文化；他相信微言大义，不言之教，以柔克刚，主张七分制度、三分灵活的柔性管理；他欣赏道家有生于无的思想，坚持从无到有的自主创新；他赞同道家以智取胜的思想，先义后利，主张智慧生财；他知人知己，扬长避短，能屈能伸；谦虚谨慎，厚积薄发；未兆易谋，为之于未有。朱拉伊说他未曾与任何人交恶，常与不打不相识的人最后变成亦商亦友。朱拉伊领导下的新南方集团产业的确有进有退，有近期与远期的发展谋略，有静观其变的耐心和快速行动的抉

朱拉伊总裁很爱阅读

择；有超过十多亿的大手笔投入，也有微小精细的创新与创造；有常规的正面市场竞争，也有独特的营销奇招。总之，朱拉伊将道家的正反合思想和中医阴阳对立统一的理论贯通于企业管理的具体行为之中。

其四，系统整体论的战略管理。整体思维是中医的重要特征。所谓整体思维，就是以普遍联系、相互制约的观点看待世界及一切事物的思维方式。这种思维方式不仅把整个世界视为一个大的有机整体，认为一切事物之间都是相互联系和相互制约的，而且把每一个事物又各自视为一个有机整体，在整体与部分之间、部分与部分之间也呈现出普遍的联系。就人体而言，人体与天地之间、五脏六腑间、五脏六腑与皮肤五官之间都存在着相互联系和相互依赖的关系。中医专业出身的朱拉伊将中医的整体论思想应用于企业管理主要有如下具体体现：一是在全球经济一体化的大环境下思考新南方集团的战略发展，他说："我们需要有全面的知识去评判全球经济，现在全球一体化、信息传递快速都非常明显，没有全国视野、全球视野是做不成事情的。"他还说："越是伟大的公司，越会把追求放到历史长河中去，追求那些对人类、对民族、对身边的人有持续价值的目标，这样企业才能取得成功。"企业的成功应当是对人类文明有贡献的，而不是纯粹的业绩或者短暂的物质享受。因此，企业的发展要放在历史的长河去看，不能看一时的得与失。他要求企业"管理层，一定要有战略眼光，一定要知道我们未来依靠什么去盈利，依靠什么去竞争，依靠什么去取胜"。二是用整体的眼光整合各子公司的资源和协作关系做大事业。朱拉伊说："我觉得新南方是一个大的平台，这个平台需要所有的新南方人形成统一的意识——力出一孔，利出一孔。也就是说所有的能量在公司这个平台上释放，所有的利益也就会在公司这个平台上获取！"朱拉伊引用的这一古语出自《商君书·弱民》中："利出一孔，则国多物。"新南方集团虽然有广州、丰顺、非洲（尼日利亚）和新疆四个总部，但在整体论管理思想的统筹下，凝集成为一股强大的力量。朱拉伊常要求集团内各单位要有全局观念，虽然在业务上各子公司有自己的运行体系，但各板块是互补的、相互支撑的，要加强合作，将整体的综合利益放在首位。他曾总结了新南方管理的系统化经验："为了配合战略的一致性、连续性、集中性，离不开管理团队、公司架构及管理体系，包括我们的所有员工，我们的团队，整个必须一脉相承。这样，企业基本就能够长期生存和发展。"

朱拉伊除了非常注重从传统中国文化中汲取管理思想之外，还注重学习现代企业管理知识，2005 年他挤出时间去北京大学光华管理学院读了两年半的工商管理硕士课程。当被问起"公司业务那么忙，你为什么要去读管理硕士"时，朱拉伊说是因为看到不少企业的发展轨迹，一阵高潮，又一阵沉沦，就下定决心一定要掌握现代企业的管理理念！尽管当时工作压力大，时间紧，学费贵，但他还是静下心来，认真学习，拿到了学位。朱拉伊也鼓励和资助公司的中高层管理人员去高等院校继续深造学习企业管理知识。朱拉伊常常自豪地说，新南方中高层管理干部70%都是自己培养出来的，这话不假。朱拉伊对企业管理人员管理知识的学习培训常抓不懈，这也是新南方精气神得以不断滋养的重要原因。

回到原点　再次出发

朱拉伊十分重视将中国传统文化要素融入新南方企业文化建设之中，他在大会上要求员工将中国礼仪作为基本素养进行提升，他说："新南方所走的是以中国文化为指引的发展道路。"朱拉伊的家乡丰顺留隍被称作新南方的第二总部，朱拉伊在那里多次召开公司研讨会。每次会议总有些特别。

2004年五一期间在丰顺召开的研讨会的主题是：反思公司十年来在企业文化建设方面的得失。会上，朱拉伊特别强调了企业文化建设的重要性，他谈了自己对企业文化建设的认识："第一，企业文化建设就是在筑建企业灵魂。十年来，新南方企业的文化无疑成为公司的一种灵魂、一种气、一种神。第二，企业文化建设使团队更具凝聚力。第三，企业文化建设培养企业人的无形之气。第四，企业文化建设使企业更能经受住考验。第五，企业文化建设是企业竞争力最关键的核心。"朱拉伊对企业文化建设的重要性有高度的认识，不能让企业文化建设停留在空喊口号的形式上，道不远人，应该将文化建设体现在员工的一举一动上。他指出："开会、吃饭这些小事，其实都可以以小见大，它们是一种礼数问题，是中国文化，能反映出一个人、一个企业的素质、风气和精神面貌。代表企业出席体现的正是企业文化，是我们新南方的品牌。如何约束自己，如何顾全大局，如何得到别人的尊重，这些都将成为培养好员工、发扬好企业文化的关键。"企业文化建设应该培养企业人的无形之气。

朱拉伊还充分利用传统中国文化习俗加强企业高层和骨干对中国文化的体验性教育。例如2013年9月初，朱拉伊率领新南方公司高管及骨干一行三十余人举办了一系列文化活动。其中包括在韩江边举办"情系梅州——邓老凉茶送电影下乡"，朱拉伊与公司高管及骨干在妈祖庙旁品茗畅谈，在韩江边把酒言欢，扫墓祭祀，在朱氏祠堂——笃庆堂设宴招待公司来宾，举办新南方研讨会等。据参加那次研讨会的同志回忆，那一年正好是公司成立20周年，与会代表结合企业发展历程和自己的感悟，发言踊跃，会议竟然一直持续到凌晨两点才结束。这说明当时大家情绪高涨，体验深刻。其间朱拉伊为到场的每位新南方人赠送了《朱的传》。也许朱拉伊是想通过一个具象的家族史来让员工更直观地体验中国文化传统对一个人志向的深刻影响，以及理解新南方企业之道的文化来源！在同一年，新南方集团中层培训班上，朱拉伊提议组织学习《朱子家训》。《朱子家训》为南宋著名理学家、思想家、哲学家、诗人、教育家、文学家朱熹（1130—1200）所作。该家训中说："君之所贵者，仁也。臣之所贵者，忠也。父之所贵者，慈也。子之所贵者，孝也。兄之所贵者，友也。弟之所贵者，恭也。夫之所贵者，和也。妇之所贵者，柔也。""事师长贵乎礼也，交朋友贵乎信也。"《朱子家训》寥寥数百字，却字字珠玑，精练地阐述了仁、义、礼、智、信做人准则。回到国学经典，回到如何做人的思考，这是朱拉伊带领企业高管和业务骨干回到他出生地这个"原点"，"再出发"的真正用心。

在一些急功近利的人看来，企业文化建设是一个有点"虚"的话题，但这恰好是朱拉伊特别看重的，他将企业文化建设看成是筑建企业的灵魂。在中国文化和中医理论中，虚与实是一对非常重要的辩证概念。对《黄帝内经》进行检索，可以发现"虚"字的词频为524，"实"字的词频为249，"虚实"合称的词频为62。可见，"虚"是一个非常重要的概念。这是为什么呢？中医认为"虚实以决死生"（《素问·玉机真藏论》）。了解虚实的目的是："调虚实，而除邪疾"；"以调其气之虚实，实则泻之，虚则补之。"（《素问·三部九候论》）在老子看来，"虚"也是有深刻寓意的，如"圣人之治，虚其心，实其腹，弱其志，强其骨。""虚而不屈，动而愈出。""致虚极，守静笃。"这些哲理对于企业文化建设都具有启示性。如果我们将企业的产品看作是"实"的话，那么，企业文化就可以看作是"虚"，两者相互依存和相互促进。没有虚则实无所生；而没有实，虚也无处可用。"虚"的目的就是要去掉各种私心杂念，去除市场经济中的各种迷障，让心灵回归到出发时的"初心"，牢记原来的使命。据说，朱拉伊每年在他父亲祭日的那一天，会一个人静静地看一遍当时的录像视频，也许他是以这种悼念父亲的方式来提醒自己不要忘记历史，不要忘记家训和父亲的叮嘱，让自己的激情回到精神家园，让自己"回到原点，再出发"。

新南方集团的一些员工常有这样的提问：为何朱拉伊总裁会将"诚、信、义"这种中国传统文化的价值观念作为公司不可动摇的管理理念的基石？朱拉伊在北京大学念工商管理硕士，为什么不采用西方现代企业管理理论？读完由林韩璋撰写的《朱的传》，就可以找到这个问题的答案。原来这来源于子女对父亲朱的家教的传承。朱拉伊回忆道："小时候，父亲就以《朱文公家》和《朱柏庐治家格言》作为我们的道德规范、行为守则，教导我们要懂礼节，重礼仪，讲礼貌，守规则，在家里要孝敬长辈，在学校要尊敬师长，在社会要奉献爱心。"《朱文公家》出自南宋程朱理学集大成者朱熹之手，《朱柏庐治家格言》出自清代著名理学家和教育家朱柏庐。这两本家训都是当时流行于世、脍炙人口、家喻户晓的家教范本，虽然字数不多，但凝练了儒家做人处世的思想，要求明确，方法可行。朱的不仅请当地的语文老师帮忙将上述两篇文言翻译成白话，以便自己对子女进行通俗易懂的解释，而且还给子女讲述了不少关于经商道德的故事。朱的对子女的道德教育可谓用心良苦。功夫不负有心人，朱的对子女的传统教育在若干年之后，在儿子们的企业管理中结出了硕果，应验了"种豆得豆，种瓜得瓜"这句谚语。朱拉伊曾总结父亲传授给他们的生意经——三个法宝：以人为本、以德为本和以诚为本。[①] 由此可见，朱拉伊将"诚、信、义"作为新南方集团管理的核心理念是对父亲家训的传承与创新。朱拉伊先生始终牢记他在父亲的追悼会上，代表朱氏家属向来宾作致谢词所说的，定牢记父亲临终嘱咐："凡我子孙均须秉承先祖遗训，弘扬朱氏门风；凡我子孙须知创业艰难，守业更难，定要遵纪守法，德信在先，勤奋努力，做对国家、社会有益之人！"这不仅是朱的传给子女最宝贵的精神财富，也是激励朱拉伊三兄弟坚持以中国传统文化作为企业文化精神内核的一个重要原因。

"树正气，走正道；讲原则，守纪律；轻得失，重服务"这是朱拉伊给公司高管、部门负责人和全体保安人员传达的精神，这也是他办企业和处理各种复杂社会关系的人生经验。有一次他对采访记者说，几十年来他与政府官员、部门负责人和税务、金融等各界人物打过交道，他都秉承这样的做事做人原则。因此，虽然遭遇过不少风浪，但他和新南方集团始终能保持清者自清，不受任何人起落的影响。朱拉伊坚持认为，企业文化建设能使企业经受住各种考验，可谓有责乃远，德行天下。朱拉伊曾这样总结道："如果我不学中医，不是中国文化的影响，不会有我们今天的事业。"由此可见，在朱拉伊内心，新南方集团兴旺发达与中国文化和中医学的底蕴有密不可分的关系。2015 年朱拉伊在集团年度总结暨表彰大会中说："我们有发展的动力、有自己的核心竞争力——就是我们的企业文化，这是别人拿不走的，每一个员工都要维护它、守护它、尊重它、敬畏它。"

---

① 林韩璋：《朱的传》，广州：中山大学出版社，2013 年，第 110－111 页。

因为奉献　所以富有

朱拉伊先生是一位具有强烈社会责任感的企业家，多年来致力于社会公益事业，积极参加各类公益慈善活动。他不仅热爱自己的家族，也用实际行动大力支持家乡的经济文化建设。早在他父亲朱的健在的时候，朱氏家族就非常热心社会公益，在父亲的带领下，朱氏家族先后捐助丰顺东赤公路改造、丰顺中学、丰顺会展中心、韩江水电开发等经济文化建设项目，还捐助了基层医疗服务能力提升计划、全科医生转岗培训，设立教育发展基金扶贫助学和慈善基金会，兴建敬老院，为丰顺县 1.2 万名 60 岁及以上农村贫困老人购买了社会养老保险，资助白内障复明手术，修复和加固防洪大堤，抗灾赈灾，救助灾区孤儿……朱的和他的儿子们之所以能够团结一心，投入巨资捐助家乡，是因为他们有一个发自内心的信念，这就是朱拉伊所说的："我相信自私会贫穷而奉献会富有！"这种贫穷和富有不仅指金钱财富，更是精神上的。换而言之，对国家、社会和人民的贡献越大，他的人生价值就越大，精神财富也就愈加富有。

"一花独放不是春，万紫千红春满园。"朱拉伊在艰苦创业成功的同时，没有忘记带动家乡人一起奔小康。2009 年 1 月，由丰顺县委、县人民政府提倡，由在国内创业、工作的丰顺籍工商界人士自愿组成的群众性组织——丰

朱拉伊先生参加全国政协主办的国庆招待会（2014 年）

顺商会成立了，朱拉伊先生被推举为丰顺商会第一任会长。商会的宗旨是敦睦乡谊，促进工商，加强交流，共谋发展。为了带动当地经济发展，响应政府振兴山区经济号召，2004 年 3 月新南方集团与丰顺县人民政府达成了建设 GAP 中医药种植基地的合作协议，通过农户种植—基地收集—工厂加工提炼—制药的产业链带动当地农民脱贫致富。2011 年朱氏三兄弟一起投资 30 多亿元支持留隍中心镇的建设，包括韩江鹿湖温泉度假村、惠仁寺、潮客风情街、生态湿地公园、旅游学院、丰顺县第二人民医院等项目。利用丰顺县留隍古镇独特的温泉资源，规划建设 3 万多平方米的园林式温泉区，100 栋温泉配套单体建筑，全力打造融商务、会议、疗养休闲于一体的度假胜地。

2015 年，朱拉伊先生获得“广东年度十大经济风云人物”称号，组委会颁奖辞为：一位成功的地产商，十五年心血，实现青蒿素的量产，从亚洲到非洲，救回无数生命，用中医温暖世界。

伟大企业　始于品质

要真正理解朱拉伊办企业的目标、愿景和胸怀，就必须读懂他不止一次的发声：“我们要做中国最伟大的企业，就要具有必备的品质。”他对这种首要品质的理解是：“对社会、对企业的责任感，没有这个就难以成功。”他认为，要实现精神追求就要肩负责任，没有责任追求就没有价值，人只能在责任追求中实现价值，一个人是否得到家人、社会的尊重也在于是否在家庭和社会中实现自身价值。

“责任”一词，看似平凡，但内涵丰富，对于人，对于企业，责任意识是最关键的要素。一是责任意识，这是“想干事”的内在动力。17 年前，朱拉伊先生在知晓母校李国桥教授研发青蒿素遇到资金困难时慷慨相助，从房地产转而投向中医药产业就是有想干一番大业的雄心壮志。二是责任能力，这是“能干事”潜力的显现。创业、转行不仅风险巨大，而且需要解决的困难很多。朱拉伊原来学中医，并非天生就懂企业管理，但不懂可以现学现用，他报名去北京大学光华学院读工商管理硕士，创新地运用中医哲学思想来管理企业；最终从一个小小加油站起步，创建了一个多元化的企业集团。其三是责任行为，是“真干事”的具体行动。朱拉伊常说办企业要“静如处子，动如脱兔”。他既能冷静观察形势，又能把握机遇、果断行动。其四是责任制度，指要营造“可干事”的企业文化环境。在新南方，你可以感受到一种相对宽松的工作氛围，朱拉伊多次强调“不该说的话不要说，要少说话，多做事，少谈人，多谈事。营造一个公开、公正、和谐的工作环境”。其五是责任成果，即“干成事”所取得的社会效益和经济效益。在新南方集团有一个非常独特的现象，就是用获得的经济效益去大力反哺和推进更大的社会效益！这并不是所有企业都能做到的。这需要企业家有一颗心系天下苍生和着眼人类共同体的心。

人是一种社会化的动物。马克思说，在现实性上，人的本质是社会关系的总和。在实际生活中，每个人都与他人有或远或近的关系，都因不同的社会身份而负有不同的责任。因此，责任产生于社会关系中的相互承诺。这种承诺，表现在社会的方方面面。责任可以来自对他人的承诺、分配的任务、职业的要求等等。在社会的舞台上，每种角色往往意味着一种责任。对此，朱拉伊首先十分清晰地认识到自己作为老板的责任，他说：“老板的责任一是保证员工所从事的事业是对社会有益的，是符合社会道德标准的；二是承诺给予员工的待遇报酬会兑现。”他也表达了对员工义务的理解：“员工的义务一是忠诚；二是勤勉。忠诚就是对企业负责，做对企业有益的事，不损公为己，不以权谋私。”一般认为，责任与义务是同一概念，都是指一个人应该付出的利益。不过，义务更强调“应该付出”，而责任强调“必须付出”。因此，对企业中担任职务的管理人员都讲责任，而对一般普通员工就强调义务——应该性。可见，在朱拉伊的发言中，对自己和员工的责任与义务的定位把握得十分得当。

在新南方成立 13 周年庆典上，朱拉伊无不感慨地总结了公司一路走来的经验：“13 年来，新南方已从单一的产业结构发展成为横跨房地产、中医药、酒店、能源等领域的多元化集团。新南方的 13 年，是新南方不断完善、不断超越、不断发展壮大的 13 年。13 年来，我一直在思考，哪些是值得我们去总结的？是哪些力量使得我们能一路坚持走下来？总结主要有以下 6 点：①新南方公司坚持把社会责任放在第一位，坚持宗旨，持续进行企业文化建设；②新南方公司是一家学习型的企业，大家有强烈的学习意识，很高的学习热情；③公司重视人才培养，培养了一大批管理人才，从不懂、起步到日渐专业，我们很多产业的管理都是处于中上水平；④公司的发展战略相对得当，没有大的战略失误，发展思路清晰，我们的忧患意识较强，有勤奋、节约的好传统；⑤新南方的员工有与企业共同成长的愿望，有一批有责任感的管理者和努力向上的员工；⑥新南方员工有创新精神，敢于接受挑战，有战胜困难的勇气和信心，是一个有抱负、有追求、有理想的团体。”

13 年弹指一挥间，一个人、一个企业为什么能够成长，关键还在于一个

“义”字。朱拉伊为何会有这样的经验？原来在新南方集团发展的历程中，由于资金不足曾向其他企业借贷过资金，受各种难以预料的市场因素的影响有时会发生资金一时难以周转的事情，但朱拉伊一贯坚持契约精神，他那句“该还的钱一定要还，该兑现的承诺就一定要兑现”成了他在行业、客户和员工中的名言。当然他也践行自己说出来的承诺，充分表达了他的人品和办企业的道德精神。朱拉伊和新南方集团的信誉也因此获得了社会同行的认可。朱拉伊还告诉我们，他甚至因此结交了不少业界朋友，虽然欠了别人的账，但是这些老板和企业反倒很愿意主动支持新南方集团的产业发展。这是德行带来的收获！

新南方集团的战略目标是向世界500强进军，朱拉伊坚信再过20年乃至30年这个目标是不难做到的。他将实现自己对社会的承诺、为社会的发展进步作出自己应有的贡献当作最高理想。他自信地说：“我相信社会有新南方与没有新南方绝对是不一样的！”“我们是一个平凡的企业，但是我们做的是伟大的事业。”朱拉伊不定期带领高管去广州白云山上开会，并会在那里举行一场宣誓仪式，这不是形式主义，朱拉伊说：“宣誓不单是一种表面的仪式，‘蓝天在上，白云山为证’是我们决心和事业的证词，‘以天地为证’是对中国传统文化精神的延承，以表达我们言必行、行必果的信条。我们要坚持自己的理念，记住我们的目标。”

2018年9月25日，朱拉伊先生在朋友圈发出了一份关于人生的随想录：“今年入学40周年，见证了我国40年改革开放的历程，也有幸参与其中。从韩江走到珠江，经受了风雨的洗礼。今天站在大西洋岸边，回看40年，世事浮沉，悟出一些道理，守道者升成，失道者沉败。40年初心不改，责任、礼节、谦卑、善心、坦诚、坚持，得到很多朋友的关心支持，一路同行，今天终能有所作为。望着大海，心中充满信心，期待书写明天更加美好的诗篇！”

（本篇部分内容参考了羊城晚报专访和中国网的相关报道，在此一并予以感谢）

抗疟神草　古今传奇

呦呦鹿鸣，食野之苹。我有嘉宾，鼓瑟吹笙。
吹笙鼓簧，承筐是将。人之好我，示我周行。
呦呦鹿鸣，食野之蒿。我有嘉宾，德音孔昭。
——《诗经·小雅·鹿鸣》

2015 年 12 月，在瑞典的诺贝尔获奖者演讲台上，第一次出现了中国本土科学家的身影，她就是中国中医科学院首席科学家、终身研究员屠呦呦，这是我国第一位诺贝尔生理学或医学奖得主。诺贝尔奖评委是这样评价她的贡献：“众所周知，早在 1 700 年前，这种含有青蒿素的草药对治疗发热具有疗效。但是屠呦呦发现并进一步阐明草药或者其中的部分成分是具有生物活性的。这在医学领域是一个巨大的转变，也使得青蒿素可以大规模生产。”

在领奖台上，屠呦呦在感言中说：“作为科学工作者，得到诺贝尔奖是一个很大的荣誉。青蒿素及其衍生物的研制成功，是当年研究团队集体攻关的成绩。青蒿素的获奖，是中国科学家群体的荣誉。”也许有人会认为屠呦呦教授的这一番感言只是她的谦辞，但了解历史的人知道，屠呦呦将青蒿素的获奖看成是中国科学家群体的荣誉是实事求是的，这不仅不会抹杀她个人杰出的贡献，而且道出了中国科学家到达诺贝尔奖光辉耀眼的山顶之前所走的漫长曲折的攀登历程，以及获奖背后的众多无名英雄和感人的故事。这些故事是跨越 30 多年散落在中国南北多地的珍珠，需要我们用丝线将它们串联起来。屠呦呦生活和工作在北方，却与南半球多发的疟疾结下一生之缘，下面我们来讲述屠呦呦教授获得诺贝尔奖前一年和同一年，发生在祖国南方的几件事。

2014 年广东新南方青蒿科技公司在科摩罗推广实施的复方青蒿素快速控制/清除疟疾项目取得令人惊喜的成绩，科摩罗卫生部的官网宣布当年该岛的疟疾发病率下降 95%，死亡率为 0！该消息很快传遍非洲和世界卫生组织，这一消息也立即荣登世界知名杂志《经济学人》专栏头版，同年 11 月获得美国《福布斯》杂志专栏高度评价。这一骄人的成就同样让中国政府感到无比欣慰，2015 年 4 月，在广东新南方青蒿科技公司负责人的陪同下中国三部委派出专家，前往非洲科摩罗实地考察和验收“中科青蒿素灭疟项目”成果。也是在这一年，“青蒿素复方”（Artequick）在非洲中部的刚果民主共和国获得专利授权，至此，该产品已获得全世界 40 个国家专利授权。同一年，非洲 30 多个国家的驻华大使来广东参观了新南方青蒿项目基地，12 月中央电视台《朝闻天下》栏目以“借青蒿素之力，科摩罗成功抗击疟疾”为题深入报道广东新南方集团在科摩罗实施的青蒿素快速控制/清除疟疾项目，也是在这一年新南方集团总裁朱拉伊先生荣获“2015 广东十大经济风云人物”，广东新南方青蒿药业股份有限公司荣获“2015 广东年度创新企业”。这一连串发生在南方大地上有关青蒿素的事与人，与中国人获得诺贝尔奖是偶然相遇吗？南方的青蒿素研发团队属于屠呦呦教授所说的那个光荣的团队和集体的一分子吗？让我们从疟疾与青蒿故事的源头说起吧。

疟疾肆虐　堪比地狱

人类虽然居住在世界上的不同州，但都同属于一个地球，面临共同的疾病侵害，是健康命运的共同体。人类受疟疾的侵害，以及对疟疾的认识和抗争的过程就是一部全人类共同奋斗，相互启发，相互影响，相互促进的历史。据史籍记载和法国科学家在非洲的考古发现，疟疾是一种很古老的传染性寄生虫病，至少在2万年前，现代智人在撒哈拉以南的祖先身上就已经产生了疟疾抗体，可以说疟疾与人类进化过程如影随形。古希腊人将疟疾称为“沼泽热”，因为发现在沼泽水源密集的地区发病率高；罗马帝国时期疟疾也曾多次流行暴发，公元前1世纪的疟疾大流行对罗马帝国的国力造成沉重的打击。考古学家已经从一处古罗马坟墓发掘出来的婴儿骸骨中发现了曾遭疟疾感染的基因证据。在中国殷商时代的甲骨文中已有“疟”字的存在。在东汉首部字典《说文解字》中，对“疟”的解释是：“虐，热寒休作。从疒，从虐，虐亦声。”“虐”的释义为“残（暴）也”。《黄帝内经》中的《疟论篇》和《刺疟论》已有疟疾病因、病机、症状、针灸治法的记载，并描述“疟疾……蓄作有时”。汉代《金匮要略》对疟疾的因、证、脉、治做了较为全面的论述。隋代《诸病源候论》指出瘴疟多发于岭南山瘴之地，由瘴毒引起：“其状发寒热，休作有时，皆由山溪源岭瘴湿毒气故也。”有趣的是，甲骨文的发现也与清朝国子监祭酒王懿荣身患疟疾的事情有关，1899年，王懿荣差人从药店买药，他无意中发现龙骨上有一些奇怪的符号，由此揭开了甲骨文的研究。

疟疾对许多国家的经济发展、战争胜负、国力兴衰带来巨大的影响。例如1695年，苏格兰遭遇前所未有的大饥荒，他们想通过开辟海外殖民地来刺激国内经济。1698年，苏格兰倾举国之力实施“达连计划”，准备在巴拿马建立海外殖民地。结果当地肆虐的疟疾将苏格兰殖民者和派往那里的大量工人击倒，最终这个计划以惨败收场，苏格兰整个国家几乎破产，只得接受了英格兰的合并，苏格兰作为独立国家的历史就此告终。疟疾流行减员还使得许多战争战事的结局发生改变。《汉书》和《后汉书》中关于在岭南与云贵地区用兵的记载中，就有“兵未血刃而病死者二三”“军吏经瘴疫死者十四五”等。在清缅战争时期，清有半数因疟疾而亡。第二次世界大战中的太平洋战场大都发生在热带地区，有统计显示，在南太平洋战斗的美军士兵的疟疾发病率是千分之四千，即平均每名士兵至少得过4次疟疾。日军也屡屡出现因疟疾造成无法战斗、病死者超过战死者的现象。任何人对疟疾都没有免疫能力，因此在特效药被发明之前，一旦感染几乎无人可以幸免于死，历史上就有不少名人死于疟疾。例如古希腊马其顿帝国的缔造者亚历山大一路征服希腊、扫平波斯、远征印度，打下了庞大的帝国疆土，却在33岁时在巴比伦地区感染了疟疾，高烧十天后不治身亡。另一位死于疟疾的西方帝王是公元410年率领西哥特人攻陷罗马城的首领阿拉里克一世，也是在准备前往非洲的路上因感染疟疾身亡。文艺复兴时期的诗人但丁在长诗《神曲》中曾将地狱的恐惧比作疟疾，不幸的是，完成《神曲》后不久，但丁就死于疟疾。9世纪英国最伟大的浪漫主义诗人拜伦去希腊不久就患上了疟疾，在连续四天的放血疗法后，与世长辞，年仅36岁。

在1949年以前，中国一直也是疟疾高发流行区，每年约有3 000万疟疾病人，现在每年仍有几十万人罹患疟疾。[①] 当然，人类从来没有停止过探索患疟疾的原因和抗疟的斗争。英文中的疟疾一词为“Malaria”，来源于意大利语“坏空气”一词的衍生语义，因为传说中人们一直认为，疟疾源自沼泽附近漂浮的臭气，中国人也曾将疟疾称为“瘴气”。人类开始只是认为疟疾与地区的湿热和沼泽有关联，但受科学水平发展的限制，还不知晓真正的病原体是什么。西方医学之父希波克拉底在其《流行病之书》中已注意到疟疾有不同的热型，并有日发疟、间日疟和三日疟三种。

19世纪后，由于显微镜的发明，微生物学得到迅速发展，学界开始认为疟疾是由某种病菌引起的。法国军医拉维兰（C. L. A. Laveran）循着沼泽地的恶劣空气滋生、引起疟疾这条传统思路，对沼泽地内的水、空气、土壤、植物、动物等进行仔细的检测，但仍没发现什么特别的可能引起疾病的微生物。于是拉维兰改变思路，开始在疟疾病人身上寻查检测可能致病的微生物。他首先检测病人的各种体液和排泄物（汗、尿、粪、痰、唾液、鼻涕、眼泪等），仍无所获。他执着坚定毫不气馁，进一步检测病人体内的血液。功夫不负有心人。1880年，拉维兰在阿尔及尔的帐篷里，在显微镜下观察非洲疟疾病人的血液涂片时，在红细胞中发现了一种特殊的微生物，即致病元凶疟原虫（plasmodium）。他推测，疟疾的病原体就是这一寄生虫。拉维兰因此获得1907年的诺贝尔生理学或医学奖。1886年，欧美医学界普遍接受了蚊子是疟原虫中间宿主的学说。1889年，戈尔基（Golgi）阐明，疟原虫无性分裂周期与疟疾发作一致。这就弄清了疟疾患者间歇性周期性发高烧的病理。1897年，

① 中国大百科全书总编辑委员会编：《中国大百科全书·现代医学卷》，北京：中国大百科全书出版社，1993年，第931－933页。

英国生物学家罗斯（Ross，Sir. R）在疟疾高发地区印度的按蚊体内的胃壁上发现了雌性疟原虫的合子，并阐明了人体内与蚊体内疟原虫的发育史及疟疾的传播方式。罗斯因此获得1902年的诺贝尔生理学或医学奖。继罗斯的发现不久，意大利的格拉（G. B. Grassi）完善了疟原虫通过按蚊（疟蚊）这一中间宿主繁衍，带虫蚊子叮咬人体传播疾病的致病模式，确认了只有按蚊属（疟蚊属，the anopheline family）蚊子能够传播疟疾病。1938年，拉斐尔（Raffael）等人在鸟疟原虫中发现了疟原虫的红细胞外期发育性。进一步的研究发现，在约450种按蚊中，约有50种能传播疾病，约有30种能充当传播疟疾的媒介。其中，又只有雌蚊能传播疟疾，这就为用生物方法消灭疟蚊提供了可能性。虽然疟原虫复杂的生命周期最后一环的秘密在拉维兰发现疟原虫后的一个世纪1980年才由美国的克罗托斯基所发现和揭秘，但19世纪末20世纪初的上述发现已揪出了致病罪魁疟原虫，揭秘了传播途径为被带虫按蚊叮咬。这就为大规模的预防开辟了道路：包括大搞卫生，清除滋生蚊蚋的污泥浊水，管控池塘坑凼等水体，清除芦苇杂草，喷洒煤油、杀虫剂灭蚊，改造沼泽湿地，住房安装纱窗等，在水体放养捕食蚊子和孑孓的鱼虾，在疟区推广药浸蚊帐、防蚊面网、蚊烟、蚊香驱蚊，以及让居民点离水体一定距离（令疟蚊难以飞越）、适当隔离病人等，从而大大降低了疟疾的发生率。其他药物的发明也促进了抗疟事业的进展。比如滴滴涕（DDT），早在1874年就由德国人热德勒（O. Zeidler）首次合成成功。但是这种化合物具有杀虫剂灭蚊剂效果的特性却到1941年才被瑞士化学家米勒（P. H. Müller）发掘揭示出来。该药物几乎对所有的昆虫蚊蚋包括疟蚊都非常有效。第二次世界大战期间和战后，滴滴涕的使用范围迅速扩大，在疟疾、痢疾等疾病的预防方面大显身手，救治了很多生命，而且还带来了农作物的增产。米勒因此荣获1948年的诺贝尔生理学或医学奖。这次授奖虽不是全冲滴滴涕对蚊蚋、疟蚊的杀灭功效而授予的，因为它是一种广谱高效杀虫剂，但在很大程度上是冲它杀灭疟蚊特别有效，对遏制疟疾蔓延传播有大功而授予的。1955年，世界卫生组织发起了一项旨在消灭疟疾的计划和行动，寄希望于用滴滴涕消灭蚊子特别是按蚊。在现代，气候比较寒冷、蚊子繁殖不易又比较发达的国家已基本消灭了疟疾；疟疾主要在热带亚热带的发展中国家流行。

在2009年美国加利福尼亚举行的TED大会[①]上，美国微软公司创始人比尔·盖茨获邀发表演讲，他在大会上打开盒子“释放”蚊子，称此举是为了

---

① TED是Technology，Entertainment，Design（科技、娱乐、设计）的缩写，这个会议的宗旨是“用思想的力量来改变世界”。它于1984年由Chris Anderson创立的一个基金会创办，从1990年开始每年三月在美国加州的蒙特利举办一次，主要邀请众多科学家、设计师、文学家、音乐家等各领域的杰出人物，在TED大会上分享他们关于科技、社会、人的思考和探索。

让人们关注蚊子携带的疟疾对人们生活产生的影响。他说："蚊子是小，你甚至一掌就能轻松拍死它，但它威力可不小，实际上它杀死的人比其他任何动物都要多，背负着累累血债。"由蚊子传播的疾病，包括登革热、黄热病、寨卡病毒和疟疾等，仅仅由蚊子传播的疟疾每年导致全球大约 40 万人死亡，其中一半是撒哈拉以南非洲地区 5 岁以下的儿童。据说蚊子一天杀死的人比鲨鱼一年杀死的人还多，而且蚊子十分狡猾，针对氯喹等抗疟化学合成药疟原虫已经进化出耐药性的基因，氯喹的抗疟疗效急剧下降。虽然青蒿素的发现使得抗疟药物重燃希望，但蚊子抗疟基因的进化速度也越来越快。当今有关疟原虫耐受青蒿素及其衍生物（ART）的研究报道也开始层出不穷。于是，比尔·盖茨基金从 2010 年开始一直在支持英国 Oxitec 公司应用基因编辑技术培育一种变种的雄蚊，这些雄蚊体内带有一种自限性基因，可通过交配进入雌蚊体内。受该基因影响，雌蚊产下的后代将不到成年便会死亡，假以时日，会叮咬人类的蚊子便会彻底绝种。他们预计这种"杀手蚊"会在不久以后准备就绪并开始投入试验。

发现神草　双子星座

人类在彻底弄清疟疾病原体和传播途径的真面目之前，就已经先找到了具有抗疟疾作用的药用植物——青蒿草与金鸡纳树。一种是在亚洲由华夏古人发现的草本，一种是在南美洲由印度安人发现的树皮。有趣的是，许多考古证据显示，这两个相距遥远的种群也许在地球的七大洲大陆板块形成之前是同根同种的。有学者赞道："中国人从植物蒿草中研发的青蒿素与美洲印第安人发现的金鸡纳树皮珠联璧合，交相辉映，堪称抗疟战线上的双子星座。"①

南美洲安第斯山脉平均海拔高达三千多米，昼夜气温变化很大，是疟疾的温床。有多种关于金鸡纳发现的传说，其中一种与动物自救行为有关。据说中美洲秘鲁地区的印第安人发现山里的美洲豹和狮子也会患疟疾，但这些动物总是去深山里寻觅一种叫"金鸡纳"的树，并不断啃嚼这种树的树皮，一般就能很快治愈疟疾。又有一种传说是印第安人发现猴子时冷时热（俗称

① 张箭：《金鸡纳的发展传播研究兼论疟疾的防治史（下）》，《贵州社会科》2017 年第 1 期，第 95 页。

“打摆子”）时会爬上金鸡纳树大啃大嚼树皮，因此受到启发并加以模仿。南美的印第安人最先称这种具有抗疟作用的树叫“基那基那”（kinakina）或“奎奎那树”（quinquina）。该树是茜草科金鸡纳属常绿小乔木。夏初开花，花白色，有强烈气味。树高2.5～6米，树皮黄绿色或褐色。适宜生长在热带亚热带海拔800～3 000米的山地。1737年法国科考队到了金鸡纳的故乡（即今天的厄瓜多尔南部边境劳克斯阿（洛哈）城一带），次年他们在法国科学院学报上发表文章。金鸡纳树有白、黄、红三个品种，红色的树皮退烧性最强，白色的最弱。科考队中的植物学家兼医生德·朱塞乌（J. D. Jussieu）为了深入考察这种神奇的退烧树的地理分布和尝试人工栽培，在南美的丛林和安第斯山区一待就是17年，除此之外，还考察研究了当地的植物、动物、矿物和印第安人部落文化，积累了大量的科考数据。1761年朱塞乌打算返回法国，不料他的助手将保存有各种手稿、图画、动植物标本、矿物标本的木箱偷走潜逃了，朱塞乌只能被迫留在南美追查他的宝贵资料，一追又是十年，却一无所获。1771年他终于返回巴黎，因凝聚其一生心血的珍贵科考资料被窃而精神失常，于1779年去世。朱塞乌为金鸡纳的研究总共耗费了人生中最宝贵的36年，所获得的珍贵科考资料最后毁在一个贪财的小人之手，真是人类抗疟科学史上的一场悲剧。1792年西班牙青年植物学家鲁伊兹（Hipolito Ruiz Lopez）出版了西方第一本专著《秘鲁的金鸡纳树》图鉴。①

17世纪初，据说金鸡纳抗疟作用的秘密传到欧洲以及它的命名，与西班牙驻秘鲁总督伯爵的妻子金琼（Chinchón）有关，她因为罹患了疟疾，在医生万般无奈的情况下，使用了当地土药金鸡纳树皮粉治愈。1640年，伯爵夫人带着许多树皮回到西班牙，并用这些树皮治疗一些发烧发热的病人，从此金鸡纳（树皮）在西欧传开。后来，瑞典大植物学家林奈为了纪念金琼夫人，在1753年出版的《植物种志》中就以她的姓氏为该树命名，称之为Cinchona，中文一般音译为金鸡纳。19世纪初，德国人Friedlieb Runge和法国人Pierre Joseph Pelletier及Joseph Caventou分别在1819年和1820年各自独立从金鸡纳树皮中分离出奎宁这种晶体物质。奎宁的提取比中国葛洪《抱朴子》的成书时间（公元317年）晚1500年，比青蒿素的发现与提取早了177年。有趣的是，金鸡纳和青蒿都是具有强烈气味的植物，它们都必须直接生用才有抗疟作用。1903年，奎宁结构的确定进一步催生了其他抗疟药物的开发，如氯喹、阿莫地喹和甲氟喹等，疟疾防控进入了现代化学疗法时代。金鸡纳出名和推广开后，需求量大增，药价飞涨。德国博物学家洪堡（Humboldt）在1795年的一

① 张箭：《金鸡纳的发展传播研究兼论疟疾的防治史（上）》，《贵州社会科学》2016年第12期，第68页。

份报告中指出，金鸡纳树的砍伐量已超过每年 2.5 万棵，这将导致药材资源的萎缩以至枯竭。于是，一些人士开始疾呼在旧大陆大规模地引进种植栽培金鸡纳树。为了制造更多奎宁，欧洲人开始在东南亚大量引种金鸡纳树，很快印度尼西亚就取代美洲成为金鸡纳树的主产区。到 19 世纪末，亚洲种植园的金鸡纳树皮产量已占绝对优势。战事的需要进一步加剧了对金鸡纳的需求和刺激了新的抗疟药物的研发，“一战”时期德国被对手掐断了从亚洲获取金鸡纳霜的渠道，因此只能投入大量的人力物力，通过化学合成抗疟药物，先后研制出米帕林、帕马喹等药物。“二战”时期，日军攻占了金鸡纳霜产量占全世界 95% 以上的印度尼西亚后狂言：只要日本兵都有奎宁在手，不必打仗，美军也会全部死于疟疾。于是，美国人被迫除使用德国的配方加速生产米帕林之外，也紧急开发出伯氨喹等新型药物。

下面我们再来讲讲青蒿草的故事。“蒿”这个汉字出现得很早。“蒿”为上下结构的形声字。从艸，从高，本义是指高草、长草；有时引申为泛指的野草，亦专指青蒿。蒿为一年生的草本植物，在植物分类学上属于被子植物门，双子叶植物纲，菊目，菊科，蒿属。蒿叶如丝状，有特殊的气味，开黄绿色小花，可入药，可为人畜食用。蒿的种类繁多，有白蒿、黄花蒿、臭蒿等多种。主要分布于中国南部、越南（北部）、缅甸、印度（北部）及尼泊尔，亦可见于日本和朝鲜。常星散生于低海拔、湿润的河岸边、砂地、山谷、林缘、路旁等。奇特的文化现象是，同一种植物，在世界各国有迂异的关注度。对于蒿草这种植物，华夏古人似乎情有独钟，早在《诗·小雅·鹿鸣》中就有关于描写蒿的诗句，如“呦呦鹿鸣，食野之蒿。”“呦呦鹿鸣，食野之苹。”“呦呦鹿鸣，食野之芩。”“苹”即艾蒿，“芩”亦是指一种蒿类植物。纵观全诗，野鹿一边吃着蒿草，一边发出和声般的鸣叫，文人们则在一旁“鼓瑟鼓琴，和乐且湛”。可见，蒿草在那时是一种带来快感的美食。

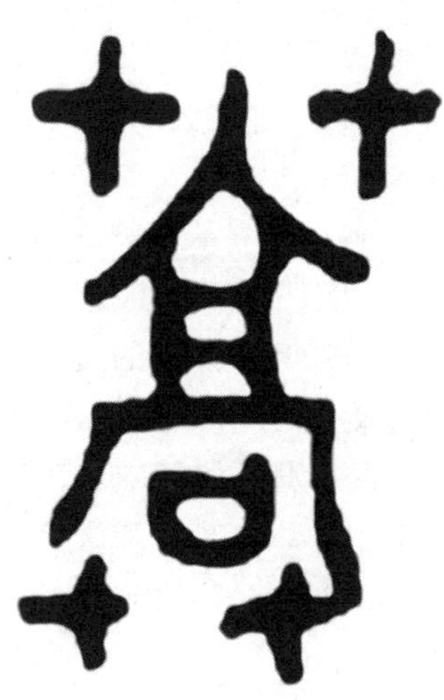

“蒿”字

青蒿独特的药用价值也最早为中国人所发现。古时中国南方疟疾肆虐，百姓在与疟疾斗争的过程中发现了一些药用植物，以及制作这些方药的独特方法。晋代道士葛洪博采众方，编辑了医书《肘后备急方》，其中就有从民间收集而来的十种抗疟方法，其中第二种方法是这样记载的：“青蒿一握。以水二升渍，绞取汁。尽服之。”葛洪不仅指出了青蒿的抗疟作用，还记叙了“以水二升渍，绞取汁”这一制剂的关键步骤。据屠呦呦教授后来说，正是这一描述给当时陷入科研困境的她带来思想火花！李时珍对治疟很有总结和发展。他把疟（疾）分为“风、寒、暑、热、湿、食、瘴、邪八种，五脏疟，六腑疟，劳疟，疟母”，详论治疟诸药。其中有“青蒿虚疟寒热，捣汁服，或同桂心煎酒服。温疟但热不寒，同黄丹末服。截疟……”在历代中药本草的记载中，青蒿的功效十分广泛，简直就是一株神草，包括清热，解暑热，治温病，疟疾寒热，骨蒸劳热；治疥疮，瘙痒；凉血，止血，生肉，止疼痛；补中益气，长毛发，发黑不老，明目，治小儿食积；治妇人血气，腹内满，冷热久痢；止大肠风热下血，治痰火嘈杂眩晕，利小便，退五种劳热，清血中湿热，治黄疸及郁火不舒之证。除葛洪外，后世还有多位医家和多本本草记载了青蒿的药用方法，如元代僧人继洪辑《岭南卫生方》三卷，也收录了宋、元时期中医学著作中有关岭南地区多发病瘴疟等证治的方法，搜罗了许多有效方剂。

历史上的许多偶然事件以及由此产生的拐点效应往往令人难以预料。公元1693年，清代康熙皇帝患上了疟疾，当时高烧不退，时冷时热，太医多方调制用药，效果仍然不佳，只得张皇榜觅医，时值有法国传教士P. J. Fontancey（1643—1710）收到一包从印度寄来的由金鸡纳树树皮制成的“金鸡纳霜”。[①] 据史籍所载，经过四个大臣自告奋勇的尝药和三个疟疾患者试用之后，康熙这才敢服下来自异域的金鸡纳霜，结果疗效神奇。用金鸡纳霜治好康熙疟疾的这件事还被另一位法国传教士白晋写进了他的《康熙帝传》一书。之后康熙还将此神药赏赐给那些患有疟疾的大臣。据说曹雪芹的祖父曹寅奉皇命在扬州书局料理刻工期间也患上了疟疾，病情十分严重，他托朝中大臣李煦向康熙上奏，希望能得到“主子圣药”救命，康熙批复同意了，并且派驿马星夜赶去送药，但最终金鸡纳还未到，曹寅就病故了。金鸡纳霜虽然治疗疟疾有奇效，但是其毒副反应也很严重。康熙当时在给李煦的奏折朱批上反复强调：“须要认真。万嘱！万嘱！万嘱！”[②] 这说明当时作为一个有过亲身体验的皇帝对此药使用的小心谨慎。清末名医萧伯章在《遯园医案》中就记录有一则关于金鸡纳霜毒副作用的案例，最后他总结道：“每见久疟不愈者，服之辄有奇验，若初起之疟，必多反复，余常以此戒人，勿遽轻服，多不见信，如钟某者，可为殷鉴矣。”金鸡纳的毒副反应包括：呕吐、腹部疼痛、腹泻、眩晕、皮疹、呼吸困难，心肌毒性，视觉紊乱，心律失常，心绞痛综合征，低血压，引起先兆流产等。2006年，美国FDA基于收到的665例由金鸡纳霜引起的不良反应报告发出用药警告，要求金鸡纳霜的使用必需严

---

① 金鸡纳霜即后来所称的奎宁（Quinine）是指由茜草科植物金鸡纳树及其同属植物的树皮中提取合成的一种重要的抗疟药品。1820年由P. J. 佩尔蒂埃和J. B. 卡芳杜首先制得纯品，化学称为金鸡纳碱，它是一种可可碱和4－甲氧基喹啉类抗疟药，可以快速杀灭血液中的疟原虫的裂殖体。

② 马伯英等：《中外医学文化交流史》，上海：文汇出版社，1993年，第308页。

格限量，且它会与很多药物产生交互反应，所有未获得批准的、含有金鸡纳霜成分的药物撤出市场。

据说康熙经过患疟疾事件以后，对“西药”产生了浓厚的兴趣，不仅下令在皇宫内开设了一间化学实验室，命法国传教士在这里进行研究，还要白晋根据法国的《皇家药典》，制出多种干燥剂、糖浆制剂等西药制剂，装在了旅行药壶里，以便他外出随身携带之用。据史籍资料，17 世纪末到 18 世纪初，金鸡纳树皮已传入中国，并被接纳为一种中药材；其成药金鸡纳霜（即奎宁）发明后不久也传入中国，但一直依赖进口。金鸡纳树皮和奎宁至少在世界的抗疟大局中担任主角上千年。这是否说明，尽管葛洪在 1700 多年前就在医书中记载了青蒿的治疟作用和青蒿素的提取方法，但到康熙时，中药青蒿抗疟的作用似乎已经被那个时代高高在上的皇家御医们淡忘了，或者是因为葛洪介绍的抗疟青蒿制剂“以水二升渍，绞取汁”的制剂诀窍已经失传。不然的话，康熙患的疟疾也不至于需要依靠法国传教士送来的金鸡纳霜才能治愈。

历史发展的奇妙就在于，中华民族对青蒿抗疟作用的认识可能远远早于印第安人对金鸡纳树皮抗疟作用的发现，但青蒿抗疟的世界知名度曾一度滞后金鸡纳 160 年。在当代，金鸡纳霜开始出现抗疟能力减弱和抗疟虫株时，青蒿素提取成功，青蒿素及其青蒿复方成为取代奎宁的首选一线抗疟“明星”。青蒿的这一历史性飞跃来自上述所有人对疟疾病原体及其传播过程的现代研究。

缘起越战　启动“523”

20 世纪爆发在东南亚地区的越南战争再次使得疟疾肆虐的危害突显出来。战争对生态的破坏和人员流动加剧了热带的疟疾疫情，作战双方的士兵纷纷感染疟疾，严重地影响了部队战斗力，甚至疟疾的死亡率远高于子弹炸药。有数据显示，美军在越战中，总共接到 12. 3 万例疟疾患病报告，因疟疾丧命的军人高达 5. 2 万，致死率接近一半。同样，越南人民军也因疟疾伤亡惨重，其中 1961 年到 1968 年间，除 1968 年第一季度外，其他时间疟疾减员人数远远超过战伤人员人数。因为疟原虫对已经使用多年的抗疟药奎宁出现了抗药性，传统抗疟药物正在失去它的作用，促使了作战双方对新抗疟药物研发的紧迫需要。美方巨大的研发投入促成了甲氟喹（mefloquine）等化学合成新药的发现，但它的副作用很大，还难以作为一线药物。当时正陷于战争而经济与研发能力又贫乏的越南政府在无法获得西方抗疟药的背景下只能转而求助于中国。越共总书记胡志明亲自给中国的毛泽东主席写信，并派特使秘密到北京，请求中方支援研发新的抗疟疾药物和新的抗疟方法。

就是在这样一个特殊的历史背景下，在国家科委的组织下开展了前所未有的全国集体大协作。1967 年 5 月 23 日召开了第一次大协作会议，于是“523”就成了一项紧急的秘密军工项目的代号。这个项目的领导小组由国家科委、国防科委、总后勤部、卫生部、化工部、中国科学院各派一名代表组成，直接归国家科委领导。下设办事机构，负责处理日常研究协作的业务与交流科研情况，办公室设在中国人民解放军后字 236 部队，该项目组织了来自全国 60 多个研究机构和单位的 500 多名研究人员参与其中。项目的短期目标是尽快研制出能在战场上有效控制疟疾的药物（事实上，到 1969 年中国已确立了三种防治方案），而长远目标则是通过筛选合成化合物和中草药药方研发出新的抗疟药物。由于受当时“文革”的影响，该项目管理机构到科研任务曾多次变动。1978 年国家医药管理总局成立，1970 年 9 月提出“523 项目”自 1980 年起纳入各级民用医药科研计划，不再另列医药军工科研项目。1981 年 3 月 3—6 日，在北京举行了“各地区疟疾防治研究领导小组、办公室负责同志座谈会”。截至当年 5 月该会议纪要下发，“523 项目”军民大协作攻关组织模式告一段落。

1967 年“523 项目”启动时，分设疟疾防治新药的化学合成和筛选，中医中药、针灸治疗疟疾的研究，疟疾防治药物现场效果观察，疟疾防治药物的制剂和包装的研究，驱蚊剂的研究五个专题开展攻关研究。1969 年，全国“523”办公室邀请北京中药所加入中医中药专业组研究队伍，北京中药所指定化学研究室的助理研究员、年仅 42 岁的屠呦呦担任组长。当时中医中药和针灸防治疟疾研究小组下设三个研究题目，分别是：常山及其他抗疟有效中药的研究、民间防治疟疾有效药物的疗法的重点调查研究以及针灸防治疟疾的研究。参与单位近 20 家。与通过化学合成的方法来寻找新的抗疟药物的思路不同的是，中医中药是基于民间验方的基础上去天然植物中探寻抗疟效果最好的材料。一开始屠呦呦和她的组员余亚纲的注意力主要集中在胡椒的研究上，包括分离药用部位，进行相应的药理研究和临床验证，1970 年她们成功地分离出胡椒酮晶体。自 1971 年 7 月以后，研究小组系统整理了历代医籍、本草、民间方药中关于治疟的文献，总共调查了 2 000 多种中草药制剂，选择了其中 640 种可能治疗疟疾的药方，最后从 200 种草药中得到 380 种提取物，在小白鼠身上进行抗疟疾检测，青蒿也在其中，而且一直是重点关注的样本。由于青蒿素不溶于水，在油中溶解度也不大，经过多次实验，发现青蒿的水煎剂对疟原虫无效，青蒿乙醇提取物不仅受杂质的影响，而且其药物效价在30% ~40%之间不稳定，所以青蒿曾差点被淘汰出作为最佳的候选样本，研究一度走入了死胡同。屠呦呦后来回忆道："我也怀疑自己的路子是不是走对了，但我不想放弃。"事实上，在最终发现青蒿素之前，该研究小组还进行了对常山乙碱的改造，从植物鹰爪和陵水暗罗中分离出有效抗疟单体鹰爪甲素和一种名为暗罗素的金属化合物等。屠呦呦说，后来她看了葛洪《肘后备急方》中关于"以水二升渍，绞取汁"的制剂诀窍的描述，茅塞顿开，意识到温度可能是保留青蒿有效成分的关键。考虑到抗疟有效成分可能在亲脂部分，于是改用沸点比乙醇低的乙醚进行提取，并将该提取物分为中性和酸性两部分。

那是一个特殊时期，工厂停工，学校停课，实验室关门，研究人员只好自己买来7个大缸用"土法"进行提炼，实验室连起码的通风系统也没有，没有防护装备的科研人员因为接触了大量对身体有害的有机溶剂，头晕眼花、鼻子出血、皮肤过敏等各种身体不适症状频频出现。那段时间整天泡在实验室的屠呦呦，回家后满身都是酒精味，因长期吸入乙醚，她不幸患上了中毒性肝炎。但功夫不负有心人，1971年10月4日屠呦呦研究团队用分离获得的青蒿中性提取物样品进行实验，结果显示其对鼠疟原虫抑制效价一下提高到95% ~100%。屠呦呦回忆说："当时做到青蒿这步，可以用的药已经都筛完了，前面大约试了200多种中药，提取方式加起来380多种。开始这个部分叫作91号，做了191次试验才发现了有效部分。"在1971年12月下旬，研究小组再次用乙醚提取物与中性部分进行了猴疟实验，结果与鼠疟相同。① 1972年3月在南京会议上，研究小组报告了上述研究结果。在这一过程中他们还发现，青蒿的品种和青蒿的采收季节不同对青蒿提取物的效价有很大的影响。中药所向全国"523"办公室汇报时，将其发现的抗疟有效成分结晶Ⅱ称为"青蒿素Ⅱ"，后来索性简称为"青蒿素"。

"523"办公室及中医中药专业组都对屠呦呦的报告比较重视，会议上便要求中药所抓紧时间对青蒿的提取方法、药效、安全性做进一步的实验以及临床研究，在肯定临床疗效的同时，加快开展有效成分的分离提取工作。在当时的实验室条件下，要提取足量的药物供给医院做临床验证试验显然是十

① 青蒿提取物可以分为酸性和中性两部分的情况，与金鸡纳提取的结果十分相似。一般的方法是将金鸡纳树的树皮或根皮去杂，干燥，粉碎后与碱石灰混合均匀，再用石油醚反复抽提，合并提取液，澄清后加入稀硫酸萃取，酸层浓缩结晶后便得硫酸奎宁。制成品有酸性硫酸奎宁和中性硫酸奎宁两种存在形式。酸性硫酸奎宁是一分子硫酸与一分子奎宁所形成的盐，其水溶性好且水溶液呈酸性。中性硫酸奎宁是两分子奎宁与一分硫酸所形成的盐，其水溶液呈中性但水溶性较差。医药常用的是酸性硫酸奎宁。

分艰难的，但中药所的科研人员责任心很强，日夜奋战，终于在当年“五一”节前夕将足量的药物提取出来，6 月份完成了对狗的毒性试验。经过集体讨论，决定在进行人体试服之后可以上临床进行验证。1972 年 7 月下旬的一天，北京东直门医院住进了屠呦呦、岳凤仙和郎林福三位特殊的“病人”。说她们“特殊”，是因为她们并没有病，是自愿向上级领导打报告要求“以身试毒”，她们肩负着的特殊使命就是通过试服观察检验青蒿提取物有哪些未知的毒副反应。屠呦呦向领导提交志愿试药报告时铿锵有力地说道：“我是组长，我有责任第一个试药！”屠呦呦回忆说：“时间是一个很重要的问题，抗疟的季度一般是 7 月到 10 月，过去之后病人就少了。”因此，作为研究组负责人的屠呦呦心里十分着急，希望尽快通过人体试服，确认药物的安全性，赶上临床验证最佳时间。在医院的严密监控下，一周的试药观察获得了让人惊喜的结果：没有发现这种乙醚中性提取物对人体有明显毒副作用。后来又有第二批人员章国镇、严术常、潘恒杰、赵爱华、方文贤 5 人先后以不同剂量进行了人体试服。1973 年，新年钟声刚过，屠呦呦发现青蒿奥秘的消息不胫而走。科学家这种以自身进行药物试验的行为真是令人难以想象和钦佩。

青蒿抗疟　初战告捷

由于疟疾在南方热带地区常见，为了验证青蒿提取物在实验室动物身上的药效，1972 年 8 月 24 日到 10 月间，屠呦呦、戴绍德、曹庆淑等人用青蒿的乙醚中性提取物进行临床验证（海南昌江地区收治的 11 例间日疟、9 例恶性疟、1 例混合感染），并同步用氯喹治疗进行对照观察。结果证明青蒿素提取物对 11 例间日疟的有效率达 100%，而且显示剂量越高组效果相对越好，复发例数也相对较少；而对于 2 例恶性疟无效。在全国“523”办公室的安排下，当时还用青蒿提取物在北京 302 医院验证了间日疟 9 例，有效率也是 100%。

参加完 1972 年南京会议的山东省寄生虫病研究所回山东后，借鉴北京中药所的经验，应用山东省所产的青蒿乙醚及酒精提取物治疗疟疾，经动物试验，也获得较好的效果。后来山东省寄生虫病研究所与山东省中医药研究所成立了协作组，1973 年 10 月开始做有效单体的分离，同年 11 月份在山东省中医药研究所从山东省泰安地区采来的黄花蒿中提取出 7 种结晶，其中第 5 号结晶为抗疟有效晶体，被命名为“黄花蒿素”。山东协作组在 1974 年 5 月中上旬在山东巨野县城关东公社朱庄大队用黄花蒿素对10例间日疟患者进行临床观察，首次对黄花蒿素治疗间日疟进行临床验证，得出了结论，认为黄花蒿素为较好的速效抗疟药物，可以作为急救药用，同时也没有发现有任何明显副作用，但是复燃率较高。为有效控制复燃率，似单独提高黄花蒿素用量不易达到，应考虑与其他抗疟药配伍。这些看似重复的试验在科学发现的道路上是非常重要的，重复验证不仅可以提高原创发现的可信度，而且还增加了许多新的细节发现。

山东的重复验证情况也发生在云南地区。1972年底，昆明地区“523”办公室傅良书主任到北京参加每年一度的各地区“523”办公室负责人会议后得知北京中药所青蒿研究的情况，回去后立即召集云南药物所的有关研究人员开会，鼓励他们利用当地植物资源丰富的有利条件，对菊科蒿属植物进行普筛。1973年4月研究人员从“苦蒿”的乙醚提取物中分离得到抗疟有效单体，并暂时命名为“苦蒿结晶Ⅲ”，后改称为“黄蒿素”。后经中国科学院昆明植物研究所植物学家鉴定，确定这种苦蒿学名为黄花蒿大头变型，简称“大头黄花蒿”，后又从产自四川酉阳的黄花蒿中分离出含量更高的“黄蒿素”。1974年9月，云南临床协作组一行带着提取出来的黄蒿素到云县、茶坊、耿马县一带进行临床效果观察。他们偶遇到了正在这里开展脑型疟疾救治的广东中医学院李国桥领队的医疗队。

在耿马期间，云南临床协作组的成员在学习的同时收治了1名间日疟和1名恶性疟。截止到当年10月20日他们共收治了3例疟疾患者，其中恶性疟1例，间日疟2例。据李国桥教授回忆：当年9月底全国“523”办公室主任张剑方到耿马现场视察工作，曾指示他对云南药物所试制的黄蒿素片做临床评价，李国桥当即表示同意。云南临床协作组一方面和经验丰富的广东医疗队交流了抗疟药临床验证的一些经验；另一方面，基于云南临床协作组拟定返昆的情况，李国桥教授提出可留部分药物给他们继续对黄蒿素进行临床观察。经“523”办公室和云南药物所领导的批准，云南协作组提供了黄蒿素提取物制剂给广东小组继续进行临床验证。之后广东小组收治了3例恶性疟和2例间日疟患者，试药结果显示全部有效。广东小组乘胜追击，又到沧源县南腊卫生院寻找脑型疟疾患者进行临床验证。最终，广东小组共验证了18例患者，其中恶性疟14例（包括孕妇脑型疟疾1例，黄疸型疟疾2例），间日疟4例，加上之前云南协作组验证的3例患者，云南提取的黄蒿素这次共验证了21例病人，其中间日疟6例，恶性疟15例，结果显示全部有效。经过这次临床验证，李国桥团队再次证明黄蒿素是一种高效和速效的抗疟药，并且通过更为细致的观察证明首次剂量0.3～0.5g即能迅速控制原虫发育，并认为原虫再现和症状复发较快的原因可能是该药排泄快（或在体内很快转化为其他物质），血中有效浓度持续时间不长而未能彻底杀灭原虫，并且首次验证了黄蒿素有效单体对凶险型疟疾也有较好的疗效，并建议尽快将黄蒿素制成便于临床应用的针剂。全国三个省份的四家研究单位用不同的方法从不同产地的蒿属植物中提取出来的抗疟有效结晶，在不同时间和不同地点用不同剂量的药物经不同的医生使用，各自独立地完成了临床验证，其验证的结果基本一致。

青蒿命名　揭示结构

虽然北京中药所的临床验证效果不够理想，而且发现青蒿素提取物制剂有个别案例表现出心脏毒性，因此也有人对三家所提取的单体是否为一种物质提出质疑。在青蒿素单体化学结构尚未得到证实的情况下，北京、山东和云南都各自依据自己从黄花蒿或其变种中分离出来抗疟成分的经历来命名，故命名都与黄花蒿有关，而北京中药所之前提取出来的结晶单体已经命名为“青蒿素Ⅱ”。三个省份不同单位提取的抗疟有效单体的命名在很长时间内没有得到统一，1978 年在国家组织的青蒿素鉴定会上，包括有中国药典委员会成员在内的各方代表经过了激烈的争论，命名分歧仍然没有得到统一。《中华人民共和国药典》1977 年版中，对药用青蒿植物性状的介绍仍然分为黄花蒿（Artemisia annua L.）和青蒿（Artemisia apiacea Hance）两种植物，在解释性状时也分为黄花蒿和青蒿两种。但到《中华人民共和国药典》1985 年版时，对青蒿原植物的介绍就剩下黄花蒿（Artemisia annua L.）一种植物。而“青蒿素”首次进入中国药典的时间是 1995 年版《中华人民共和国药典》。至于为何药典采用了“青蒿素”的命名，可能与传统中医药经典上的习惯称呼有关，虽然实验证明并非所有的青蒿都有抗疟有效成分。

北京中药所自 1972 年年底从中药青蒿中分离到不同的结晶之后，1973 年便开始对青蒿素Ⅱ进行结构测定。屠呦呦的小组确定青蒿素Ⅱ为白色针晶，熔点为 156℃ ~157℃，旋光［α］17D = +66.3（c=1.64，氯仿），经化学反应确证无氮元素，无双键，元素分析为（C63.72%、H7.86%）；利用自己单位与其他单位的仪器分别做了四大光谱的测定，明确其分子式为“$C_{15}H_{22}O_5$”，相对分子质量为 282；又在北京医学院林启寿教授的指导下，推断青蒿素Ⅱ可能是一种倍半萜内酯，属新结构类型的抗疟药；后来在中国科学院上海有机化学研究所专家的协作下继续做青蒿素Ⅱ的结构测定。与此同时，1975 年屠呦呦及其北京中药所的研究人员与中国科学院生物物理所开展协作，应用当时国内最先进的 X 衍射方法测定青蒿素的化学结构。同年受到中国医学科学院药物研究所关于一个含有过氧基团的抗疟单体——鹰爪甲素化学结构测定的启发，通过定性和定量分析，证明青蒿素的确也是一种过氧化合物。他们再参考南斯拉夫从同一植物中分离出的属倍半萜杜松烷（cadinane）类型青蒿乙素（Arteannuin B）的结构，提出了过氧基团处于内酯环的一种青蒿素的可能结构，为当时中国科学院生物物理所的计算提供了有益的方向性的启发。最后由生物物理所的研究人员基于上海方面关于化学结构的推断，利用四圆 X 射线衍射仪，测得了一组青蒿素晶体的衍射强度数据，并利用北京计算中心的计算机进行计算，大约在 1975 年底至 1976 年初得到了青蒿素的晶体结构，并于 1977 年公开发表了研究结果。后来，研究人员在精细测定反射强度数据的基础上，又确立了青蒿素结晶的绝对构型，于 1979 年公开发表了《青蒿素的晶体结构及其绝对构型》一文。基于当时的历史背景和青蒿素研究大协作的实际情况，所以在有关青蒿素的 X－衍射晶体结构、药理学以及青蒿素抗非重症疟和抗重症脑型疟的学术论文里只有青蒿研究协作组的署名而没有个人的名字，这在国外学界看来是一件不可思议的事情。但可以毫不夸张地说，从众多的药物筛选中发现黄花蒿的抗疟作用，到动物试验，有效成分的提取和鉴定，药理和毒理实验、临床验证、结构测定，的确无一不是全国许多单位和不同专业的专家集体团结协作才得以完成的。尤其在全国各种科研单位实验条件还相当落后的情况下，在“523”办公室的协调下，几乎动员了当时国内最先进的仪器来支持青蒿素的结构测定工作，如使用了公安部的高分辨质谱仪和北京计算机中心的计算机等。在这一全国大协作的会战中，各单位和个人都有一种不负使命的强烈责任感和献身精神，参加研究的小组成员为摸索中的各种研究方案进言献策，而且也没有分内外和争名夺利的意识，许多事情大家一起想，一起做，在研讨会上交流各自的研究经验毫不保留。

在结构测定的同时，为了扩大临床验证样本，在“523”办公室协调下采取了全国大会战方式，参加青蒿素研究的单位和人员大量增加。为了统一临床诊断及验证标准，在下现场之前，还组织专家对参与临床验证的工作人员进行了疟原虫观察方法、体温测定时间等相关知识的培训。截止到 1978 年青蒿鉴定会时，参与青蒿研究和协作的单位已达 45 家之多。这些单位用青蒿制剂和青蒿素制剂共进行了 6 555 例的临床验证，其中用青蒿素制剂治疗的有 2 099例，包括恶性疟 588 例，间日疟 1 511 例，在恶性疟中用于救治脑型疟的 141 例。[①]

---

① 黎润红、饶毅、张大庆：《“523 任务”与青蒿素发现的历史探究》，《自然辩证法通讯》2013 年第 1 期，第 107 页。

获得大奖　举世瞩目

在1997年中国科学家发表的论文里，阐明了青蒿素是一种带有过氧基团的倍半萜内酯，结构中的过氧基团与青蒿素的抗疟活性有关，也就是说青蒿素的抗疟活性与血红蛋白的消化和血红素铁的释放有关，它们最终诱导虫体内的氧化应激反应。事实上，自然界只有极少的天然产物含过氧基团，这种过氧化物也为人类继续研发新的抗疟药提供了一个重要的启发。其实在1985年，美国沃尔特—里德陆军研究所的研究人员也从生长于波托马克河（Potomac River）河岸的青蒿中分离出一种与青蒿素相同的化合物，尽管他们对大量的羟基过氧化物进行了测验，但并未发现具有抗疟活性的物质。

1981年10月，屠呦呦在北京代表“523”项目首次向到访的世界卫生组织研究人员汇报了青蒿素治疗疟疾的成果。1986年，青蒿素获得了国家颁发的一类新药证书。到1999年世界卫生组织将青蒿素列入“基本药品”名单并进行世界范围的推广，20多年来，“青蒿素”这个中国送给世界的礼物走向东南亚和广袤的非洲等国际抗疟前线，成为全球抗疟的一线药物。据不完全统计，全球有2亿多人受惠于青蒿素的治疗。据世界卫生组织的统计，2000年至2015年期间，全球疟疾发病率下降了37%，疟疾患者的死亡率下降了60%，全球共挽救了620万人生命。其中，青蒿素及其衍生物的复方制剂作出的贡献是十分巨大的。

2002年3月14日，香港科技大学化学系、南非北西大学制药科学中心的研究教授理查德·K. 海恩斯（R. Haynes）在《远东经济评论》杂志上发表了一篇题为《中国革命性的医学发现：青蒿素攻克疟疾》的评论文章，盛赞青蒿素研究是整个20世纪下半叶最伟大的医学创举，提出应该授予诺贝尔奖。这也许是国外学者首先提出授予青蒿素发现诺贝尔奖的提议。

2011年9月，青蒿素的主要研发者之一——屠呦呦获得美国拉斯克临床医学奖，获奖的理由是“因为发现青蒿素——一种用于治疗疟疾的药物，挽救了全球特别是发展中国家数百万人的生命”。屠呦呦成为中国大陆首位获得该奖的科学家。拉斯克医学奖（Lasker Medical Research Awards）是美国最具声望的生物医学奖项，它由被誉为“现代广告之父”的美国著名广告经理人和慈善家阿尔伯特·拉斯克（Albert Lasker）与夫人玛丽·沃德·拉斯克

(Mary Woodard Lasker) 于1946年共同创立，旨在表彰在医学领域作出突出贡献的科学家、医生和公共服务人员，分为基础医学奖、临床医学奖、公众服务奖和特殊贡献奖。拉斯克奖的评选结果通常于9月公布，先于诺贝尔奖，并且自1962年起，获此奖的科学家中有半数以上在随后的数年里又获诺贝尔奖，因此该奖素有“诺贝尔奖风向标”之称。

就在屠呦呦获得拉斯克临床医学奖的这一年，美国国立卫生研究院过敏与传染病研究所疟疾与媒介研究室的米勒·路易斯（Louis H. Miller）教授等在世界顶尖科学期刊*Cell*上撰文高度评价道：“屠呦呦和她中国的同事们发现的青蒿素给我们带来了希望。青蒿素的发现不愧是现代医学史上的一项伟大成就。”而且“523”项目的成功反映了中国特有的、集众多的研究单位和科研工作者之长的大协作精神。就在同一篇文章里，米勒也对广州中医药大学的李国桥教授领导的两项临床研究给予了充分的肯定。他认为，李国桥团队最先对青蒿素和甲氟喹进行了比较，首次建议为了防止疟疾的复发和抗药性疟原虫的产生，应考虑复方药物疗法。认为与甲氟喹相比较，青蒿素具有高效和速效的特点，能在数小时内清除疟原虫。但由于青蒿素的药效半衰期短，为获得更好的治疗效果，应与另外一种药物组成复方进行用药。接受青蒿素单方治疗的病人一般能很快恢复，但是如果病人过早停药，往往会导致疟疾症状的复发。这种非完全治愈的情形可能引起抗药性疟原虫的产生。李国桥研究团队也开发出一种用于治疗脑型疟的含青蒿素的栓剂，目前这种栓剂已在非洲地区的临床上使用。栓剂的使用缩短了治疗周期并提高了存活率。

“523”项目是一个庞大的特殊的国家科研计划，不仅有很多单位和个人作出了贡献，而且如同接力赛一样，有许多人在与时间赛跑的过程中参与过接力棒。屠呦呦被公认为是这个赛跑团队最关键的冲刺者。2015年10月5日，屠呦呦和两位外国科学家分享了诺贝尔生理学或医学奖。2015年12月25日国际天文学联合会（IAU）国际小行星中心发布公报，将第31230号小行星永久命名为“屠呦呦星”。2017年1月，一年一度的国家科学技术奖励大会在人民大会堂举行，经国家科学技术奖励评审委员会评审、国家科学技术奖励委员会审定和科技部审核，国务院批准并报请国家主席习近平签署，授予屠呦呦等科学家国家最高科学技术奖。

青蒿复方　创新发明

人类与微生物的关系是复杂微妙的，一方面，人类数百万年来与许多肠道菌群共同进化，人类依靠肠道内的细菌产生的代谢物，以及依靠微生物转化的各种膳食代谢物为机体提供能量和各种维持健康所必需的物质；另一方面，人类又一直与外来致病性的各种微生物作斗争，也由于饮食等生活方式、环境改变和抗生素的广泛使用，加剧了人类与微生物之间生态平衡的破坏，人类与微生物之间原本各自独立的生存空间之间的间隔被打破，于是微生物不仅对人类健康的侵害途径与方式发生了变化，而且微生物的耐药性速度也越来越快。例如疟原虫产生出对奎宁的耐药性大约花了一百年，而疟原虫对后来新研发的抗疟疾化学药的耐药性只花了几年，例如磺胺－乙胺嘧啶（sulfadoxine-pyrimethamine），商品名为凡西达（Fansidar），是在氯喹之后引入非洲地区的一种抗疟组合药，但使用后不久就有大量的报道指出恶性疟原虫对凡西达已经开始产生耐药性。甲氟喹作为单一的抗疟药引入亚洲后也很快出现了耐药性。现代研究已经搞清楚了疟原虫对氯喹的耐药性是由位于疟原虫的 PfCRT 转运蛋白的编码基因的突变引起的。

根据临床观察，使用青蒿素治疗疟疾虽然效果明显，人体血液内的疟原虫在 1～2 天内就可以消失，症状减轻或消失，但是不容易彻底将人体内的疟原虫全部杀灭，常在半个月内，疟原虫又复现，引起疟疾病的复发。为防止疟疾复发，一般需要连续 7 天服用青蒿素制剂。然而对于贫穷落后的疟疾流行地区的病人来说，在已经没有症状的情况下坚持服用 7 天药物是一件不容易的事情，意味着治病成本的增加。世界卫生组织也认为，目前青蒿素是最有效的治疗恶性疟疾的药物，如果仅仅推广使用青蒿素类单方制剂抗疟，那就意味着疟原虫很快就会产生对青蒿素的耐药性，那么，人类恐怕很难在短时期内再找到一种新的抗疟药。于是，中国科学家未雨绸缪，早早就开启了青蒿衍生物及青蒿素复方制剂研发的新旅程。

在“523 项目”中，除了青蒿中药研究这支研发队伍之外，还有中国人民解放军军事医学科学院、上海医药工业研究院、第二军医大学、上海寄生虫病研究所等单位开展了抗疟化学合成药的研发，先后研制出周效磺胺、磷酸哌喹、本芴醇（1989 年）、磷酸奈酚喹、磷酸咯萘啶等一批化学合成新药，不仅为军队提供了急需的防疟 1、2 和 3 号抗疟药的主要成分，而且为日后青蒿素复方研制提供了坚实的基础。与当时美军研发的新药甲氟喹相比，我国研究的化学合成药效果更好，毒副作用小，美军研发的甲氟喹、磺胺－乙胺嘧啶及其它们的组合复方除了对神经系统的毒副作用大之外，很快就在多个地区出现了耐药性。

为了克服人类共同的疾病难题，科学家们携起手来。瑞士罗氏远东研究基金会主任基斯·阿诺德（K. Arnold）博士越战期间曾就职于美国华尔特·里德陆军医学研究院从事抗疟药物研究，他在甲氟喹的临床试验中想找一些对照药物进行对比观察。他设法联系上了中山大学的江静波教授和广州中医学院的李国桥教授，表明了他希望开展一些研究合作的想法，李国桥向阿诺德推荐了青蒿素作为对照药。随后他们在海南岛开展了临床试验观察，结果显示，青蒿素灭除人体内的疟原虫的速度要快得多。1982 年，他们联合在国际知名医学类杂志《柳叶刀》上发表了相关论文，这是青蒿素论文第一次在国外期刊上发表。1984 年，阿诺德与李国桥又在同一期刊上发表了关于青蒿素复方治疗疟疾的另一篇论文，开启了青蒿素复方研究的新方向。①

由于青蒿素不溶于水，在油中溶解度也不大，开始其剂型仅为栓剂，生物利用度较低，影响了其药效的发挥，并且有一定的毒副作用。这些因素造成了青蒿素应用上的障碍，促使人们把青蒿素作为原料药做拓展性研究。1981 年初，在北京举行的世界卫生组织热带病研究和培训特别规划署疟疾化疗科学工作组青蒿素及其衍生物学术讨论会上，与会人员围绕青蒿素一旦被广泛应用可能产生的耐药性问题进行了讨论。在中国人民解放军军事医学科学院微生物流行病研究所的科学家向世界卫生组织提出了合作研究青蒿素复方的建议被拒绝的情况下，我国科学家自己立项开始了青蒿素衍生物及复方的研究，其主要思路就是选择作用特点不同、代谢周期长短差异较大的两药进行配伍，以达到互补增效、缩短疗程、延缓耐药性等目的。

青蒿素因其独特的化学结构导致其本身是一种不稳定的物质。20 世纪 70 年代末和 80 年代初，李国桥教授与当时在瑞士罗氏制药公司工作的基思·阿诺德医生首先联合使用青蒿素和其他药物治疗疟疾。② 与世界研究几乎同步，“523 项目”除了发现青蒿素之外，上海的化学家在 20 世纪 70 年代末和 80 年代初将青蒿素转换成新衍生物双氢青蒿素、蒿甲醚和青蒿琥酯，临床证明它们比母体青蒿素治疗疟疾更有效。我国相继研制成功了青蒿琥酯、蒿甲醚和双氢青蒿素 3 个一类新药，其中青蒿琥酯、蒿甲醚可以口服和注射，而双氢

---

① 张剑方主编：《迟到的报告》，成都：四川人民出版社，2018 年，第 112 页。

② 参见 2015 年 10 月 15 日海恩斯在《日本经济新闻亚洲评论》（*Nikkei Asian Review*）杂志上的撰文。

青蒿素则用于口服和栓剂，并研制出了复方双氢青蒿素和复方蒿甲醚。1992年该复方被国家批准为三类新药，这是世界上首个固定配比的青蒿素类复方药物。2007年，复方蒿甲醚经历15年临床应用获得了国家科学技术进步二等奖。目前，已上市品种有双氢青蒿素制剂、青蒿琥珀酸酯制剂、蒿甲醚制剂和复方蒿甲醚等，毫无疑问，我国青蒿素复方研究走在了世界前列。

获知中国人发现了青蒿素之后，一位在泰国工作的英国牛津大学教授Nick White也开始对青蒿素及其衍生物开展了研究。他发现青蒿素及其衍生物具有抗疟速效的特点，极力倡导青蒿素及其衍生物与另外一种伴侣药物组合给药以彻底清除疟原虫的方案。目前这种青蒿素复方已成为世界上治疗疟疾的标准疗法。由于Nick White在这方面的突出贡献，2010年他获得了加拿大盖尔德纳奖（Canada Gairdner Award）。

抗疟战场　历尽艰辛

回顾世界科学技术和医学发展史，科学发现和研究是首要的和重要的，但将科学技术成果推广应用到实践中也需要经历许多艰难曲折，这一过程不仅可以为科学技术的发明所能产生的社会和经济效益提供佐证，也为进一步的科学技术发明提供动力。笔者认为，青蒿素及其复方在非洲大陆上的推广应用及其所产生的巨大效果也是青蒿素获得多个世界大奖和高度评价的关键性因素之一。

1967年，还在“牛棚”里接受劳动改造的李国桥接受了抗疟研究的任务，他告别了妻子和尚未满月的女儿，带领广州中医学院疟疾研究组，深入海南五指山区和云南边陲开展抗疟研究。那些地方充满瘴气，山高坡陡、路隘林密、湿热多雨，甚至还有野兽出没。李国桥和他的团队把这一切艰难都置之度外，抱定一个信念：“哪里有病人，就到哪里去；什么时候有病人，就什么时候出诊。”1968年底，李国桥来到云南梁河县一个疟疾多发的小山寨，寨子里只有20户人家，但户户都有疟疾病人。直到今天李国桥教授还记得第一次看到疟疾对那里缺医少药的山民们造成的灾难给他带来的震撼。“在山寨的一间破屋里，我看见一对母女因为感染疟疾，骨瘦如柴，小女孩蜷缩着身子，妈妈就躺在门板上……后来别人告诉我，这个家庭一对父子几天前因为感染疟疾，都走了。”虽然已经时隔50多年，可回忆至此，李国桥教授还是

1974 年广州中医学院的抗疟团队（中为李国桥教授）

不禁哽咽了起来。李国桥教授十分肯定地告诉采访他的记者："这就是我要一直研究青蒿素的原因。"由此我们可以看见一个中医教授的赤诚之心。

1974 年，李国桥来到云南耿马县人民医院执行救治脑型疟研究任务，10 月底，他们遇到了也到这里进行抗疟临床观察研究的云南药物研究所一行。经请示批准，全国"523"办公室希望把从植物黄花蒿提取出来的黄蒿素（1978 年全国青蒿素鉴定会后才统一定名为"青蒿素"）交给李国桥团队进行临床试验。当时青蒿素治疗恶性疟疾的疗效尚未确定，没有任何临床资料可参考。李国桥团队决定延迟收队，继续留在耿马县医院进行观察。刚开始观察了 5 个病例。研究小组用显微镜观察患者的血液标本，发现患者口服黄蒿素制剂后，血液中的疟原虫就停止发育了，这说明黄蒿素口服给药杀灭原虫的速度比当时的王牌抗疟制剂氯喹或奎宁静脉给药还快得多。李国桥决定继续扩大黄蒿素制剂的治疗对象，拟试用于救治脑型疟疾，制定了使用黄蒿素鼻饲给药方法救治昏迷的脑型疟疾患者的方案。他派遣了两名医生到中缅边境耿马县阿佤山上的南腊公社卫生院去寻找脑型疟病例。这是 1974 年秋天的一个晚上，李国桥接到这两名医生的电话，他们收治了一例 24 岁的脑型疟疾孕妇，病人由于死胎流产而昏迷不醒，请示如何处置。当时李国桥心想，孕妇脑型疟疾是脑型疟死亡率最高的一种，即使用当时最好的抗疟药奎宁也未必能救活；用黄蒿素制剂治疗，万一无效，患者死亡，自己不仅得承担医疗责任的风险，还可能会受到"使用新药治疗第一例缺乏科学依据"等指责。但李国桥凭借他抢救孕妇脑型疟疾的经验，冷静地分析，认为这个危重病例目前的主要风险是极度贫血和低血容量休克，只要他们能及时赶到实施抢救，

1974 年在南腊卫生院参与用青蒿素救治第一例脑型疟疾的人员（摄于 2010 年）

还有可能救活她。“我一定要让黄蒿素救活这例脑型疟疾!”李国桥回忆起当时的情景仍有些激动。李国桥和其他同事连夜准备好配血用的血清和各种抢救药物，凌晨 5 点就搭上头班车出发了，8 点左右到达山脚的勐定坝，步行上山直至晚上 9 点才到达目的地。一到南腊乡卫生院，他们便立即投入抢救，经过输血、纠正休克，以及鼻饲黄蒿素制剂等系列治疗措施，24 小时后，病人终于苏醒过来。李国桥团队用黄蒿素制剂第一次成功地救治了危重脑型疟疾患者!

李国桥团队在云南耿马县坚持工作到 1975 年春节前，成功收治了 18 例疟疾病人，包括 3 例危重疟疾病人。这个喜讯传到了北京，报告了全国“523”办公室。第二年，全国“523 项目”领导小组作出决策：集中全国更多力量，开展大协作，推动青蒿素抗疟药研发工作。

虽然当时李国桥团队刚刚用临床实践证明青蒿素治疗恶性疟和脑型疟的疗效，也建议全国“523”办公室组织力量尽快制成注射剂用于救治疟疾危重患者，但产业链一时还来不及做出迅速的反应。1975 年，海南岛东方县医院的郭兴伯医生主动要求合作，于是李国桥抗疟团队就在东方县和乐东县医院继续开展用黄蒿素制剂鼻饲救治脑型疟的临床观察，前后收治了脑型疟 36 例，治愈率高达 91.7%。

为了让青蒿素类抗疟药造福更多患者，李国桥教授奔走于肯尼亚、尼日利亚、科摩罗、印度、泰国、越南、柬埔寨等疟疾疫情严重的地区。有人这样说：“哪里的疟疾严重，哪里就会有李国桥。”1984 年，受世界卫生组织的资助，李国桥前往国际上颇有名气的泰国马奇诺大学热带病医学院进修。李国桥心想：泰国有这种专门研究热带病的研究所，为什么地处热带、亚热带的人口众多的中国南方没有专门的热带医学研究所呢？两年后，在李国桥的倡导下，广州中医药大学热带医学研究所开始自筹资金筹建。李国桥和他的伙伴们四处奔走，在各级领导的关怀和支持下，最后共筹集到 140 万元，1989 年三亚热带医学研究所在海南三亚挂牌成立。从研究所正式成立的那天起，李国桥团队就把目光投向世界，他们要让我国自主研制的抗疟新药走出国门，为疟疾病人解除疾苦，造福人类。

1979 年，瑞士罗氏药厂驻远东（香港）医药研究基金会负责人基斯·阿诺德（Keith Arnold）博士，通过中山大学江静教授找到李国桥，请他帮忙在中国做甲氟喹的临床试验。基于甲氟喹是美国在越战时期研制成功的最新抗疟药，李国桥就用青蒿素作甲氟喹的对照药，这使基斯·阿诺德感到十分好奇：青蒿素是什么东西，能与甲氟喹作对照?！后来，对照观察的结果使他感到无比惊奇，青蒿素的高效、速效和低毒明显优于甲氟喹。李国桥和基斯·阿诺德等人联合撰写了论文《甲氟喹与青蒿素的抗疟作用》，1982 年 8 月发表在英国医学杂志《柳叶刀》，这是中国科学家第一次将青蒿素的论文发表在世界顶级的医学刊物上。从此，青蒿素逐渐成为全球抗疟专家关注的焦点。

1991 年，越南疟疾大流行，造成数千人死亡。受越南最大的一家医院——胡志明市佐内医院院长郑金影教授的邀请，由李国桥团队 5 人组成的中国专家组前往越南支援。当时脑型疟疾病人很多，越南使用当时流行的一线抗疟药奎宁进行治疗，死亡率仍高达 40%。那时在越南帮助抗疟的还有英、法、澳、

李国桥（后排左二）团队在东方县研究基地与基斯·阿诺德夫妇合影

荷等国的医疗队伍。当李国桥教授提出用中国研制的青蒿琥酯实施治疗可以提高救治成功率时，越南方面还有所顾虑。于是，李国桥等中国专家组成员一边做艰苦的说服工作，一边用青蒿琥酯救治脑型疟的病例进行示范。他们每天工作十几个小时，夜以继日地守护在昏迷的病人身旁。两个月后，中国专家组用青蒿素救治的病人死亡率不到10%，当地病人竖起大拇指称赞："你们是来自中国的白求恩!"郑金影院长在职工大会上号召大家向中国医生学习。李国桥团队在佐内医院推广青蒿琥酯治疗疟疾成功后，又向越南中部的医院进行推广，当地医院一开始也持怀疑态度。郑金影院长听说后，就带着几个医生到中部去和那些医院的管理者说："你们要是不相信，我来做给你们看!"当然，后来还是由事实证明，中国人研制的新药确实很有效。"两年之后，青蒿素抗疟方法就覆盖了越南全国的医院。"李国桥无不自豪地说。后来，李国桥团队继续将青蒿素抗疟方案转移到了条件更艰苦的疟疾高发区同奈省，在那里建立起疟疾研究基地，一边治疗，一边观察做研究。几年下来，在中国专家组的协助下，越南的重症疟疾发病率以及脑型疟疾死亡率大幅度下降。从那时起，李国桥教授便经常应邀到亚非国家指导疟疾防治工作。

青蒿素虽然显示出良好的快速的抗疟效果，但是专家们依旧担心青蒿素或青蒿素衍生物的药效能保持多久。为了保护青蒿素的功效，减缓疟原虫对它产生的耐药性，尽量避免像金鸡纳一样产生耐药性，世界卫生组织要求各国一定要将青蒿素与另一味药物搭配使用。从 1998 年到 2000 年，李国桥教

2003 年李国桥团队在柬埔寨培训乡村基层抗疟员

授将在越南的抗疟研究基地逐渐向在柬埔寨筹建新的临床观察基地转移。经过在柬埔寨的3年研究，他们创新了用青蒿素复方快速控制疟疾的“灭源除疟”新方案。结果表明，该方法可使一个疟疾高流行区的人群带疟原虫率在一年内下降95%。正是基于在越南、柬埔寨、泰国和印度尼西亚等国抗疟一线的临床实践，李国桥团队不仅完成了青蒿素复方的第三、第四代产品的临床疗效的观察，而且摸索出了一套全民服药的抗疟新方案。

青蒿基地　蹉跎岁月

2003年广东新南方集团总裁朱拉伊回母校得知，为抗疟事业付出三十多个青春年华的李国桥教授遭遇撤资而被迫中断科研之后，毅然决定出资支持青蒿素的后续研究，他第一次就投入了6 000万资金。从此，拉开了广州中医药大学青蒿科研团队与广东新南方集团合作的序幕。

2004年，广东新南方集团与李国桥教授团队决定合作开发青蒿素系列药物，并成立了广东新南方青蒿科技有限公司。为支持复方青蒿素研发和抗疟药品生产，新南方集团决定投资3.1亿元在广东梅州丰顺县建设集药品生产、经营及研发于一体的广东新南方青蒿药业股份有限公司，并以优质青蒿资源培育、南药种植以及中药饮片、化学原料药和制剂生产为主导。2005年8月广东新南方青蒿药业股份有限公司宣布成立。朱拉伊着眼于未来国际市场需求，建设了一条从青蒿素复方研究、生产、种植到销售的产业链。当时，由黄德裕负责在丰顺筹建青蒿素提取车间，养和医药公司负责筹建制剂厂。黄德裕，现任广东新南方集团有限公司总裁助理，广东新南方青蒿药业股份有限公司董事、副总经理。1995年加入李国桥教授的科研团队，从此与青蒿素结下了缘分。

要在一个经济相对落后的山区筹建一个全新的青蒿素提取生产基地谈何容易。当时那里还是一片荒地，从征地到药厂建设，有无数亟待解决的难题。黄德裕无不感叹地回忆起当年的创业情景：“第一批筹建的员工都是从广州过去的，需要坐5~6个小时的车才能到达施工场地。大家都住在厂房或者简陋的员工宿舍里，常常一个多月都不能回家。”员工们来自五湖四海，黄德裕是潮州人，还有来自北方地区的员工，而丰顺属于客家地区，大家一开始不习惯当地的饮食。虽然生活条件较差，但大家干劲十足。为了赶工期，早日生产出自己品牌的青蒿复方，大家几乎每天都工作到晚上 11 ~ 12 点。特别是在浇筑水泥的时候，必须夜以继日、连续不间断地做完，否则可能留下施工缝隙，带来建筑物防水性能等方面的问题。为了节省投资，将有限的资源用到刀刃上，不管是青蒿素提取车间，还是制剂车间，从设计到施工都是由新南方人自己负责完成的。再苦再累，新南方人从没想过把工程外包。新南方集团充分发挥了公司在建筑、水电安装等多种资源整合上的优势，更好地进行人员、进度、设计等各方面的调控，保障厂房的工程质量，在预计的时间内完成工期。在各方的共同努力下，整个药业基地从开工到竣工只用了不到一年的时间。只争朝夕，正是新南方人“五气精神”的写照。新建设的丰顺药业工业园区里没有什么娱乐设施，在少有的工休时间里，大家一起打球、打牌、唱歌。但就是这样清淡平凡的日子，在黄德裕的记忆里却是开心、充实和特别值得铭记的。在朱拉伊给员工描绘的伟大企业的愿景下，员工们的心紧紧地凝聚在一起，每个人都对自己所做的工作感到骄傲和自豪。

对于药厂的设计和建设，新南方人始终坚持高质量的标准，高瞻远瞩，环保先行。虽然当时环保的概念已经出现，人们逐渐意识到环保的重要性，但没有很多的执行标准来进行规范。丰顺药厂的建设者们在许多细节上已经充分考虑到了环保。传统的中药提取厂多采用烧煤烧柴的办法提供能量，成本低但对环境污染大，不符合药厂可持续发展的要求和长远的利益。朱拉伊和建设丰顺药厂的负责人一致认为，他们要建设的是符合国际化生产标准的一流企业，放弃了简单低廉的烧煤烧柴的办法，采用了油锅炉来提供生产能源。此外，提取厂的排水系统也涉及环保，不能将生产废水直接排进河流或者其他地方。经过实地调研考察，决定在地下埋设管道，将经过处理的废水排到河里。从药厂建成到现在，一眨眼十几年过去了，药厂的环保设施从没出现过大的问题。正所谓欲速则不达，见小利则大事不成。若是贪图快速，拘泥于眼前的利益，则做不成大事，达不到远大的目标。在企业生产的环保问题上，新南方人着眼于事业的长远利益，坚持做到最好，十几年如一日坚守青蒿科技事业。

“宝剑锋从磨砺出，梅花香自苦寒来。”黄德裕副总经理这样总结道，“人类的美好理想都不可能唾手可得，都离不开手胼足胝的艰苦奋斗。”通过新南方人的齐心努力，2004 年 3 月新南方集团响应政府振兴山区经济号召，与丰顺县人民政府合作建设 GAP 中医药种植基地。2006 年第四代青蒿素哌喹复方获得国家药监局 I 类新药证书；2007 年广东新南方青蒿药业股份有限公司通过广东省食品药品监督管理局验证，取得《药品生产许可证》；2008 年广东新南方青蒿药业股份有限公司通过国家药监局的 GMP 认证，获得国家颁发的片剂 GMP 证书；2009 年科摩罗副总统访华期间探访丰顺青蒿药业种植基地；

2011 年 Artequick 列入商务部援外抗疟药名单；2012 年中华人民共和国援助科摩罗抗疟药品启运仪式在广东丰顺隆重举行。从此，一个粤西山区的小县城一鸣惊人，成为世界抗疟药的主要生产基地之一，受到世人瞩目。

青蒿育种　上天入地

青蒿（黄花蒿 ArtemisiaannuaL.）是菊科蒿属一年生短日照草本植物，我国古人最早发现了其药用价值，目前其提取物——青蒿素是世界卫生组织首选治疗疟疾的特效药物，也是我国唯一进入美国药典的天然药品。研究结果表明，青蒿素含量在不同种群间差异很大，从 0.01% 到 1.3% 间不等。青蒿素虽已能化学合成，但因成本高、毒性大、产量低而未能投入商业化生产。许多研究者试图用生物技术通过组织培养、细胞培养来生产青蒿素，虽取得了一定进展，但离大批量生产还有一段距离。

针对近年来国际市场对青蒿素的需求日益增加，探索选育优质高产青蒿品种，形成完善的育种技术体系，提高干叶产量及青蒿素含量等问题，广东新南方青蒿药业股份有限公司青蒿资源研究所开展了一系列青蒿育种与优质品种的筛选试验。

广东新南方青蒿药业股份有限公司青蒿资源研究所是与广州中医药大学共建的南药产学研示范基地，设有“岭南中药资源教育部重点实验室—青蒿资源研发实验室”“广州中医药大学—广东新南方青蒿药业青蒿资源联合研发实验室”，建立在丰顺县埔寨农场，占地 3 000 余亩，当年聘请中国中医研究院陈和荣研究员和中国科学院李诺高级工程师主持研究所日常工作。2005 年研究所日常工作由李诺高级工程师负责，2008 年研究所和种植部合并后，日常工作由李义谋所长负责至今。

青蒿资源研究所成立之初，陈和荣研究员从重庆带来青蒿种子到丰顺埔寨农场基地种植，后又从广西、湖南、海南等地引进不同类型的青蒿品种，第二年再从韶关乐昌、梅州蕉岭等地搜集野生青蒿资源，在 20 多个乡镇试验种植。由于农户从未种植过青蒿和缺少技术指导，只有埔寨农场和东留镇种植成功，但亩产低，只有 50 多公斤。

在丰顺县政府的重视下，从丰顺县农业局抽调李义谋、蔡绍真、陈宗源、朱欢胜、谭国潜五位技术人员参加青蒿种植研究团队，加强对青蒿的推广种

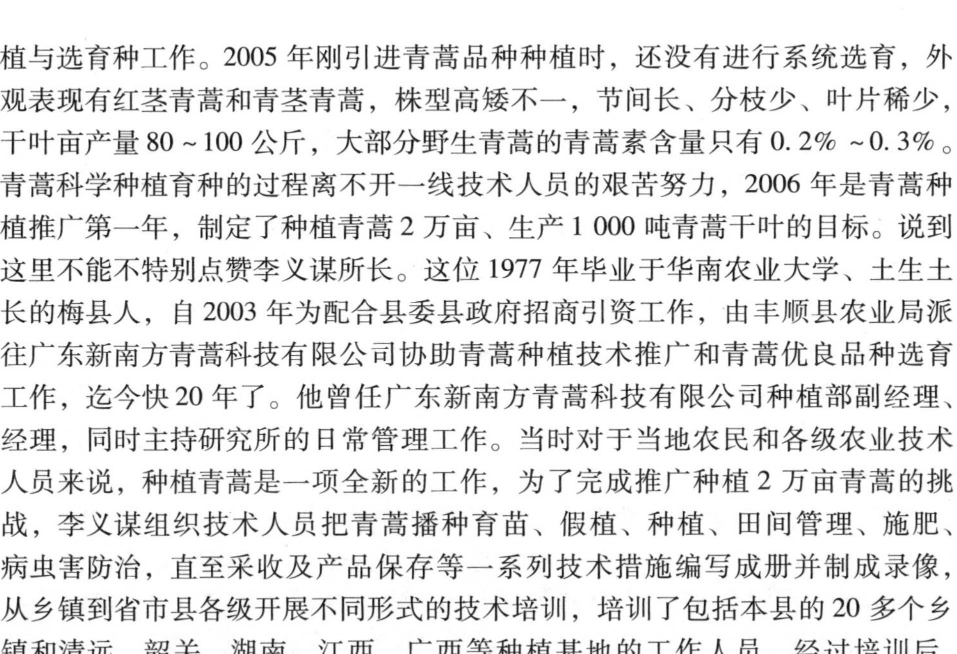

植与选育种工作。2005 年刚引进青蒿品种种植时，还没有进行系统选育，外观表现有红茎青蒿和青茎青蒿，株型高矮不一，节间长、分枝少、叶片稀少，干叶亩产量 80 ~ 100 公斤，大部分野生青蒿的青蒿素含量只有 0.2% ~ 0.3%。青蒿科学种植育种的过程离不开一线技术人员的艰苦努力，2006 年是青蒿种植推广第一年，制定了种植青蒿 2 万亩、生产 1 000 吨青蒿干叶的目标。说到这里不能不特别点赞李义谋所长。这位 1977 年毕业于华南农业大学、土生土长的梅县人，自 2003 年为配合县委县政府招商引资工作，由丰顺县农业局派往广东新南方青蒿科技有限公司协助青蒿种植技术推广和青蒿优良品种选育工作，迄今快 20 年了。他曾任广东新南方青蒿科技有限公司种植部副经理、经理，同时主持研究所的日常管理工作。当时对于当地农民和各级农业技术人员来说，种植青蒿是一项全新的工作，为了完成推广种植 2 万亩青蒿的挑战，李义谋组织技术人员把青蒿播种育苗、假植、种植、田间管理、施肥、病虫害防治，直至采收及产品保存等一系列技术措施编写成册并制成录像，从乡镇到省市县各级开展不同形式的技术培训，培训了包括本县的 20 多个乡镇和清远、韶关、湖南、江西、广西等种植基地的工作人员。经过培训后，各种植基地认真贯彻落实技术措施，在时间短、任务重的情况下完成了公司下达的全部任务。也是从这一时期开始，青蒿种植在大田采取去劣留优的方法，把株型差、叶片少、节间长的植株去除，保留株型好、节间密、叶片厚的柱型植株，经过连续两年的选择育种，使青蒿干叶青蒿素含量达到 0.7% 左右，亩产量 120 公斤。

李义谋所长深有体会地说："青蒿种植选育工作是一项多部门相互配合的工作，青蒿素的含量检测要靠质量部门的技术人员把关，青蒿组织培养保存优良品种要微生物室的技术人员完成，大田的选育、表征试验、种植等多项工作要在种植基地完成，只有依靠团队成员的协同作战，才能取得今天超过同行青蒿种植的成绩。"此言不虚，为了培育出更高青蒿素含量的优质品种，青蒿资源研究所想方设法开展多种现代育种试验，有许多无名英雄为此作出了贡献，经历了曲折的探索之路。如航天育种试验，2006 年和 2007 年连续两年选送大田混交种子，每次 1 克，由中科院遗传研究所高级工程师李诺负责寄送航天育种部门，进行了两次航天育种试验。所谓航天育种是利用太空特殊的高能离子辐射，宇宙磁场的诱变作用，促使青蒿种子发生变异，再返回地面选育新种子的育种技术。2007 年和 2008 年研究所将经过太空辐射的种子在大田进行种植试验，发现种植出来的青蒿叶片变小，青蒿素含量在0.7% ~ 0.8%之间，未选育出含量更高性状的株系。

2009 年前后，青蒿资源研究所还开展了青蒿同源四倍体育种试验。其方法是采用不同浓度秋水仙素溶液处理青蒿幼苗和种子，设计用不同药液浓度、浸泡时间和温度对萌动种子和幼苗顶端生产点进行处理，然后对处理过的幼苗根尖染色体进行镜检，结合幼苗外形和叶片气孔保卫细胞的特征，确定其诱变成功率。经过两年的试验，虽然未选育出四倍体植株，但获得一个青蒿素含量达1.5%的株系，其植株高度比对照组矮30多厘米。同期青蒿资源研究所又与中国科学院植物研究所合作进行青蒿转基因选育种试验，由研究所提供青蒿高产株系试管苗给中科院作为转青蒿素生物合成相关基因的受体。2008—2010年经中科院转基因成功的青蒿植株返回研究所进行种植表征试验，但青蒿素含量和青蒿产量未有明显提高。

青蒿资源研究所采取多种途径和方法探索优良品种育种，从2010年到2019年，最终选育出青蒿素含量较高的亲本及杂交组合。青蒿素含量不断提高。

通过连续多年的选择育种，从优势单株中选育出含量较高、株型较好、叶片产量较高的株系，在下一年度再进行隔离自交，经过多次隔离自交纯化后，2010年获得较稳定纯合植株，并进行组织培养，保存亲本资源。在2011—2012年，培苗配对选育4组，选育出青蒿叶含青蒿素较高、产量稳定、抗病性较强的新组合。2016—2017年，多点种植，进行品种对比试验和区域种植试验，获得新品种，此组合定名为新青一号。

新青一号通过2017—2019三年鉴定试验与连续观察，试验观察每小区500株，三次重复。该品种在株型、分枝数、植株生长习性、开花期、成熟期及种子形状等质量性状、数量性状等方面均表现一致，其非典型株为0株。除产量、株高、茎粗、分枝数、主根长、主根粗、根幅、青蒿素含量等性状年际间略有差异外，其性状均表现为稳定遗传。新青一号适应性强，在酸性赤红壤坡地、半沙泥地中性土壤和沙质土壤均生长良好，抗旱能力和抗病虫能力较强，在栽培中未发生锈病和青蒿瘿蚊危害，但怕渍水，如水田栽培，要求地下水位在0.5米以下，适宜在广东省梅州市山区及其他气候相似地区种植，海拔700米以下地区种植较好。该品种叶片含青蒿素较高，产量稳定。

青蒿产品为植株的干叶，当青蒿出现叶片变小，即出现第三分枝时，可对其进行采收。采收时间一般为每年的8月中旬，采收后在大田风干3天，然后捆回大棚阴干后进行脱叶。研究所对各种植区分别进行测产，测产面积取60平方米的平均数。结果显示，新青一号在平均亩产、亩增产等方面都优于对照品种。

青蒿种植　扶贫模式

在朱拉伊的带领下，公司积极响应广东省政府关于努力促进山区经济可持续发展的扶贫号召，在丰顺县建立十万亩中药材规范种植基地和加工炮制与出口基地，以及建立占地300亩的青蒿药业基地。

多年来，青蒿资源研究所与种植农户们一起摸索了青蒿种植的系列栽培技术，包括播种育苗、保温育苗、幼苗假植、大田栽植、起厢种植、田间管理、防治虫害、采收、晒干、打脱叶片、筛去枝杆和杂质、包装保存等环节。科学种植青蒿不仅带来了青蒿产量和含量的提高，为青蒿药业提供了优质的原料，还提高了当地农户的经济收入，为中药扶贫树立了一个“丰顺模式”。目前，青蒿药业拥有哌喹原料、固体制剂、中药提取、中药饮片GMP车间，构成了青蒿产业链中重要的生产环节，与种植基地共同打造现代化和国际化的青蒿药业生产基地。

企业的经营与市场往往会遭受来自许多因素的影响，在2006—2007年，受出口产量的影响，青蒿草一时间供过于求，有些蒿农甚至生气地将收获的青蒿草一把烧掉，新南方集团闻讯后坚持以10元/公斤收购青蒿草，不让种植青蒿的农民经济受损，这反映了新南方人极强的社会责任感，赢得了当地农户的信任。

朱氏助力　走向非洲

2006年，李国桥教授及其团队在新南方集团的支持下，成功研发出具有完全自主知识产权的国家I类新药——第四代青蒿素复方抗疟新药“粤特快”(Artequick)。研究表明，这种新药具有疗程短、成本低、治愈率高等优点。尤其是价格仅为同类药物的一半，非常适合在经济贫困的疟疾流行区推广使用。

2007年，青蒿素复方快速灭疟项目作为国家中医药管理局中医药国际科技合作重点项目正式启动。于是，由李国桥教授领衔的广州中医药大学和广东新南方集团联合组建的抗疟团队将医疗援助的目光投向了经济贫困的非洲大陆，东非岛国科摩罗是他们选定的第一站。

从广州到科摩罗，一般是先从广州到香港，然后从香港飞到埃塞俄比亚，再从埃塞俄比亚飞坦桑尼亚，最后才能转到科摩罗，全程大约要一个星期。科摩罗是一个美丽而经济贫困的岛国，它位于印度洋中的科摩罗群岛，有着遗世而绝美的海景，不时腾起冒黑烟的活火山，以及海龟和海豚共游的神奇景致。岛上的居民阿拉伯人将这些美景看作是真主赋予人间的恩赐，因此他们就以心中最圣洁的月亮命名这个美丽的岛国——“月亮之国”。

科摩罗位于印度洋西部，面积2 236平方公里，由大科摩罗、昂儒昂、莫埃利和马约特四岛组成，位于非洲东侧莫桑比克海峡北端入口处。科摩罗是世界上经济最不发达的国家之一。经济以农业为主，香草、丁香、鹰爪兰等香料产量居世界前列，故也有“香料岛”之称，但工业基础脆弱，严重依赖外援。

科摩罗的水电、交通等基本设施建设十分不发达，尤其到晚上援非的中国人感到很不适应。科摩罗全国严重缺电少水，即使是首都莫罗尼市也得分区不定时轮流停电。据当时中国政府驻科摩罗大使的文章回忆，当时（20世纪90年代）每天给大使馆的供电也只有2~3个小时。有一个故事可以说明当时科摩罗缺电的窘境：1997年2月19日，邓小平与世长辞，中国驻科摩罗大使馆正在为组织接待吊唁活动发愁时，当晚科摩罗水电公司总经理到使馆敲门（门铃没电）要求见大使。因正值停电，大使只能在月光下接待他。他首先对邓小平逝世表示哀悼，然后郑重地对大使说：“我已接到政府的命令，从今晚起保证使馆全天24小时供电，直到治丧期结束。”要保证使馆用电，就得切断其他好几条供电线路，甚至减少总统府、政府部门和一些居民的用电。在那段时间里中国大使馆几乎成了科摩罗夜幕中的灯塔。这灯光凝聚着科摩罗人民对中国人民的深厚情谊。①

“烛光晚餐”是援非团队的家常便饭。为防止被蚊虫叮咬，援非抗疟队员们晚上8点后就得爬进蚊帐，在蚊帐里面继续工作。科摩罗全年大致可分为雨季和旱季两个季节，旱季在6~10月，当久旱不雨时，当地人以玉米、木薯为食，连蔬菜也是奢侈品，援非工作人员甚至只能用水坑中的脏水洗漱。李国桥教授正是在这种缺水的生活体验中创造了一个新词：“half shower”，当地人觉得老教授很幽默，每当洗澡到一半就停水的时候就学着讲一句“half shower”幽默一把。这种幽默表达了广东抗疟团队苦中作乐的乐观主义精神。

---

① 参见徐代杰：《对科摩罗的美好回忆（外交官亲历）》，《人民日报》，2003年6月20日，第15版。

2007 年李国桥教授在科摩罗莫埃利岛晚上做抓蚊检查

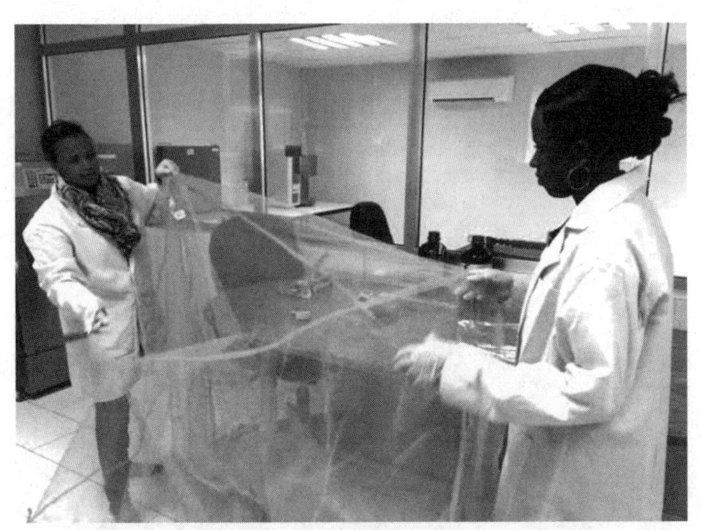

工作人员在检查经杀虫剂处理的蚊帐是否有破洞

李国桥教授回忆道：“科摩罗经常没水没电，住的地方即便是当地最好的旅店，也比较简陋，没有绿色蔬菜吃，只有木瓜、木薯。”对于爱吃蔬菜的中国人来说，没有蔬菜吃是一件很难受的事情，于是队员们就尝试从国内带种子到科摩罗种植。但因为科摩罗是火山岛，很少有合适的泥土。要种东西，需要先买土。买了土、播了种，种子却总不发芽，后来才注意到，原来小芽一长出来，就被蜗牛吃掉了。于是队员们又想到用塑料袋包住新芽，但终归很难解决吃蔬菜的困难。不过对于胸怀大志、不远万里来到非洲进行抗疟的中国援非团队来说，生活上的艰苦算不了什么，艰难的是推广一个抗疟新方法遭到了很多阻挠和反对。“我们没料到会在那里待那么久，当时我们以为做一个月的准备工作就可以开始实施快速灭源除疟法了，没想到用了一年。”李国桥教授无不感叹地说。说起这段历程，他很有感触：传统的抗疟方法是以喷洒杀虫剂或用杀虫剂浸泡蚊帐来杀灭蚊子，以为蚊子控制了，疟疾就没有了。但由于野栖蚊媒广泛存在，事实表明，这种抗疟方法收效甚慢。海南岛的实践就是一个典型的例子。1955 年，海南岛的年发病率是 98.9‰，共花了 32 年，到 1987 年降为 2.4‰，至 2015 年预期清除疟疾还要再花 28 年，前后共 60 年。湄公河流域的其他国家疟疾发病率的下降速度就更慢了。为此，李国桥青蒿抗疟团队认为，应该把传统的以控制蚊媒为主的抗疟策略改变为以消灭疟原虫（传染源）为主。他们经过 2004—2006 年在柬埔寨石居省的试验，证明一年时间可使人群带虫率下降 95%。他们将这种方法总结为“快速灭源除疟法”，这是广东抗疟团队在抗疟方案上的创新。

2007 年 11 月，广东抗疟项目在 3.6 万人口的莫埃利岛启动。快速灭源除疟法启动后 4 个月，发病人数就下降 95%，蚊媒带虫率从项目启动前的 3.1% 下降至 0，该岛再也没有患者死于恶性疟疾，实现了疟疾零死亡。根据科摩罗政府的一再请求，在取得中国卫生部、科技部、商务部、国家中医药管理局和广东省政府的大力支持下，2012 年快速灭源除疟法又在 32 万人的昂儒昂岛推广实施，项目实施后 3 个月，发病人数就下降 95% 以上。当地医生、护士幽默地对广东抗疟团队的工作人员说：“你们的方案使我们失业了。”在本项

2008 年赴科摩罗的青蒿抗疟团队在开会

目启动之前，当地各医院的门诊病人中疟疾占了30% ~40%，住院病人中疟疾占了50% ~60%。项目启动后，疟疾病房变得空空如也。2013 年10 月，中国政府又支持广东抗疟团队在科摩罗最后一个疟疾区35 万人的岛屿启动快速灭源除疟。毫无疑问，也取得了同样显著的疗效，短期内实现了从高度疟疾流行区向低疟疾流行区的转变，疟疾发病率下降了98%，疟疾感染率从2006 年的142 人/1 000，到2014 年下降为2. 8 人/1 000，创造了全球抗疟史上最快的控疟速度，在全球抗疟史上具有革命性意义。

45 年（截至2013 年）来，李国桥教授先后研制了5 个青蒿素类复方，其中4 个复方获得发明专利。成功的背后是他以命相搏的辛勤付出。李国桥教授出生于广东南海的一个中医世家，从小就接受中国传统医学的熏陶，毕业之后，他留在了母校广东中医药专科学校（现广州中医药大学），从事教学与研究工作。1967 年，李国桥成了广州中医学院疟疾研究组的负责人。45 年来，李国桥教授率领的青蒿抗疟团队虽然机构名称几经更改，团队成员不断更新，但他始终是组长、主任、所长和团队的灵魂。他淡泊名利，艰苦奋斗，无私奉献，为国争光的高尚情操一直深深地鼓舞着年轻一代继续奋斗在世界抗疟第一线。为了探索有效的疟疾治疗方法，李国桥曾两次让自己故意感染疟疾，然后分别进行针灸治疗和药物治疗试验。第一次感染试验，直到自己肝脾肿大、全身高烧，陷入险境，才停止了试验。1981 年8 月，为了深入研究恶性疟疾的发热规律和抗疟新药的效果，李国桥决定以身试药，这是一次可能危及生命的医学试验，为此他给单位和家人留下了一封“遗书”。他这样写道：“这次试验完全是自愿的。万一出现昏迷，暂时不用抗疟药治疗……这是研究计划的需要，请领导和妻子不要责怪试验的执行者。万一真的发生不幸，到时只要在花圈上画一个疟原虫，我就心满意足了。”他求真务实的科研

2013 年李国桥教授获科摩罗总统勋章

毅力和高尚的敬业精神，让他不仅得到了无数患者的赞美，也得到国内外研究同行的充分肯定和崇高的国际声誉。2006 年柬埔寨王国政府授予李国桥教授“莫尼莎拉潘”金质骑士级勋章；2007 年越南卫生部授予他“为了人民健康”奖章；2011 年越南政府又授予他“友谊勋章”；2013 年 7 月时任科摩罗副总统穆哈吉为中国抗疟援非专家李国桥教授和宋健平教授颁发总统奖章，据说该奖章是第一次颁发给科摩罗岛国以外的专家。

随着科摩罗灭疟的成功，广东新南方集团又在肯尼亚、尼日利亚、马拉维、刚果等非洲六国设立了办事处。在“让中医温暖非洲”的同时，新南方集团也和非洲多国政府和人民建立起了信任的合作关系，由新南方集团主导的复方青蒿素快速清除疟疾项目也成为“一带一路”上一张亮丽的“中国名片”。

推荐评奖　彰显人格

如果说 2015 年是特别的一年，是中国轰动世界的一年，青蒿素和诺贝尔生理学或医学奖的热词铺天盖地，似一场话剧的高潮，那么 2010 年是这场话剧拉开的序曲。为了更好地推动中国青蒿素走上国际舞台，这一年，广东新南方集团出资力邀美国国家科学院院士路易斯·米勒教授到广东进行有关疟疾的学术交流。

路易斯·米勒教授是美国国家卫生总署（NIH）疟疾研究室的研究人员，他是世界顶级的疟原虫与疟疾研究领域的科学家。据媒体报道，米勒原是美国陆军的一名医生，1965 年曾赴泰国参加疟疾防治工作，1971 年进入美国国家卫生总署疟疾研究室进行疟疾研究，在分子的水平上解释疟原虫在人体和蚊虫的体内存活并繁殖的机理。2009 年他从美国国家卫生总署退休，但他从来没有停止疟疾研究事业，依旧醉心于科研。在他的科学研究生涯中，学术论文成绩斐然，他的多篇文章发表在《科学》《自然》等高水平期刊上，所获国内外奖项不计其数。米勒是美国国家科学院院士，拥有诺贝尔奖与拉斯克奖等世界重量级奖项的推荐资格。米勒教授十分了解青蒿素的研究及其所带来的抗疟的巨大效益和历史意义，是最有资格给出同行专家评议报告的专家。

李国桥与米勒在广州相会相知，米勒教授心中亦有了拟推荐的人选。他拿来一张拉斯克奖推荐表格让李国桥教授填报，表格上有两个特别的提问，第一个问题是："你认为在青蒿素的研发中，如果一定要选一个贡献量最大的人，你选谁?"第二个问题是："如果你获奖了，认为谁还有资格获奖?"李国桥教授在第二个问题上填的是屠呦呦与罗泽渊。米勒教授表示希望推荐屠呦呦和李国桥两个人申报拉斯克奖，他认为李国桥教授是第一个验证青蒿素治疗恶性疟疾临床有效的人，并广泛运用于临床挽救了无数人的生命。但是李国桥教授婉拒了米勒的好心推荐，他表示，如果要并列两人提名也不是他，他最多排在第三位，罗泽渊应该排在第二位。因为是罗泽渊给了他黄蒿素，才让他有了后面的成果，不能让排在第三位的人获奖。

2010 年路易斯·米勒教授在广州留影

拉斯克奖是生物医学领域仅次于诺贝尔奖的一项大奖，是美国最具声望的生物医学奖项。李国桥教授秉持着自己的原则，谦逊恭卑，婉拒拉斯克奖提名，但五十年如一日的艰苦钻研也并没有被掩蔽，拉斯克基金会在授奖说明中着重介绍了"20 世纪 70 年代中期开始对青蒿素及其衍生物进行临床试验的来自广州中医药大学的李国桥"。《黄帝内经》中言："圣人者，处天地之和，从八风之理，适嗜欲于世俗之间，无恚嗔之心。行不欲离于世，被服章，举不欲观于俗，外不劳形于事，内无思想之患，以恬愉为务，以自得为功，形体不敝，精神不散。"李国桥教授面对荣誉功利坦荡淡然，不妄于世俗之利，专于己业，以诚待人，将中医智慧蕴于为人处世中。他是青蒿新药研发的领军人物，身体力行向我们诠释了中国文化中诚、信、义的精神。

速效药方　依从提高

20 世纪 70 年代，中国发现抗疟新药青蒿素，并研制出具有很高药效作用的青蒿素复方药物，成为世界抗疟史上的一个重大突破。

从 2001 年开始，世界卫生组织就推荐青蒿素复方药物为抗疟的首选药物。但由于种种原因，相关青蒿素制药的许多专利被外国药企抢占了。全球抗疟药公立市场一直以来被瑞士诺华、法国赛诺菲等公司所占据，在世界抗疟市场上中国一直处于边缘状态，仅仅扮演原材料供应商的角色。但李国桥教授与新南方集团合作的青蒿科技研发团队没有轻言放弃，奋勇直追。最先国际上推行的抗疟青蒿素单药需要服用 7 天，疗程太长，加上经济贫困地区的患者缺钱买药，故症状消失后再坚持服药的依从性很差，不仅使得单药难以推广，也极易导致疟原虫产生抗药性。为解决这一难关，李国桥教授领衔的新南方青蒿科研团队开展了青蒿素复方的探索，第一步研制出双氢青蒿素 + 哌喹的第三代配方，在临床中证明可以将疗程缩减至 3 天。但朱拉伊先生没有满足于此，他认为“全球治疗疟疾五十年，只有李国桥教授这个团队还在坚持，青蒿素是中国人发现的，几十年来一直在不间断地进行研究，为什么我们就不能再创新呢？三天的疗程是否可以再缩短一些呢?”拧着一股不服输的劲，团队上下团结一心，潜心研究，实验室内数万份疟原虫血液样本是青蒿科研人汗水的见证。经过不懈的努力，抗疟团队最终又研制出青蒿素 + 哌喹配方的第四代新药，仅仅只需两天，一天吃两片即可治疗疟疾，极大地简化了服药程序，缩短了服药时间，减轻了患者买药的经济负担和全民服药的依从性，被非洲民众称为“中国神药”。

目前，复方青蒿素已取得 40 个国家的专利保护，在全世界超过 20 个国家注册销售，可以说，广东新南方集团青蒿科技用中国方案解决了一个世界性难题，在国际抗疟市场上占领了一个制高点，让全球疟疾患者受益。从 7 天到 3 天，再到 2 天，这种数字的变化不是电脑键盘上的几下敲击，而是凝聚了新南方人的敢为人先的创新精神，是诉说不尽的坚持和巨大的投入。“抗疟疗程天数这个问题其实很复杂，不是简单的经济理念，而是具有政治意义和社会价值的问题，同时也涉及占据国际销售制高点的问题。”朱拉伊先生曾说过：“我们相信激情是生命力的象征，做人做事，一定要有激情、有理想、有宽广的胸怀。要多反思、多检讨，如何才能更好地形成合理的格局。一个人的最终成功、一个人的气质魅力，都是由一点一滴积累起来的，都要反复经受成功和失败的一遍遍洗练与陶冶。”这位坚持在全球抗疟事业上奋斗 16 年、投资超过 15 亿元的私企老板，他用对中医事业的满腔激情与热血，浇灌着青蒿这株神草，让它在世界的土壤中生根发芽，枝繁叶茂。他带领着新南方集团以大众健康为己任，以中医药智慧为人类命运共同体贡献着自己的年华。

非洲抗疟　将帅身先

在新南方集团非洲抗疟事业非凡成绩的背后，少不了每一位青蒿人无私的付出和顽强的坚守，其中广东新南方青蒿药业股份有限公司总经理潘隆华便是亲历前线的主帅之一。

潘隆华 1997 年加入广州中医药大学李国桥教授的抗疟团队。2003 年，他随李国桥教授加入新南方集团第四代抗疟新药研发工作。2006 年，加入新南方集团和广州中医药大学共同组建援非医疗队前往非洲岛国科摩罗，帮助该国快速灭疟和建立卫生防疫体系。这一年起，潘隆华肩负推进复方青蒿素快速清除疟疾项目落地实施的重任。面对科摩罗这个陌生国度，潘隆华不曾犹豫，毅然决然地踏上了这片土地，开始了他频繁的非洲之行，到目前为止，他的足迹遍及非洲 30 多个国家，在非洲大地上留下了他助力抗疟事业忙碌的身影。那时候，从广州到科摩罗还没有直飞的航班，从广州出发，先到曼谷，飞到肯尼亚内罗毕，再到坦桑尼亚，或者到一个法国殖民小岛上停留，再飞到科摩罗，整趟行程大概需要一个星期。第一次到科摩罗，潘隆华最深的印象是水资源极度缺乏，当地的淡水主要靠收集雨水来供应；习惯生活在中国南方的他，不仅遭遇了洗澡没水的窘境，还有来自疟疾等传染疾病的威胁。由于当地不洁净的饮用水和疟疾的疯狂肆虐，潘隆华团队的大多数成员都有过感染疟疾的经历，潘隆华也从自己的体验中摸索出了一套对付疾病早期症状的方法。他说，在非洲，有一句话叫作："感冒要当疟疾治，疟疾要当感冒治。"这就是说，一旦有发烧的症状就要赶紧服用抗疟药，因为感冒的症状和疟疾的症状差不多，疟疾越早治越好，这也是老专家传授的经验。

面对陌生的国度，面对疾病的困扰与威胁，广东援非队员们的内心难道没有一丝恐惧吗？潘隆华坦然地回答："肯定是有的，但我们并不畏惧，因为我们不仅有一种为人类命运共同体而奋斗的责任和新南方集团'以大众健康为己任'的豪气，还拥有'以医带药'的科学方案和防疫利器。"

对于潘隆华来说，常年往返非洲大地奔波是他的工作常态，有时候一个星期要跑好几个国家去宣传新南方的抗疟方案。曾经有人问他："在这种居无定所的生活中你最喜欢的是什么？"他回答说："我最喜欢的就是这种奔波，为理想奔波也是人生的一种体验，因为这样可以到不同的地方看看，可以见到不同的人，经历不同的事，也会觉得很难忘。”看来，他已经将奔波视为一种乐此不疲的生活方式了。不要以为在非洲经济贫困的国家里奔波是一种旅游享受，这其实是非常艰苦的差事。有一次潘隆华与一个同事去一个叫塞拉利昂的非洲小国，那是一个自然风光很美的国家，但它的公共基础设施很差。从广州起飞需要 18 个小时才能到达，狭窄的公路沿着海边弯弯曲曲，勉强能让两辆车交错而过，到了酒店已经是晚上八九点钟了，本以为可以好好休息一下，可一进房间就傻眼了，地上蟑螂横行，床上没有被子，也没有自来水。当时天气炎热，两个大男人已经连续两个晚上没有洗澡了，于是又开了一个多小时的车终于找到一个能洗澡的小宾馆，但宾馆里的被子和枕头闻起来有一股味，令人无法入睡。第二天，潘隆华两人去当地药监局办事，谈完出来已经是下午两点多了，肚子饿得咕咕叫。那个地方在郊外的一个山坡上，他们跑下来在街上想拦辆出租车，因为非洲许多国家绝大多数地方是没有公共汽车的，他们等了很久也拦不到一辆车，只好去问站在路边的一位警察：“这附近有吃饭的地方吗?”警察用手一指：“对面就有啊。”一看，那里竟然是联合国驻塞拉利昂的特别法庭和监狱。“难道这种地方我们外国人也能够进去?”潘隆华开始不太相信，但执行一番简单的程序之后，真的进去了。这个餐厅的环境还不错，猪排、牛排、啤酒什么都有，价格也比外面便宜，潘隆华说：“没想到这辈子竟然能够在联合国特别法庭和监狱的餐厅里吃一顿饭，这真是一次难忘的体验。”

以医带药　创新方案

在世界范围内和不同的历史时期，来自不同文化的医学体系总是存在着冲突和融合的复杂关系，这种关系不仅反映了各种经济利益的冲突，也反映了文化之间的差异。在新南方集团援非抗疟团队去之前，科摩罗的官方统计数据显示该国的疟疾非常严重。根据世界卫生组织统计的资料，在 2019 年世界各国人均寿命排名中科摩罗排 146 位（共计 183 个国家），成年人平均寿命为 61.9 岁，人口结构低龄化，15 岁以下人口占 41.6%，婴儿死亡率为 53.127/1000。

疟疾在当地如此肆虐，然而中国的抗疟援非工作仍遭遇了诸多不理解和重重阻力。

2007 年 11 月莫埃利岛启动快速灭源除疟全民服药

为了做好全民服药的前期准备工作，项目开始前要进行人口学基本资料调查和疟疾患病率等数据收集，这项工作要求队员到每个村入户访谈，收集家庭成员的年龄、体重、健康状况等信息。据潘隆华回忆，刚开始做入户调查的时候，每个村民接受新鲜事物的程度很不一样，有些人欣然接受，有的人怎么都不认同。在项目无法顺利开展的情况下，援非团队想到了一个办法——请村里的长老帮忙。“这些都是意见领袖，通过他们帮我们做思想工作，我们的工作做起来就事半功倍了。后来，我们每到一个村庄，都先去找长老沟通好，他一带头，村民基本上都会跟随。”正如潘隆华所说的那样：“伟大的事业都不是一帆风顺的，援非青蒿抗疟项目是践行共建人类命运共同体的壮举，是一项具有极大社会意义的事业，任重而道远。”正因为有像潘隆华一样永不言弃的抗疟勇士在远离家国的非洲大地上的坚守和付出，才让非洲人民更真切地感受到共建人类命运共同体的温度与爱心。

推广实施中国式的抗疟方案的阻力甚至还来自当地基层医疗机构中的行医者。多数科摩罗家庭都有亲人患疟疾住院，爆满的医院中大部分病人都是疟疾患者。据了解，在当地每治疗一次疟疾的费用大约为 100 元人民币，而当地人每个月的平均收入仅 500 元上下。因为诊治疟疾带来高收入，医生成了当地受人羡慕的一种职业。于是，中国援非抗疟团队便成了当地部分行医者眼中“来砸他们饭碗的”人，因此各种不配合的阻抗态度也在情理之中。“甚至有一个留过洋的当地卫生局局长，对中国医疗队也有一些偏见和不合作。之前说好配给中国团队的派药车，突然就不给了，需要的相关统计数据也卡着不提供。”无奈之下，抗疟团队只好求助于当地卫生主管部门，登门向他们反复宣讲复方青蒿素快速清除疟疾项目的好处和预期效果，“我们每天到处调研，普及疟疾知识，这些行动终于感动了当地人，他们觉得我们是做实事的。最终我们凭借真诚与热情获得了认可，基层医疗机构也改变了之前的抵触情绪，我们成功实现了曲线抗疟，真是日久见人心呀。”老队员邓长生无比感慨地说。国内《新快报》上有一则报道国外抗疟受阻的文章，标题是：“卖蚊帐的骂你，卖杀虫剂的也骂你。”一项好的科学的举措只因打破了一些

科摩罗地方宗教长老带头服药

“因病获益”的人的经济利益就遭到反对，这也说明人类的疾病和医学问题从来就不是一个简单的生物学现象，还是复杂的政治和社会经济问题。

中国抗疟方案在非洲实施的阻力还来自当地的一些居民。援助团队在当地推行全民服药方案，给当地居民免费派发三轮新南方集团生产的抗疟药 Artequick，每轮间隔一个月，每次服药三天即可杀灭人体内的疟原虫。如果全民体内都没有了传染源，蚊虫就无法通过人类宿主传播了，李国桥教授将这种方法称为“快速灭源除疟法”。但这一方案的科学性不容易得到一些文化程度不高的居民的理解。他们觉得我现在没患病，又没症状，为何还要服药。科摩罗人对中医药几乎是完全没有概念的，中国团队只能耐心地去做说服工作。原本计划用一个月时间来宣传发动，但实际上援非团队花了 4 ~5 个月的时间才真正让当地人相信青蒿素的治疟疗效。“再难我也得把‘全民服药’的方案落实到每一个人。”作为中方现场项目实施者的邓长生坚定地说。

由于广东抗疟团队推行的“全民服药”抗疟方案和世界卫生组织原来在非洲诸国推广的以灭蚊为主的防治方案不一样，同样也遭到了许多研究疟疾的西方专业人士的质疑和反对。他们防治疟疾的主要方法是阻断疟疾传播途径——即灭蚊和使用蚊帐防蚊，发现感染病例后再实施药物治疗。这种“灭蚊防蚊 + 后期药物”的防治方案，耗时长、见效慢、花费大，疟疾流行容易反复；现在我们要推行的这种全民服药方案，以前他们从来没有做过，并且认为全民服药方案不仅涉及健康人群对药物的不良反应和伦理问题，还有难以组织的困难和不确定的效果等问题。科摩罗是一个发展中国家，主要依靠外援来发展，因此，这些主导非洲抗疟市场的西方人士的质疑声音，以及他们对药物经济利益方面的猜疑严重影响了科摩罗民众对我们方案的态度。广东抗疟团队的全民服药快速灭源除疟法项目在科摩罗拖延了一年多未能实施，直至李国桥团队一行人到日内瓦世界卫生组织总部，向总干事陈冯富珍和助理总干事 Akira 阐明了方案的科学性和全部缘由，获得了他们的理解和支持后，才终于在 2007 年 11 月真正启动起来，最后广东援非抗疟团队和科摩罗政府达成了全民服药的合作协议。

全球抗疟　最快速度

为了提高全民服药的抗疟工作效率，邓长生和队友们在当地组建了宣传和派药员队伍，“那段时间，我们没日没夜地调研，一家一户地上门宣传疟疾知识，组织了由当地人组成的派药队伍，每人分区上门拜访，通过做村里长老的工作，带动村民们服药”。遇上不愿配合的群众，就三顾茅庐。邓长生所去的莫埃利岛有 27 个村子，他和队友们来来回回跑了好多趟。他幽默地说：“科摩罗总统没去过的村子，我们都去过了。”

对付疟疾并不难，难的是帮助人们提高科学素养和改变落后的思想认识。2007 年，全民服药方案在科摩罗莫埃利岛打响第一个抗疟战役，这是一个有巨大困难的群防群治工程。首先是服药的依从性问题，援非抗疟团队花钱雇了 300 多名当地人进行协助工作，一部分人是发药员，每人负责 200 个人的发药量，一定要看着对象服下去；另一部分人是监督员，负责监督发药和服药情况，并且做好记录。每一个环节都需要准确周全。在一个经济和交通都较落后的地方，即使是最简单的工作环节，都可能会遇到无法想象的困难。比如给雇员发劳务工钱也是一件很不便利的事。由于当地银行很少，我们给所有临时雇员的劳务需要以现金的方式结算。我们的财会人员只能随身背着几百万当地货币到处跑。

2007 年新南方抗疟团队成员邓长生在莫埃利岛工作

项目实施一年后，该岛的疟疾发病率和人群带虫率下降了98%，无人死于疟疾，这是全球控制疟疾的最快速度！传播疟疾蚊媒的阳性率也从采取措施前的3.1%，到采取措施后4个月降至零。

2009年，因莫埃利岛项目实施的显著效果，科摩罗获得全球基金1 200万欧元抗疟经费资助承诺，并成为被WHO看好的近期可消灭疟疾的少数几个国家。

抗疟第一仗取得胜利之后，广东抗疟团队再接再厉，先后于2012年、2013年在科摩罗昂儒昂岛、大科摩罗岛推广全民服药方案，实施三轮服药后，共惠及220多万人次、3万多外来流动人口。到2014年，科摩罗全境实现了疟疾零死亡的巨大突破，弥漫在科摩罗上空多年的乌云终于烟消云散。

八年历练　酸甜苦辣

在非洲大陆上参与抗疟战役的除了潘隆华这样的“将军”，还有许多冲锋陷阵的年轻“战士”。一群“80后”年轻人不远万里奔赴非洲，在世界最贫穷的国家之一科摩罗一待就是8年。在这8年间，“80后”邓长生和一群比他更年轻的医者和医学生们一起，参与和见证了科摩罗这个东非岛国从疟疾阴霾中艰苦挣脱出来的过程。在科摩罗人民眼中，这群无私奉献的中国年轻人就是“来自中国的白求恩”。

1981年出生的邓长生是个江西小伙子，2005年本科毕业于江西中医药大学中西医结合临床学专业，2007年硕士毕业于广州中医药大学热带病研究所。他师从宋健平教授，毕业后就被导师派往科摩罗从事疟疾防治工作，那年他26岁。当时正在柬埔寨开展疟疾临床研究的邓长生得到指示：先回国，然后前往科摩罗，将青蒿素项目带去，并负责当地人员的培训、技术协调、中方队伍自身管理等方面的工作。回广州后，邓长生与未婚妻领了结婚证。领证后第3天，他便踏上了远征的路程。“说实在话，当初我进入青蒿素抗疟领域，是为了能顺利毕业，没想到竟然一干就是八年。”邓长生后来感慨道。转眼到了2015年，科摩罗抗疟工作已经取得重大胜利，已经33岁的邓长生对同事说：“现在的我好像更适应非洲的生活。”经过八年非洲炙热阳光的洗礼，原本白皙的皮肤已经变得又红又黑。这个中国“80后”青年已经将自己的青春与非洲的抗疟事业紧紧地联系在一起了。

当年，邓长生被邀加入中科项目第一批工作团队，他二话没说就答应了。

邓长生与非洲小朋友

因为在他看来，“自己曾经有在柬埔寨抗疟的生活历练，去非洲应该也能适应”。然而，初到科摩罗，邓长生就领教了成为常态的“烛光晚餐”。虽然现在该国的供电情况已经有很大的改善，但每天也只能供电 7 ~8 个小时，停水停电是常态，当地网络也很不发达，团队成员每人每天只能轮流上 1 小时网。援非抗疟人员能坚持下来，靠的是一种信仰和文化传承的精神。科摩罗经济贫困，公共卫生设施严重不足，即使是饮用水也难保持洁净，几乎每个援非队员都有感染恶疾的经历。据邓长生介绍，做莫埃利岛项目时，新南方集团先后派去了 6 批队员，50 多人次，最多的时候营地有 14 个人常驻，但是患病的问题一直没有好的解决办法。霍乱、登革热、痢疾等流行病的阴影挥之不去。有一名医生临回国前，因为登革热发烧了两个星期，只能连续几天打点滴才上了飞机。“国内很容易就能治好的疾病，在当地因为缺医少药，会变得很危险。”邓长生对队员们最大的要求是：“保护好自己，不要受到伤害。”一两个女孩外出是绝不允许的，必须有两个以上男队员陪同。“在非洲接近 8 年时间，虽然小事不断，但没有出过大问题，我真的感觉很庆幸。”这个援非团队扎根在非洲疾病最肆虐的地方，团队成员非常年轻，40 多岁的宋健平教授已经是年龄最大的长辈了，在一线做民众工作的都是刚走出校门不久的“80 后”或“90 后”年轻人，他们已到了成家的年纪，所以这 8 年来，迫于家庭等多方面原因，团队中陆陆续续有人回国，但也不断有新人加入进来，“就像一个水池，有进水口，也有出水口”。令邓长生庆幸的是，团队的核心成员一直没有变，除了李国桥教授和宋健平教授，他也坚持了下来。“更重要的是，我后面还有人跟上来。这就是一种靠信仰和文化传承的坚持吧！”邓长生无不自豪地说。在远离祖国的非洲一角，冒着生命危险、不能照顾家庭，做一份许多国内人都感到很陌生的传染病防治工作，究竟有何意义？邓长生是这样回答的：“我做这件事，一方面可以减少疟疾在非洲的肆虐，拯救更多人的生命；另一方面也给国内的医学界敲个警钟。在中国，有很多医生对疟疾的认识很淡漠，因为在中国每年大约只有 20 人因患疟疾而死亡。”邓长生认为，参与青蒿素非洲抗疟团队体现了他的社会责任感和个人价值，也是让他感到非常自豪的事。邓长生有一个5岁大的女儿，他的爱人也是抗疟团队中的一员，也在科摩罗待过3年。“这也许是师徒传承吧。我导师的爱人非常支持他的工作，而我的爱人也非常支持我。没有家庭的支持，我们可能更难坚持。”话里话外，我们不难感受到邓长生的幸福感。

女青蒿人　西非之行

为了响应国家“一带一路”倡议，推动非洲人民抗击疟疾，摆脱贫困，新南方集团派遣了许多青年奔赴抗疟一线，在这许许多多的青年人中唯一一位“80后”女性，叫余青玉。2018年12月中旬，她刚入职新南方不久，接到公司通知，将随朱拉伊总裁赴西非冈比亚推广青蒿快速灭疟项目。听到要出访他国的消息，这位年轻人十分激动，但也十分好奇，她急忙打开搜索引擎，查询“冈比亚”，查询结果显示：冈比亚共和国，位于非洲西部大西洋沿岸地区，西邻大西洋，北、东、南三面被塞内加尔紧紧包围，国土面积11 295平方公里，是非洲大陆最小的国家，官方语言为英语，人口200多万，人均GDP约712美元，属于世界上最不发达的国家之一。看到这些文字介绍，她心里咯噔了一下，心想，为什么朱总会在年底最忙的时候取消所有其他重要事项，选择去一个航程在2万多公里之外贫穷的西非国家推动青蒿快速灭疟项目呢？

由于出访准备时间短，余青玉来不及查询更多关于冈比亚的详细信息，就开始紧张地筹备团队行程所需的资料与物料。她觉得自己的工作似乎从来没有如此高效，在一个星期内就将所有团员的签证办理完毕，预订好机票、酒店、车辆、餐饮，整理好要带去的文件，准备好横幅、笔、订书机、礼品，甚至小到挂钩、封箱胶等办公用品。她想冈比亚可能是一个连笔都难找到的地方，最好是将需要的物资预备充足，以免在工作时出现缺少东西的麻烦。她对当地衣食住行各种细节都有所担忧，很快就将自己两个最大号的行李箱塞得满满的，但还觉得带的东西太少。

12月17号，零点三十分，新南方集团一行人准时登上了中国国际航空公司飞往冈比亚的航班。在飞机爬高的过程中，第一次去西非的余青玉从飞机的舷窗向下俯视灯火通明的广州城，脑海中突然蹦出了许多从新闻里听来的关于非洲的词汇：贫穷、落后、饥饿、疾病、热带雨林、酷热的沙漠、狂野的动物、偷盗、抢劫、战乱……似乎与她生活的繁荣的广州和工作过的奢华的迪拜构成了巨大的反差，这让她对此次行程有了一丝忧虑。

从广州到冈比亚，需要经过几次转机，先飞行 10 个小时到达埃塞俄比亚；转机，飞行 6 个小时到达加纳；再转机，飞行 2 个小时，到达塞拉利昂；经停，飞行 2 个小时。经过四起四降，马不停蹄，飞行 2 万多公里，环绕地球半周的航程之后，于当地 18 号傍晚终于抵达了冈比亚的班珠尔国际机场。

令余青玉没有想到的是，走下飞机迎面而来的是冈比亚人灿烂的笑容与热情的欢迎，通关与行李检查也很快速，这让第一次来到非洲国家的余青玉感到喜出望外。一会儿，朱拉伊率领的一行人就坐上前往酒店的车辆，窗外机场大道宽敞笔直，沿路奔驰着许多黄色出租车、摩托车和装扮艳丽的小型面包车，道路两旁几乎每隔 3～5 米就有一个大型的广告牌，商铺沿路展开，蔬菜档、水果档、手机店……街上人流穿梭，黑肤色的男女老少露出皓白的牙齿，有说有笑，市区里一片繁荣热闹的景象。

夜幕降临，正当小余沉浸在沿途新奇的风景时，汽车已经缓缓地转入了一条彩灯闪烁、人群熙攘的旅游街道，两旁餐厅酒吧林立，不少白人三两结伴，有的在餐厅中愉快地低声交谈着，有的人在酒吧伴随着颇具特色的非洲音乐翩翩起舞，有的情侣牵着手在街区休闲地散步或者驻足聊天……这里的一切都显得那么祥和，这与她原来想象中的非洲完全不一样，甚至让她觉得这完全就是一个度假胜地！大家下了车，迎面微微的海风，凉爽舒适，小余深深地吸了一口清新的空气，顿时觉得神清气爽，长途旅行的疲惫感一下子就疏解了许多。办理入住，稍作休整，他们一行就前往旅游街的中餐厅用晚餐。听餐厅的老华侨说，他们多年来走过二十几个非洲国家，冈比亚是最安全的，几乎没有抢劫，小偷也很少，正因为安全，他们在此定居了 20 多年，开餐厅做生意，生活十分稳定。晚餐结束，一行人在街区散步，遇见熙熙攘攘的外国人群，见证了冈比亚的兴旺。

随后几天，在朱拉伊的带队下，新南方一行开始马不停蹄地与冈比亚的卫生部部长会面，并在冈比亚驻华大使的见证下，签署了双方关于实施复方青蒿素快速清除疟疾项目的合作备忘录。接着又拜访了我国驻冈比亚大使馆的大使等，就青蒿灭疟项目的进展进行了汇报，得到使馆领导的充分肯定和支持。随后，拜访了我国援建的抗疟疾中心，落实灭疟工作驻点的各项细节。就这样，在一场场的工作会议中，小余对冈比亚的国情、民情和灭疟工作情况有了初步的印象。

时间过得很快，朱拉伊带领的代表团完成了既定的工作任务要回国了，小余送大家到了班珠尔国际机场依依惜别，她留下来继续开展抗疟项目的推广工作。挥手与团友告别后，小余突然感到一种很强烈的孤独感，但回到酒店的那一刻，她对自己说："你可以的！接下来你还有很多事情要做!"这只是循着老一代新南方人的足迹继续向前走而已，新南方人要时刻保持着大气、正气、勇气、志气、霸气。有新南方大家庭这个坚强的后盾，她坚信所有的困难都是可以克服的。

在驻外的日子里，小余的主要工作是维护与当地政府的关系，收集当地疟疾的相关数据，根据冈比亚疟疾的实际情况撰写《关于在冈比亚运用复方青蒿素快速清除疟疾项目的方案书》，解决项目资金来源这四个方面。冈比亚政府在签署了关于实施复方青蒿素快速清除疟疾项目的合作备忘录后，冈比亚卫生部原部长图雷博士计划 3 月份带团队前往广州访问，后由于内阁重组，图雷博士升任为冈比亚副总统，4 月份新任卫生部部长由原药监局主任萨马特博士接任，由于种种原因，冈比亚政府广州之行一直被搁置。由于临时出现重要官员的变动，若要继续推动项目，必须马上与新任卫生部部长、新任卫生常务秘书建立联系，为此公司领导后续多次从尼日利亚飞到冈比亚，带领小余向新任部长汇报项目相关情况，继续推动项目。

随着项目不断推进，实施项目的资金问题急需得到解决。冈比亚政府有意将优质资源与我方合作共同开发，给出的选项涉及渔业、林业、建筑原材料、房地产等，涉及的部门包括冈比亚自然资源与能源部、环境部、土地与测量部、财政部等关键部门。为了能现场调研各项的实际情况，公司领导再次从尼日利亚赶了过来，在当地合作伙伴奥马先生的带领下，分别与卫生部、自然资源与能源部、环境部、土地与测量部、财政部部长会面，共同讨论如何选择合适的资源进行开发，从而顺利推动项目。接下来，小余跟随公司领导和奥马先生在相关协助人的帮助下，完成了对沙石、渔业、木材、沿海旅游业等相关资源的实地踏勘，并形成了报告，提交集团。随后，集团总部明确指示将酒店作为重点项目继续推进。合作伙伴奥马从迪拜飞回冈比亚，和从拉各斯提前到达冈比亚的公司领导汇合，首先拜访了财政部部长和卫生部部长，在他俩的带领下，开展了酒店的现场勘察工作，同时寻找合适的第三方评估公司进行洽谈。跟着公司领导工作的过程中，小余最佩服的是公司领导在高强度工作中锻炼出来的坚韧性格、高效的工作作风和对工作细节的严格要求。在工作中，公司领导能够给予同事明确的工作规划、任务安排以及指导如何直面遇到的困难。在休闲时间，公司领导也会与年轻人分享这些年来他在非洲工作的经验和自己成长的故事，也会带着小余去菜市场买菜，回来做上一顿粤菜或者川菜。虽然工作时对下属要求严厉，但生活上公司领导对下属十分关心。新南方集团非洲抗疟团队的团结精神更加坚定了小余克服困难的信心。

时间过得很快，小余渐渐淡忘了最初的孤独感和陌生感，慢慢地适应了。抗疟疾中心的二十多位同事，上到主任，下到清洁阿姨，都对她这位新人十分照顾。同事们也喜欢跟这位来自中国的年轻人分享当地的生活与工作趣闻，更喜欢向她请教关于中国的历史、文化、卫生、教育、生活方式等方面的问题。就像她刚来之初对冈比亚充满困惑，冈比亚人也渴望了解中国。在交往中，小余感到当地人都非常讲礼貌，乐于与他人分享经验与相互照顾，在日常家庭生活中，也与中国人一样富有尊老爱幼的传统美德。

半年过去了，开始迎来当地的雨季。四月的某一天傍晚，天空大片乌黑的云团在气流的猛力助推下迅速翻滚，天空飘落的雨点连成一线，打在地上散成了雨花，正式宣告雨季的到来。一场又一场大雨的叠加，像不断发出的警告，让抗疟疾中心的工作更加忙碌了，发放蚊帐，喷洒杀虫剂，季节性药物预防……由于同事们兵分几路下乡去了，行程一程接一程，坐在办公室的人变少了。为了能更加准确地了解当地抗疟疾团队一线工作情况，把抗疟前期的调研工作做细做实，小余向抗疟疾中心主任申请去抗疟一线参加下乡行动。她想多了解各乡镇包括药品在内的各类物资的管理情况，当地抗疟防治队伍监督员、发药员、物资管理员、乡镇领导等各类人员的配备情况，车辆的配备与管理情况。她观察了现场发药的实际情况与服药率，参加了服药后的数据统计工作，了解了当地抗疟数据管理情况与项目管理的各种流程。完成调研总结后，在公司领导的技术指导下，她配合冈比亚国家抗疟疾中心副主任拉敏先生、冈比亚国家抗疟疾中心数据管理工程师奥斯曼先生，与国内同事陈美兰一起编写出《关于在冈比亚运用复方青蒿素快速清除疟疾项目的方案书》，完整的方案书最终获得了有关部门的肯定。

在雨季下乡行动的四个多月，小余跟随团队同吃同住。小余第一次下乡时，没有什么经验，更难以预测乡下条件的艰苦。6 个人坐上装满物资的皮卡车，行进一个多小时后，沿途的风景早已经由城镇风貌逐渐变成空旷的草原，零星的茅屋与牛群从车窗外快速划过。雨季的冈比亚闷热潮湿，因车内温度不断上升，车内的空调甚至失灵了，小余感觉脑袋上的热气直冒。在坐了 5 个小时的车后，他们终于到了冈比亚最远的一个城镇——巴塞圣苏，一看温度计显示为 44 度，她觉得自己热到要蒸发了。

在接下来的几天里，小余跟随发药员，连续走访了许多村民家。她发现当地村民的住房大多是茅草屋或者土房，只有极少数人才住得起砖房。基本生活设施条件极差，缺水、缺电、缺卫生设施，煮饭靠烧柴火，用水靠村里的公用水井打水，乘凉靠大树。村民之间的房屋间隔距离较大，房屋之间的植被茂盛，发药的队员们就往返穿梭在这些土屋之间的土路上。每天走访下来，个个汗流浃背。队员们为了照顾小余这位唯一的女性队员，还特意安排她到条件稍好的旅馆住宿，其实这小小的楼房里也没有风扇，热气逼人。夜晚，躺在自带的折叠蚊帐里，床板也是滚烫的，小余每晚都去小卖部买冰冻的矿泉水，抱着睡觉。后来这种降温方法成了小余下乡工作的独门经验。每次下乡，即使是长衣长裤，戴帽防晒，回来后皮肤都会黑上几圈，瘦上几斤。同事们和小余打趣："欢迎来到非洲，你现在是一个真正的非洲黑人了。"受到这群抗疟战士苦中作乐的精神感染，小余学会了接受和坚强。她想起了朱拉伊总裁常说的"以心执事，惟精惟恒"，懂得无法改变环境的时候，能改变的就只能是自己。

有一次下乡回到驻地已经是晚上 7 点多了，小余又累又饿，还感觉有点发烧，她没有吃饭就去睡觉了。晚上 9 点多钟，隔壁邻居拉敏先生——抗疟疾中心的当地同事，他见小余没有在预计的时间回来，就一直不停地给她打电话，过来敲小余的房门。小余终于被敲门声吵醒了，一开门，拉敏先生家三个可爱的小女孩也跟着蜂拥进来，孩子们拉着她的手说："你怎么回来了没有过来敲我们家的门呢？我们都很担心你还没有回来呢，你出去几天我们可想你了！""你吃饭了吗？我妈妈煮了鸡肉焖饭，给你留着呢！我们去给你端过来！"很快，拉敏先生的夫人法图便端着一碟鸡肉饭过来了，她不时地摸摸小余的额头说："你发烧了，不会是下乡被蚊子咬了发疟疾吧？"拉敏先生则在一旁催促要送小余去医院就诊。邻居和同事的关心慰问让小余倍感温暖，在这万里之遥的国度，仍然有这么多人把她当成家人一样关爱。吃过他们送来的美食，也服下了复方青蒿素哌喹片，几天后小余就恢复了健康。

有一天小余发现租住房的供水突然中断了，起初她以为是抽水泵坏了，可是更换了新的水泵后，依旧不能将井水打上来，原来是因为这年雨季太短，旱季太长，地下水位下降，水井不够深，井里没有蓄水了！小余和房东一遍遍磋商，但因费用太高对方不愿意出钱打新井。房东给小余提出了另一个解决办法，即申请市政自来水供应，小余心想按照当地的工作效率，没有几个月时间是不太可能新拉一条水管来供水的。为了解决用水的燃眉之急，小余只得去邻居家扛水，可这不是长久之计。邻居拉敏先生见状，再次出手相助，帮小余买水管材料，叫工人接驳他家的水塔，解决了供水问题。他对小余说："你是一个非常友好的中国朋友，从那么远的地方来帮助我们国家抗击疟疾，治病救人，还对我们家人那么友善，带给我们那么多礼物，又教我家小孩学习中文……"顿时，小余感受到了一种跨越肤色、语言、文化背景差异的真挚的情谊。

小余驻非一年期满，于 2020 年 1 月 10 号返回广州，可是没多久，就暴发了新冠肺炎疫情。2020 年 3 月初，非洲也开始大面积暴发新冠肺炎。随着疫情的蔓延，冈比亚人民陷入了重重的疫情阴霾之中。集团总裁朱拉伊得知冈比亚疫情后，迅速作出指示，向冈比亚卫生部捐赠复方青蒿素哌喹片粤特快®（Artequick®）15 200 人份和邓老凉茶颗粒冲剂 2 000 人份，总价值 550 万达拉西，以助力冈比亚一线抗疫！相关物资在公司领导的组织下，由小余负责海运运输。在团队的共同努力下，抗疫物资以最快的速度发往冈比亚，在 6 月中旬安全运抵冈比亚中央药监局监管仓库。在抗疫物资的捐赠仪式上，冈比亚卫生部部长阿哈马都·拉敏·萨马特博士致辞说："此次捐赠对冈比亚社会、政治的发展以及推动社会进步具有重要意义。非常感谢广东新南方集团。"他表示："这次合作将有助于改善冈比亚的国际形象，有助于实现政府对人民的承诺，有助于推动技术合作，也有助于实现《冈比亚 2020 年国家疟疾规划》的目标。此次合作还将有助于减少疟疾预防与治疗的投资与支出，减轻冈比亚人民的经济负担。"冈比亚国家抗疟疾中心主任巴拉先生、新南方集团冈比亚代表奥马先生对集团的义举也给予了高度的肯定与感谢，此次捐赠活动获得了冈比亚媒体的广泛报道和当地政府与冈比亚人民的高度肯定与赞扬，产生了良好的社会影响。

回顾过去一年的驻非工作，小余对朱拉伊总裁"要成为'一带一路'的先行者，构建人类命运共同体的践行者"的伟大抱负有了更为深刻的理解。她说："虽然驻非过程遇到了不少困难，但是想到自己在冈比亚基层从事抗疫事业就感到非常自豪，想到当地人民对中国抗疟方案与抗疟团队热切的期盼就无比激动，想到推广实施青蒿素快速灭疟项目能给 200 万冈比亚人民带来福音，更是感到无比崇高。"

医院少了　酒店多了

超过 220 万人次参加全民服药，发病人数下降 98%，实现疟疾零死亡，这些数字的变化对一个经济落后的国家来说意味着什么？科摩罗副总统穆哈吉说："青蒿素复方快速清除疟疾项目直接或间接让我国节省了 1 100 万美金的财政支出，同时挽救了科摩罗因疟疾死亡的民众生命，科摩罗会因为清除疟疾而吸引更多的旅游者，提升了国民收入水平。"①

在非洲工作时间最长的广东援非抗疟队员邓长生最直观感受的变化就是：

① 摘自《经济学人》杂志，2013 年。

科摩罗以前人满为患的基层医院如今病人少了。还有相熟的当地医生跟中国抗疟队员们开玩笑说："你看，你把我们的生意都弄没了。"同时，广东的抗疟团队也因此发生了明显的变化，"以前我们的科摩罗派药员中，隔三岔五就有人因病请假。一问都是发烧、头晕这些疟疾症状，但现在很少有人请假了。"此外，科摩罗的酒店数量迅速多了起来。2007 年，邓长生刚到科摩罗时，全国最大的酒店仅有 30 来间房，但这两年酒店数量越来越多，规模也越来越大。世界各地前往科摩罗的航班与游客人数快速增加。10 年前邓长生从广州出发去科摩罗需要耗时5 ~7 天，现在只需在肯尼亚转一趟机，24 小时就可到达。卫生安全环境好了，科摩罗的旅游资源的潜力开始迸发出来。

随着社会经济的好转和转型，当地居民对青蒿复方抗疟全民服药方案的认识和对中国援非人员的态度也完全改变了。邓长生深有体会，他说："我刚到科摩罗的时候，当地人对我们都有些戒备心，看我们的眼神也不是特别友好。但我们之间的交往和我们真诚的服务改变了他们的态度，汶川地震发生后，一名科摩罗当地派药员还把当月的所有收入都捐献给了我国驻冈比亚大使馆。"

在帮助科摩罗抗疟的同时，邓长生自己也发生了改变。8 年前他在读研究生，抱着做完课题才能毕业的心态来到科摩罗，最忙的时候，他每年只能在春节期间回家一趟；8 年后，随着科摩罗抗疟项目的大功告成，他如今只需每个季度去科摩罗半个月，大部分时间在广州中医药大学科技园里做科研。邓长生说，以前去非洲很不适应，现在回广州反而好像不适应了。"广州的空气真的没有科摩罗好。"他笑称。邓长生的队友们也变了。在科摩罗，他的 35 个队友大多是"80 后"，目前他们在科摩罗已经累计工作了近 7 000 个工作日。随着科摩罗抗疟任务的基本结束，邓长生和他的团队又有了新的任务，他们即将奔赴另一个非洲国家——马拉维，开始新的抗疟援助项目。邓长生笑称，他已经"忽悠"了一批"90 后"队员，正准备踏上新一轮的非洲之旅，续写着他们青春一代的光荣使命。

（本部分内容参考了《羊城晚报》和《江西日报》的新闻，在此一并予以感谢）

人类抗疟　任重道远

据报道，在柬泰边境地区临床治疗过程中已经发现，运用青蒿素及衍生药物进行治疗时，疟原虫被清除的周期正在延长，可能提示抗药性正在这一地区悄然发生（Dondorf et al.，2009），然而有关疟原虫耐受青蒿素及其衍生物（ART）的具体机制却一直不清楚。2020 年 1 月国际顶尖学术期刊 *Science* 上发表了由 Bernhard Nocht 热带医学研究所等机构完成的一篇有关青蒿素及其衍生物耐药机制的最新论文 *A Kelch13 - defined endocytosis pathway mediates artemisinin resistance in malaria parasites*。研究显示，青蒿素及其衍生物的耐药性是由疟原虫的 Kelch13 蛋白突变介导的，具体机制是 Kelch13 蛋白及其相互作用物活性性降低，从而减少了血红蛋白的内吞作用，进而减少了对青蒿素及其衍生物的激活，最终导致疟原虫对青蒿素及其衍生物的耐药性。针对青蒿素制剂在大湄公河次区域等出现的抗药性难题，屠呦呦教授继续带领她的科研团队在“青蒿素抗疟机理研究”和“抗药性成因”等方面不断提出新的见解，并且提出适当延长用药时间（由三天法增至五天或七天）和更换青蒿素联合疗法中已产生抗药性的辅助药物等应对策略。除了从药物搭配和药物使用等药物角度进行改进之外，李国桥教授领衔的广东抗疟团队提出了以中医整体观、治未病观和治病求其本的思想为指导，“以医带药 + 全民服药”的防治方案。在广东新南方集团的鼎力支持下，又创造了以抗疟事业促进当地经济同步发展和国际贸易的运营模式，这将从根本上改变非洲疟疾高发区的社会发展状况，真正实现新南方集团“以天下大众健康为己任”“上医医国”的远大志向。

凉茶之道　文化遗产

探囊赠奇草，甘香胜芎菊。
试临清镜照，衰发森已绿。
——陆游《游学射山遇景道人》

凉茶的成分是中药，但不叫药；凉茶叫茶但又不是茶。中国凉茶是一种独特的植物饮料。广义而言，凉茶是对传统中草药植物性饮料的通称。狭义上，凉茶是特指将具有清热解毒、生津止渴、祛火除湿等功效的中草药煎水做成的饮料。既然是饮料，就会添加白糖等调节口感的配料，使其比较符合大众的口味。

凉茶不仅有悠久的历史和许多传奇故事，目前也形成了庞大的产业链和现代消费市场。粗略估计，全国凉茶产量已超过600万吨，凉茶销量已超过可口可乐等国外知名品牌在中国大陆的销量，销售范围已覆盖美国、加拿大、法国、英国、意大利、德国、澳大利亚、新西兰等二十多个国家。如果凉茶只是中药汤剂，它肯定没有这样大的需求市场；如果它仅仅是饮料，也很难想象会超过可口可乐的销量。可见，凉茶一定有其独特的中国魅力。

凉茶是中国独特的国家级文化遗产。有关凉茶的历史典故、民间传说在岭南和海内外广为流传、经久不衰，数百年来林立于广东、香港、澳门的凉茶铺形成了具有中国传统文化的独特风景线和商业标志，凉茶独特深厚的文化内涵使其具有持久的市场影响力，具有世界上任何现代饮料都无法比拟的优势。2006 年 5 月 20 日，凉茶经国务院批准被列入第一批国家级非物质文化遗产，其中广东新南方集团申请的邓老凉茶系列 9 个处方名列其中。邓老凉茶是广东新南方集团中医药大健康产业中最具有代表性的产品，凉茶产业和凉茶文化也成为新南方精气神的重要标杆。了解岭南凉茶的前世今生，了解邓老凉茶的研发者和诞生过程，了解邓老凉茶连锁店的经营理念和故事，也是了解广东新南方精气神的一扇窗口。

邓老养生坊

凉茶发明 悠悠史迹

凉茶虽然只是一类植物性饮料，但它的身世和历史文化并不简单。凉茶历史悠久，根据史籍记载，凉茶源于汤药，而发明汤药的始祖是灭夏建商的第一代君王商汤。商汤，子姓，名履，河南商丘人，商朝开国君王。古书中说“汤有七名”，即汤、成汤、武汤、商汤、天乙、天乙汤等。有趣的是，无论如何商王的名字总与“汤”字有关。“汤”字从水从昜。“昜”本义是指像阳光一般“播散”，“水”可泛指液态物质，“水”与“昜”合二为一的“汤”则表示为“溶化了固体成分的水”的“溶液”和“汁水”。如果是一种用中药和水熬制而成的汤，古人就称为“汤液”或“汤药”。汤药是中医学最早发明的剂型。汤，还可指温暖的温泉水，如《礼记·月令》中有“如以热汤。”

据说，商汤时以君主、臣僚、僚佐、使者四种参与政府管理的人员职位和不同作用为类比，制定了汤药各饮片配伍应遵循的规则，所谓“以君臣扶正，佐使去邪”。《素问·至真要大论》中就是这样解释的：“主病之谓君，佐君之谓臣，应臣之谓使。”其中，针对主证起主要治疗作用的为君药；辅助君药治疗主证或治疗兼证的为臣药；配合君臣药治疗兼证，抑制君臣药某些毒性，或起反佐作用的药物为佐药；引导诸药直达病变部位，或调和诸药药性的为使药。一般而言，一个中药方剂，君药必不可缺，而臣、佐、使三药则可酌情配置。

根据方剂配伍中药种类的多少，凉茶方可以分为大、中、小三种配伍占比模式，即“君一臣二，制之小也。君二臣三佐五，制之中也。君一臣三佐九，制之大也”。配方有大有小，按古人标准，凉茶配方三味的为小方，十味的是中方，达到十三味药或以上的为大方。例如菊花茶只有一味菊花；三花茶由菊花、金银花和茉莉花组成为小方；王老吉凉茶由 10 味药组成为中方，而“二十四味凉茶”由 24 味药组成为大方。观察凉茶市场，常见凉茶配方以中小剂型较为多见。凉茶大多采用药食两用的植物药配制，民众可以自行配制，无论是从购买者的依从性，还是从市场销售的角度考虑，对凉茶的口感，古人提出了非常合理的人性化要求，即“味甘、微酸、略辛、咸苦不察”。

商太祖死后，其后人念其功德，故尊太祖为“成汤”，奉为发明中药汤剂和凉茶的始祖。在他之后，各类中药方剂不断丰富，同时在中药方剂和茶道之间，凉茶开辟出“亦药亦茶”的天地。

据史料记载，古时的凉茶有多种别称，如“茶饮剂”“熟水”“暑汤”和“代茶饮”等。“熟水”，不仅是烧开的水，而且是含有茶叶或者中药的饮料。“熟水”一词，最早见于宋代陈直的《寿亲养老书》，其中“熟水”一章专门讲解了各种中药熟水的制作方法，这些中药熟水大多气味芳香，口感甘甜。这些别称从不同角度反映了凉茶的某些特点。别小看“熟水”一说，相对于没有通过煮沸消毒的“生水”而言，“熟水”对于卫生保健和方便使用者饮用来说都是非常重要的科学措施。

有人不解，为何当时已有中药方，还要制作凉茶这个品种？可能有如下原因：其一，中药方剂大多要由中医师临床辨证后开出处方，需要掌握较系统专业的中医药知识，而凉茶方大多组方简单，功效明确单一，普通百姓容易理解，针对单一的症状，使用凉茶即可自助。其二，中药方剂成分复杂，口感苦涩，患者不易接受，更不易长期坚持。相比而言，凉茶多采用性味淡、甘、芳香植物药配方，口感适宜，使用者乐于接受。其三，凉茶取材方便，制作简单易行，多为开水冲泡，可事先制作备用，携带服用方便，清洁卫生，尤其适合没时间或没条件熬煮中药的人群。其四，制作凉茶的成分为药食同源的植物，这些食用植物的安全性经过了百姓生活经验的检验，没有明显的毒副作用，让人感到安全放心。其五，凉茶主要针对人群有易感疾病问题、饮食偏差问题，或针对由气候变化、水土不服导致的小病小痛，或为了预防流行性疾病，因此，凉茶是可以进行快速批量生产的汤剂。与因人而异、非常个性化的经中医四诊辨证配置的方剂不同，凉茶解决了疾病流行中对异中有同的病症进行快速防治的难题。可以说，凉茶是传统中医实现群防群治，让中药走向市场经营和工业化生产的开端。自凉茶发明之后，中国市场上就多了“凉茶铺”这一种市场化的服务经营形式。可以说凉茶和凉茶铺是古代中医中药市场经营的一大发明。

又有人问，既然有茶道，为何还要发明凉茶？我们认为，其一，凉茶之所以叫茶，是因为它的来源、制作方式与饮用方法与茶道基本相同，都使用了植物的树叶，经开水炮制即可饮用，因此，广义上，凉茶也属于中国茶道的范畴。其二，凉茶又不是茶，因为凉茶的主要材料不是茶叶；茶的发酵制作方法虽多种多样，产地不同，颜色和名称各异，但来源都是茶树的树叶，功能相对单一；而凉茶配方选用的中药材，组合搭配和功能多样。其三，茶作为饮料一般随用随冲，并且热茶口感更香醇，隔夜茶或冷茶则为人所弃；而现代凉茶多为冷饮，甚至雪藏后的冷饮更受欢迎，因此，凉茶更适用于现代餐饮、旅行、休闲时饮用。当然凉茶也是可以热饮的。广东传统凉茶原来就是主张热饮的。夏季暑湿当道，广东人习惯喝热凉茶，喝完后有助于发汗，人会觉得更清凉爽快，清热解毒、健脾利湿更为显效。其四，饮用凉茶与饮用中药汤剂的心理体验不一样，例如与亲戚朋友聚餐的时候，为了减轻辛辣食物或火锅之类饮食给身体带来的不适，食客可以选用饮用凉茶进行预防或调节平衡；然而，当一个人饮用中药汤剂时即意味着他患病，他既不愿意告知别人，也不容易承认自己的病人角色，更不想在众人面前喝中药。宋代女词人李清照曾以自己生病康复的体验写了一首词，可以佐证以凉茶熟水取代普通茶饮的事情，词中这样写道："病起萧萧两鬓华。卧看残月上窗纱。豆蔻连梢煎熟水，莫分茶。枕上诗书闲处好，门前风景雨来佳。终日向人多酝藉，木犀花。"可见，那时候的李清照体弱多病，不能喝茶，故以性辛温，具有化湿行气、暖胃消滞功能的豆蔻熟水为饮，即以凉茶代普通茶饮。"分茶"是宋人以沸水冲茶而饮的一种方法，颇为讲究，因茶性偏凉，故诗人忌之（即不要分茶）。"熟水"是宋人常用的饮料之一，"豆蔻熟水"是那时治疗暑湿困脾之类的一种饮料。据史料记载，那时被翰林院评为前三名的饮料分别是：紫苏熟水、沉香熟水和麦冬熟水。其中紫苏熟水能下胸膈滞气，芳香宜人；沉香熟水具有行气止痛、温中止呕、纳气平喘的功效；麦冬熟水有生津解渴、润肺止咳的功效，都很受宋人青睐。李清照之所以用豆蔻熟水来调养身体，是因为她在七八月份的梅雨季节患了暑湿困脾一类的疾病，而豆蔻有化湿和胃、行气宽中的作用。由此可见，虽开始名称叫凉茶，多用药性寒凉和能消解人体内热的中草药煎水，但后来根据不同需要发展为具有多种调理功能的熟水，不过祛湿热和排毒的主要功能还是凉茶不变的主题。

茶诗茶道　色飘沫香

中国是茶的故乡，又是诗的国度。饮茶的情境曾激发了不少诗人创作的雅兴，以饮茶的体验和联想为题创作了许多关于茶的诗歌，据粗略估计，我国唐代约有茶诗500首，宋代有1 000首，再加上金、元、明、清及近代，总数在2 000首以上。茶诗的存在与流传充分说明了茶不仅只是一种中国饮料，也是一种蕴含中国人文精神的传统文化。这里我们选择一些古茶诗，来介绍一下古人对茶道的体验。

唐代卢仝在《走笔谢孟谏议寄新茶》中记载了饮茶给自己带来的身心调

养效果的体验："碧云引风吹不断，白花浮光凝碗面。一碗喉吻润，两碗破孤闷。三碗搜枯肠，惟有文字五千卷。四碗发轻汗，平生不平事，尽向毛孔散。五碗肌骨清，六碗通仙灵。七碗吃不得也，唯觉两腋习习清风生。蓬莱山，在何处？玉川子，乘此清风欲归去。山上群仙司下土，地位清高隔风雨。安得知百万亿苍生命，堕在巅崖受辛苦！便为谏议问苍生，到头还得苏息否？"可见，饮茶不仅有解忧除烦等身体调养上的作用，还引发了诗人对人生之道的顿悟。

唐代诗人钱起在《与赵莒茶宴》中记叙了自己与朋友在饮茶中疗愈烦心事的心得："竹下忘言对紫茶，全胜羽客醉流霞。尘心洗尽兴难尽，一树蝉声片影斜。"唐代诗人韦应物在《喜园中茶生》中用山岳自然的茶性来洗涤人心之污垢："洁性不可污，为饮涤尘烦。此物信灵味，本自出山原。聊因理郡余，率尔植荒园。喜随众草长，得与幽人言。"唐代诗人陆希声在《茗坡》一诗中则描述了用茶取代饮酒，调理消渴病的体会："二月山家谷雨天，半坡芳茗露华鲜。春醒酒病兼消渴，惜取新芽旋摘煎。"又如唐代诗人刘言史《与孟郊洛北野泉上煎茶》也有这样的心得："湘瓷泛轻花，涤尽昏渴神。"

俗话说，以酒解愁，愁更愁，而以茶解忧，忧可除。明代诗人郑伟鑫在《解忧》中写道："细雨轻弹朱色窗，又是一篱菊花黄。俗人喜以酒解忧，谁人解住茶甘香。"无论是自筹自饮，还是朋友促膝谈心，茶都是一个不错的媒介，茶的香气、茶的味道都有助于消解负面情绪。唐代齐己在五言诗《咏茶十二韵》中将茶的多种功能和作用叙述得十分全面："百草让为灵，功先百草成。甘传天下口，贵占火前名。出处春无雁，收时谷有莺。封题从泽国，贡献入秦京。嗅觉精新极，尝知骨自轻。研通天柱响，摘绕蜀山明。赋客秋吟起，禅师昼卧惊。角开香满室，炉动绿凝铛。晚忆凉泉对，闲思异果平。松黄干旋泛，云母滑随倾。颇贵高人寄，尤宜别匮盛。曾寻修事法，妙尽陆先生。"茶不仅可以解困，还能驱散忧愁，如唐孙淑《对茶》"婢捧消春困，亲尝散暮愁"。唐代皎然在《饮茶歌诮崔石使君》中赞赏了茶道的多种益处："越人遗我剡溪茗，采得金芽爨金鼎。素瓷雪色飘沫香，何似诸仙琼蕊浆。一饮涤昏寐，情思爽朗满天地。再饮清我神，忽如飞雨洒轻尘。三饮便得道，何须苦心破烦恼。此物清高世莫知，世人饮酒多自欺。愁看毕卓瓮间夜，笑向陶潜篱下时。崔侯啜之意不已，狂歌一曲惊人耳。孰知茶道全尔真，唯有丹丘得如此。"相比于酗酒，酒精只会麻醉忧愁的大脑，实属自欺欺人，而饮茶可以使人扫除昏沉，情绪爽朗，胸襟宽阔，神志清晰，顿悟人生之道。

嗜酒会被世人斥之为"酒鬼"，爱美人者会被贬为"色鬼"，而将茶当成嗜好的人被赞为有品位。如宋代苏东坡在《次韵曹辅寄壑源试焙新芽》这首诗中将茶想象为美女："仙山灵草湿行云，洗遍香肌粉未匀。明月来投玉川子，清风吹破武林春。要知冰雪心肠好，不是膏油首面新。戏作小诗君一笑，从来佳茗似佳人。”

凉茶给人带来的益处不仅只是饮用的效果，也在于采摘药材、制作凉茶的过程之中。南宋文学家陆游（1125—1210）的亲历是一个例子。陆游享年85岁，是古代难得的长寿诗人。虽然长寿的原因有很多，除了他有闲适达观的情怀之外，也许还与他对中医药的喜好有关，他自己承认有“四十余年学养生”（《春日杂兴》之八），不仅上山采草药，在园圃种中药，甚至还开过药店，给穷人看病布施，还会药膳养生，是自得其乐的大文人。他在诗里描述了他在采药过程中面对大自然的抒怀：“呼鹰雪暗天回路，采药云迷御爱山。”（《蜀汉》）还有对自我的重新认识：“自惊七十犹强健，采药归来见暮鸦。”（《野兴》）有趣的是，他还以栀子的清芬和石菖蒲的坚瘦表达了对古贤伯夷和叔齐采薇而食，不食周粟高风亮节的赞扬：“清芬六出水栀子，坚瘦九节石菖蒲。放翁闭门得二友，千古夷齐今岂无?”（《二友》）陆游喜欢自己种植中药，诗曰：“逢人乞药栽，郁郁遂满园。玉芝来天姥，黄精出云门。丹苗雨后吐，绿叶风中翻。活人吾岂能，要有此意存。”（《村舍杂书》之八）陆游以草药为友，还发明了将药苗当佳肴的药膳：“盘餐敢辞饱，满箸药苗香。”（《访野人家》）“松根茯苓味绝珍，甑中枸杞香动人。”（《道室即事》）诗人甚至做过品尝药膳的美梦：“有客饷珍草，发奁惊绝奇。正尔取嚼龁，炮制不暇施。异香透昆仑，清水生玉池。至味不可名，何止甘如饴。儿稚喜语翁，雪颔生黑丝。老病失所在，便欲弃杖驰。晨鸡唤梦觉，齿颊余甘滋。寄声山中友，安用求金芝?”（《梦有饷地黄者，味甘如蜜，戏作数语记之》）全诗表达了诗人对返老还童的美好幻想，以及对药香透昆仑，液生瑶池，甘甜如糖的赞美。中药不仅是陆游与友人交往的媒介，也是他联系乡亲感情的纽带。“探囊赠奇草，甘香胜芎菊。试临清镜照，衰发森已绿。”（《游学射山遇景道人》）这是诗人对近邻赠药和养生效果的赞美。有趣的是，由于陆游的施药善举，救人活命，村民甚至多以“陆”为孩子取名，陆游有诗为证：“驴肩每带药囊行，村巷欢欣夹道迎。共说向来曾活我，生儿多以陆为名。”（《山村经行因施药》之四）疾病流行期间，陆游置药缸于市井街头，为穷人布施汤药：“我游四方不得意，阳（佯）狂施药成都市。大瓢满贮随所求，聊为疲民起憔悴。”（《楼上醉歌》）虽然陆游仕途大起大落，但他懂得进退，四十余年坚持学习和应用中医药养生，不仅更加亲近了大自然，而且加深了与百姓的感情，中医药成就了他诗情画意中的文化内涵。

像茶入诗一样，充满人文故事的中药名也多见于历代诗词之中。如新婚不久要赴前线抗战杀敌的诗人辛弃疾，借用了24中药之名给妻子写了一封情诗《满庭芳·静夜思》：“云母屏开，珍珠帘闭，防风吹散沉香。离情抑郁，金缕织硫黄。柏影桂枝交映，从容起，弄水银堂。连翘首，惊过半夏，凉透薄荷裳。一钩藤上月，寻常山夜，梦宿沙场。早已轻粉黛，独活空房。欲续断弦未得，乌头白，最苦参商。当归也！茱萸熟，地老菊花黄。”清代亦有一妻子借中药之名写了一封回信，表达对夫君的相思之情：“槟榔一去，已过半夏，岂不当归耶？谁使君子，效寄生缠绕它枝，令故园芍药花无主矣。妾仰观天南星，下视忍冬藤，盼不见白芷书，茹不尽黄连苦！古诗云：豆蔻不消心上恨，丁香空结雨中愁。奈何！奈何！”茶和中药文化同源，茶和中药的功效不仅取决于植物的自然特性，还因为蕴含丰富的人文精神，有文化心理治疗的功效。

岭南凉茶　葛洪始创

岭南凉茶是中国凉茶的杰出代表，岭南凉茶的兴起与其地理环境和疾病流行的历史密切相关，也与葛洪这位晋朝道医来岭南行医有关。葛洪（283—363），字稚川，自号抱朴子，他出生于丹阳郡句容（今江苏句容县），他因什么机缘来到当时瘴气流行的南蛮之地岭南呢？需先了解一下葛洪的家世与成长经历。

葛洪十三岁那年，其父去世，从此家道中落，甚至“饥寒困瘁，躬执耕穑，承星履草，密勿畴袭”。他因酷爱读书，只得以砍柴所得，换回纸笔，借火光读书，常至深夜。家里的篱笆坏得不像样，甚至要拨开杂乱的草木才能进出家门。房屋数次失火，收藏的典籍都被焚毁，他就背起书篓，不顾路途遥远，步行到别人家抄书，乡人因而称其为“抱朴之士”，他遂乐以“抱朴子”为号。葛洪性格内向，不善交游，酷爱闭门读书，涉猎甚广。葛洪伯祖父葛玄曾师从炼丹家左慈学道，号葛仙公，以炼丹秘术传于弟子郑隐。葛洪16岁时拜郑隐为师，潜心向学，深得郑隐器重。西晋太安元年（302），郑隐因担心天下大乱，于是负笈持仙药之朴，携入室弟子，东投安徽霍山（今大别山腹地）躲难，但葛洪仍留在江苏丹阳。西晋永兴元年（304），葛洪加入当地平息农民起义的军队，任将兵都尉，因作战有功，被封为“伏波将军”。次年事件平息，葛洪辞官往洛阳等地搜寻炼丹制药之书。因当时正逢皇族八王之乱，葛洪归途隔塞，遂流落在徐、豫、荆、襄、江、广诸州之地域。此时其故友嵇含为广州刺史，邀请葛洪参军。葛洪认为正可借此避开战乱，遂欣然前往。不料世道无常，嵇含突然被仇人所杀，葛洪一时失去了依靠，深感“荣位势利，臂如寄客，既非常物，又其去不可得留也。隆隆者绝，赫赫者灭，有若春华，须臾凋落。得之不喜，失之安悲？悔吝百端，忧惧兢战，不可胜言，不足为矣”。于是，葛洪决意绝弃世务，锐意修习玄静，服食养性，专研长寿之道。他曾师从鲍靓，修习道术。鲍靓见学生葛洪沉稳好学，不慕名利，便将18岁的女儿鲍姑许配给了他，那时葛洪已经40多岁了。永嘉元年（307），鲍靓调任南海太守，葛洪也举家来到广东罗浮山。传说鲍靓有空还到罗浮山与葛洪一起研究神仙方术，直至百余岁卒。葛洪和鲍靓对《罗浮山石壁记》进行了整理，这是他们在罗浮山共同进行道教学术探讨留下的历史遗迹之一。东晋元帝大兴二年（319），鲍靓为其女鲍姑修道行医，在广州越秀山南岳建三元宫，称越岗院。明代万历年间重修时始称三元宫，因地处市北，后人又称“北庙”。

建兴四年（316），葛洪还归桑梓，埋头著述。东晋开国后，公元319年，皇族念葛洪旧功，赐爵关内侯，食句容二百邑。咸和年间（326—334），多次有人推荐葛洪出任官职，但他皆固辞不就。后因生活所迫，葛洪答应出任咨议参军一职。咸和二年（327），葛洪听闻交趾（今越南北部红河流域一带）出产炼丹原料丹砂，便自行请求出任勾漏（今广西北流市）县令。经皇帝允准，他遂南行赴任，途经广州，会晤刺史邓岳。邓告知葛洪，其辖地罗浮山有神仙洞府之称，而且那里盛产丹砂，相传秦代安期生还在此山服食九节菖蒲，羽化升天。于是，葛洪决定中止到交趾赴任的行程，隐居于罗浮山。尽管其间邓岳邀葛洪出任东莞太守，但葛洪推辞不就。罗浮山地处南蛮边陲，南来的海风，在这遇到北下的气流，交汇出蒸腾的水汽，远远看上去就像“腾云驾雾”的仙山。罗浮山有炼丹必备的丹砂和银矿，还有草药1 200多种，内擅丹道、外习医术药学的葛洪对其“一见钟情”，流连忘返。他在罗浮山朱明洞前建南庵，在那里采药炼丹、著书讲学，直至东晋兴宁元年（363）81岁去世，葛洪在罗浮山生活了30余年。

魏晋南北朝时，广州罗浮山已经是岭南和南洋等地“丹砂灵药”的集散地，为葛洪炼丹提供了最需要的原料。《抱朴子内篇·仙药》说：“仙药之上者丹砂，次则黄金、白银。”在广州出土的汉代南越王墓中的“五色药石”，说明当时服食丹药的养生思想在岭南贵族中已经开始流行。此外，寻名山、潜心著书立说是葛洪原有的心愿，他在《抱朴子内篇·金丹》中说：“余所以绝庆吊于乡党，弃当世之荣华者，必欲远登名山，成所著子书，次则合神药，规长生故也。”当时岭南道教文化盛行，非常契合葛洪的宗教信仰。在罗浮山修行期间，葛洪完成了系统总结晋以前的炼丹成就和神仙方术的《抱朴子内篇》，对儒、墨、名、法诸家兼收并蓄，专论人间得失的《抱朴子外篇》，以及医学著作《肘后备急方》等。

广东凉茶与岭南的地理环境和气候特点有极大的关系。岭南，古时是指中国南方五岭以南的地区，属东亚季风气候区，具有热带、亚热带季风海洋性气候特点，高温多雨。大部分地区夏长冬短，终年不见霜雪。太阳辐射量较大，日照时间较长，雨水充沛，所以“湿热”是岭南人最常挂在口头的词汇。中医认为：“阳者，天气也，主外；阴者，地气也，主内。”（《素问·太阴阳明论》）检索《黄帝内经》，可发现“天气”的词频为53，“地气”的词频为52，说明中医十分重视人与天地自然的关系，而且认为人的生理状况受天气和地气的影响。如书中记载：“正月二月，天气始方，地气始发，人气在肝。三月四月，天气正方，地气定发，人气在脾。五月六月，天气盛，地气高，人气在头。七月八月，阴气始杀，人气在肺。九月十月，阴气始冰，地气始闭，人气在心。十一月十二月，冰复，地气合，人气在肾。”（《素问·诊要经终论》）中医对气候与人体健康关系的观察与思考是凉茶发明的主要理论背景。换而言之，凉茶是中医生态医学思维模式的产物，每一种凉茶的发明都有与其相应的人文地理和疾病流行的条件。从这种意义上，凉茶的诞生生动地体现了中国传统文化的因人、因时、因地的“三因观”，一切养生技术都来源于生活、生存的需要。

受地理环境和气候特点的影响，岭南本地草药多为一年生的草本植物，性味多苦寒，具有清热利湿或祛湿的功效，尤其适合岭南人由于地理、气候等环境因素或生活习惯等原因导致的瘟疫和湿热一类的疾病，也使得岭南医家和民众在运用本地草药防治疾病方面形成了自己的用药经验。当时岭南瘴疠流行，葛洪观察研究了岭南各种瘟疫流行现象，基于岭南经济落后、瘴气流行的实际情况，他治病主张用简便易得之方，反对用贵重难求之药。因此，他广为收集民间草药和效方验方，撰成百卷《玉函方》，自谓“篱陌之间，顾眄皆药；众急之病，无不毕备”。（《抱朴子内篇》卷三）由于该书卷帙浩繁，携带不便，他便将其中常见疾病、急病及其治疗方法简编而成3卷《肘后备急方》，以应医家急救之需，可称之为中医史上的第一部临床急救手册。

凉茶的发明与传染病的流行和防治经验关系密切。《肘后备急方》中记载了葛洪对当时岭南地区流行的天花、恙虫病、疟疾、狂犬病、结核病等传染性疾病症状的观察、病因的猜想及其收集的方药诊治经验。葛洪看到岭南气候炎热，瘟疫流行，为了能让穷苦百姓少染病少花钱，他利用在当地容易找到的中草药研制了一些配方，让百姓煎煮成汤服用，从而创造出了简、便、廉、效的岭南凉茶。国子监博士杨用道在《附广肘后方》序中简述了葛洪发明凉茶方的一片仁心：“方虽简要而该病则众，药多易求而论效则远，将使家自能医，人无夭横，以溥济斯民于仁寿之域，以上广国家博施爱物之德，其为利岂小补哉!”在这段评语中，寥寥数语已将葛洪创建凉茶方的目的和凉茶的基本特点勾勒了出来——凉茶方简单易得，专门以大众易感的流行病防治为目的，所有百姓能用会用。葛洪也许未曾想到，他对防治传染病凉茶方的定位即使在千年之后也未曾被动摇，凉茶衍生为一个庞大的现代产业，成为传播中医药文化最具代表性的载体之一。

葛洪在《肘后备急方》中收集了大量来自民间的简便价廉的中药方剂，改变了以前救急药方不易找、药物多而难求、价钱昂贵的状况，方便了山村田野的行医者和百姓。我们千万不要轻看了葛洪的这一改革，因为在中医药行业中一直有不对外传授秘方和禁方的行规，甚至需要经过一番“割臂歃血”的仪式后才能传授告知。在《灵枢·禁服》中就有这样的记载：雷公担心一些中药方会失传，于是问黄帝是否愿意达成有关严守秘密的约定，黄帝当然答应尊重先师立下的禁令以及私传的传统，于是两人“俱入斋室，割臂歃血。黄帝亲祝曰：今日正阳，歃血传方，敢有背此言者，反受其殃。雷公再拜曰：细子受之。黄帝乃左握其手，右受之书，曰：慎之慎之，吾为子言之。”由此可见，葛洪在《肘后备急方》中化繁就简的做法对当时欠发达的岭南地区是非常适宜的创新。凉茶始于百姓生活，凉茶的生命力和价值也在于百姓的普及应用，这正是凉茶兴盛于岭南的重要历史文化背景。

岭南凉茶　兴衰缩影

中国人自古就有“人人皆可为尧舜”的信念，基于凉茶配方简约易求、民众能自医的特点，凉茶配方的发明就具有了广泛的民间性。中医、药农和无名氏都可依据自己的经验发明某种具有独特功效的凉茶方，自己开设销售凉茶熟水的店铺。

如果以李时珍《本草纲目》中收载的1 892 种中药为基数，设用5 味药配制凉茶方，那么理论上可以组合成两百万亿个不同的方剂。无论是按照中医的“三因观”辨证施治，还是一证一方的对症治疗，凉茶配方的创新空间都是十分巨大的。当然，凉茶配方的创制还有一个重要的推动机制就是每逢瘟疫流行暴发之时。事实上，无论是中医理论，还是中药新方的创新发展，每次都是防治疾病流行暴发之需要推动的结果。① 例如张仲景的《伤寒论》和吴又可的《温疫论》都与当时传染病流行暴发、疾病的高死亡率有关。以岭南凉茶的杰出代表，迄今近200年历史的王老吉凉茶为例。

清道光年间（1828）广州地区瘴疠暴发，疫情蔓延。广东鹤山人王泽邦（1813—1883年），又名王阿吉偕同妻儿上山避疫，据说在途中遇一有缘道士赠予他一张由10多味药组成可防治疫病的凉茶方。王泽邦拿着药方去药铺抓药，药店老板说其中有几味药难找。于是，王泽邦辗转至广西等地寻药。其间，他经历了迷路、断粮等艰辛，终于找齐了所缺的药材。他依照药方配制煮茶，煲出的凉茶甘洌可口，免费送给村民们服用，防疫效果不错。于是，村民们将王阿吉煲煮的凉茶称为“吉叔凉茶”。由于王泽邦的义举和凉茶药方的防疫效果，吉叔的大名和“吉叔凉茶”的口碑在当地流传开来。为了让更多的人能喝到“吉叔凉茶”，王泽邦索性弃农经药，在广州城中靖远街开设了一间凉茶铺。相传当年林则徐奉命到广州指挥禁烟，整日奔波劳累，中暑困热，咽痛咳嗽，闻悉“吉叔凉茶”治暑热有良效，就差人到王泽邦的凉茶铺购回一些凉茶，结果真的药到病除。据说林则徐还特地登门答谢，当问及王泽邦所用之药时，王泽邦笑着答道：“只是几味不值钱的草药而已。”林则徐不禁感叹“药无分贵贱，不值钱的草药，贫苦百姓更能受益。”后来，林则徐还差人送给王泽邦一个大铜葫芦壶作为答谢，上面书有“王老吉”三个鎏金大字。经此一事，王老吉凉茶的名声风行羊城。为了方便顾客携带凉茶出门远行，王泽邦还创新制作了凉茶药包，由此凉茶的受众更广更多，“王老吉”凉茶的口碑和它的故事一传十、十传百，竟然还传到了皇城。清咸丰二年（1852），吉叔被召进紫禁城，要求专门为皇家和文武百官煲制凉茶，以提升当时宫廷的防疫之力。半年后，时疫威胁解除，咸丰皇帝特赐封王泽邦为太医院令，赏白银500两。王老吉凉茶的影响力和美誉度如日冲天。王老吉凉茶成功创业的故事告诉我们，岭南凉茶最显著的经验就是“诚信的品格 + 产品的独特效果”，正如广为流传的那句口碑：“老老实实王老吉，清热解毒祛暑湿。”

王泽邦有三个儿子，长子贵成、次子贵祥、幼子贵发。吉叔年事渐高，便将凉茶铺的业务交由三个儿子共同管理，并让三个儿子在广州等地开设多家分店。随着王老吉凉茶生意越来越好，每日所煲的凉茶已经供不应求。1840年，王老吉开创了凉茶店“前店后坊”的经营生产方式，扩大生产能力，同时出售凉茶粉和凉茶包。1883年王泽邦辞世，王老吉凉茶在后代的努力下，经过逾半个世纪的经营，百家凉茶铺开遍广州的大街小巷，而且逐渐

① 邱鸿钟：《医学与人类文化》，广州：广东高等教育出版社，2004年。

畅销两广、湖南、湖北、江西、上海，甚至销售到北京和哈尔滨等北方。随着华侨迁徙，凉茶文化也传入香港、澳门地区和东南亚，直至美国华人居住区。1925 年，王老吉凉茶作为中国凉茶的代表参加了英国伦敦商品展览会，当时王老吉凉茶已经具有了较高的国际知名度。1938 年，广州沦陷，王老吉凉茶铺被毁，一度停业。"二战"结束后，王老吉凉茶在广州市海珠中路恢复生产经营。在 1956 年国家实行工商业社会主义改造运动中，王老吉凉茶业与广州地区八间历史悠久的中药厂合并，以固定资产和员工数最多的王老吉凉茶为基础，将合并的新企业取名为"王老吉联合制药厂"。王老吉凉茶与其生产企业进入了一个新的历史发展阶段，开始书写新的故事。"文革"期间，该厂更名为"广州中药九厂"，产品"王老吉凉茶"也改名为"广东凉茶"。1982 年，该厂再次更名为"广州羊城药厂"。羊城药厂曾有一段时间经营状况不佳，为了扭转这种局面，厂领导号召全厂职工振奋精神，积极献计出力，打好翻身仗，1990 年，在全厂员工的共同努力下，企业经济重新振兴。1992 年在我国改革开放的背景下，广州羊城药厂转制成为以国家股为主体的股份制企业，又更名"广州羊城药业股份有限公司"。1997 年 9 月，羊城药业与同属于广州医药集团有限公司的其他 11 家制药和药品销售企业合并成立"广州药业股份有限公司"（简称广州药业）。之后，广州药业在香港证券交易所发行 H 股、在上海证券交易所增发 A 股上市。2004 年羊城药业更名为"广州王老吉药业股份有限公司"。至此，王老吉凉茶正式成为一种真正意义上的完全市场化的品牌。

2009 年，王老吉凉茶在中国市场销售达到 160 亿元，超过可口可乐在中国市场的销售总额。2010 年 11 月，经北京名牌资产评估有限公司评估，王老吉商标的品牌价值为 1 080 亿元，成为中国当年饮料第一品牌。演化到现代企业阶段的"广州王老吉大健康产业有限公司"仍然在继续传承和创新着传统的凉茶文化，随着"一带一路"倡议和传统医药领域合作规模的扩大，王老吉凉茶已经销往全球 60 个国家和地区，年销量超过 200 亿元人民币。王老吉凉茶充分挖掘了品牌延伸出来的吉祥文化，并且以凉茶博物馆为载体，将"吉祥文化"与品牌宣传、产品销售推广和各地民俗文化进行了有机融合，以中国传统凉茶文化的传播推动凉茶产业国际化的步伐。继首个海外凉茶博物馆落地美国纽约曼哈顿之后，未来王老吉计划在全球 56 个城市开设凉茶博物馆。凉茶博物馆不仅有丰富的文字史料，还有实物展示，通过视觉、味觉体验全方位展示中国凉茶文化的独特魅力。目前以王老吉为代表的岭南凉茶正在力拓全国乃至全球的饮料市场。凉茶已成为继碳酸、果汁和茶饮料之后中国的第四大饮料品种，市场整体规模估计达到 400 亿元。

王老吉凉茶的历史告诉我们，一个好的凉茶品牌的形成往往具有如下特点：其一，有悠久的历史和生动的人物故事；其二，有强劲的市场消费者的信心；其三，有公认的独特的功效；其四，配方和制作技术具有鲜明的家族世袭和历史传承性。

邓老凉茶　逢时而生

在中医历史上，许多植物药用价值的发现和凉茶的发明往往与某种疾病的流行暴发有关。这里回顾一下国医大师邓老凉茶的问世与2002年暴发的“非典型肺炎”的故事。

朱拉伊非常关注中医药产业，常常请教邓老，探讨关于中医药产业发展的许多问题，他们一致认为应当研发一种适合现代人亚健康状况和现代都市环境变化特点的保健产品，以帮助人们进行日常保健。为了配合邓老凉茶的开发、生产和销售活动，2002年12月正式成立广州养和医药科技有限公司，与邓老一起不断优化调试凉茶配方，2003年春节邓老凉茶组方最终确定。然而就在2003年春节刚过的2月间，广东河源、中山、顺德等地的“非典型肺炎”危重病人开始转送到广州各大型医院进行治疗。意想不到的是，这种从未见过的“非典型肺炎”迅速传播，甚至不少接触过这些患者的医护人员也被传染，并且开始有人不治身亡。2003年3月12日，世界卫生组织向全球发出警告；3月15日，世界卫生组织正式将该疾病命名为“严重急性呼吸综合征”（severe acute respiratory syndrome，SARS）。3月份之后，世界很多地方都开始出现SARS的有关报道。2003年4月16日，世界卫生组织正式宣布SARS的致病原为一种新的冠状病毒，并命名为SARS病毒。2003年5月1日美国《科学》杂志刊登了两份关于SARS病毒基因组序列研究论文，这是首批经过同行评议的SARS病毒基因组序列研究结果。2003年7月13日，全球SARS患者人数、疑似病例人数均不再增长，疫情基本结束。据世界卫生组织统计，全球约有8 422例SARS患者，造成800多人死亡，病死率近11%。

在这次突如其来的疫情中，当病因不清，又没有特效药的情况下，当时87岁高龄的广州中医药大学终身教授、国医大师邓铁涛教授站出来，勇敢而自信地说，SARS是温病的一种，而中医治疗温病历史悠久，可以用中医药防治SARS。于是他上书国家中医药管理局，大声疾呼让中医加入抗击“非典”的战役。他临危受命，被国家中医药管理局任命为全国中医抗击“非典”专家组组长。邓铁涛教授认为，中医诊治瘟疫的关键在于辨证论治，因人因时因地制宜治疗方略的着力点不应该只是简单地与病毒对抗，而是要将祛邪与扶正结合起来，使邪有出路。正如清代温病奠基者叶天士所说，要让邪气或透风于热外，或渗湿于热下，不与热相结，势必孤矣。邓老结合自己多次参加传染病救治的临床经验，专门拟定了针对“非典”不同病情的中医治疗方案，2003 年 4 月中央电视台公布了邓老推荐的一份预防 SARS 的药方，这个药方是在 2003 年春节已研发好的邓老凉茶组方的基础上进行衍化的。邓老认为，在发病早期，病机以湿热遏阻、卫气同病为特点，对常见的证型湿热遏阻肺卫证，建议采用宣化湿热，透邪外达的治法，方选三仁汤合升降散加减；对表寒里热挟湿证，宜辛凉解表，宣肺化湿，方选麻杏甘石汤合升降散加减。在病患中期，病机以湿热蕴毒、邪伏膜原、邪阻少阳为特点，对湿热蕴毒证型采用清热化湿解毒治法，方选甘露消毒丹加减；对邪伏膜原型采用疏达透达膜原湿浊的方法，方选达原饮加减；对邪阻少阳型采用清泄少阳，分消湿热治法，方选蒿芩清胆汤加减。在疾病高峰期，病机以湿热毒盛、耗气伤阴、瘀血内阻为主要特点，少数可表现为邪入营血，气竭喘脱，治疗在祛邪的同时必须重视扶正，可选用白虎加人参汤、清营汤、犀角汤等加用活血化瘀之品；对热入营分，耗气伤阴证者采取清营解毒、益气养阴治法，方选清营汤合生脉散加减；对邪盛正虚、内闭外脱者采取益气固脱，或兼以辛凉开窍之法。在康复期，病机以正虚邪恋、易挟湿挟瘀为特点，对气阴两伤证者采用益气养阴之法，方选参麦散或沙参麦冬汤加减化裁；对气虚挟湿挟瘀证采用益气化湿、活血通

邓老凉茶广告

络之法，据虚实不同可选用李氏清暑益气汤、参苓白术散或血府逐瘀汤等加减化裁。[①] 在邓老的指导下，当时他所挂帅的广州中医药大学第一附属医院抗“非典”病区收治了73例SARS病人，取得“零转院”“零死亡”和医护人员“零感染”的好成绩。

在中国历史上发生急性传染病暴发事件并不少见，如张仲景在《伤寒杂病论·原序》中写道：“余宗族素多，向余二百，建安纪年以来，犹未十稔，其死亡者，三分有二，伤寒十居其七……”历史与临床证明中医药在防治传染病方面具有独特的优势和经验，尤其在病原体尚不清楚、疫苗未研制出来、缺乏特效化学药物和抗体血清的情况下，中医药仍然可以辨证施治，有方可用，有计可施。中医的五运六气学说，伤寒和温病学说对传染病预防和诊治提供了许多有价值的思考，在传染病预警、预防、预测、诊断、治疗与康复方面积累了丰富的临床经验，中医经典《伤寒论》《金匮要略》《温病条辨》《肘后备急方》和《本草纲目》等医著中都记载有大量关于传染病防治的药用植物、方剂和防治经验。除青蒿防治疟疾之外，还有关于狂犬病免疫疗法、天花人痘术、以毒攻毒等独特抗疫技术。中医拥有丰富的抗病毒药用植物资源和经验方剂，为发明各类抗传染病微生物药物和制剂提供了丰富的备选方案。广州是中国近代最早对外开放的贸易口岸，16世纪梅毒（中医称为杨梅疮）从西方传入中国，中医家最先发现土茯苓治疗杨梅疮的功用，从而使土茯苓一度成为世界名贵药材。后又因治愈了西班牙国王卡洛斯五世罹患的梅毒，[②] 土茯苓在欧洲声名鹊起，成为近代中药最重要的大宗出口产品。又如受晋代葛洪《肘后备急方》中关于“青蒿一握。以水二升渍，绞取汁。尽服之”记载的启发而发现青蒿素的中国科学家屠呦呦获得了2015年的诺贝尔生理学或医学奖。目前青蒿素衍生物及青蒿素复方已经被世界卫生组织认定为疗效最快、耐药性最低的抗疟一线新药。由广东抗疟团队推出的全民服药抗疟方案和青蒿复方被“一带一路”沿线许多国家所接受，该产品已获得全世界40个国家的知识产权保护，并已经获准在尼日利亚、坦桑尼亚、肯尼亚、冈比亚、塞内加尔等20多个疟疾流行的非洲国家上市销售，成为柬埔寨、印度尼西亚等国防军指定的抗疟用药。[③]

根据世界卫生组织的统计，2000至2015年间，全球疟疾发病率下降了

---

① 《国医大师邓铁涛谈中医抗“非典”》，https：//mp. weixin. qq. com/s？src = 11×tamp = 1592868604&ver = 2417&signature = reCJmF3Fdzt19To - 2Y3hZmkuM6XHtLcls3f4HzuV * yFLMxbludwsChQrdmGCqSodx3uhkeLu8J3YZTHc7tklinGeE6DppfXLEmIo - caLzrCktPLYvF8CapLa - J - DHqjU&new = 1。

② 李庆：《16—17世纪梅毒良药土茯苓在海外的流播》，《世界历史》2019年第4期，第136 - 151页。

③ 张宁锐、卢佳静：《站在诺奖背后的企业家朱拉伊　最想让青蒿素和中医服务世界》，中国网，2019年11月29日。

37%，疟疾患者的死亡率下降了60%，全球共挽救了620万人生命。其中，据不完全统计，全球有2亿多人受惠于青蒿素复方的治疗，可见青蒿素复方制剂所作出的贡献是巨大的。除此之外，中医药还在流行性乙型脑炎、肝炎、流行性出血热、艾滋病等传染病研究项目上展现出强大的生命力和新的希望。1956年石家庄、1957年北京、1958年广州流行性乙型脑炎的防治中，中医药师遵古医良方，按温病暑热伏湿之证辨证施治，防治效果显著。在“七五”（1986—1990年）科技攻关期间，有关中医药治疗流行性出血热的研究显示了中医在治疗急性热性传染病的实效，例如南京周仲英研究组治疗1 127例流行性出血热，中医药组治疗812例，病死率为1.11%；西医药对照组治疗315例，病死率为5.08%（$P<0.01$），明显优于对照组。[①] 由此可见，邓铁涛教授基于历史和近现代中医防治传染病取得良好临床疗效的事实，提出将中医药纳入传染病防治体系的建议是有充分科学根据的。

2003年7月SARS疫情总体上得到有效控制而逐渐缓解，基于抗疫的实践经验，政府宣布大幅度增加全国公共卫生防疫经费的投入，在全国建设各级疾病预防控制中心，特别是增加了对农村地区的经费投入，还大力扶植中医药行业发展。基于中医药在防治SARS过程中发挥了重要的作用这一事实，国家卫生部和国家中医药管理局特别要求在综合性医院中必须发展中医科室和配备中医药专业人员，并于2009年印发了《综合医院中医临床科室基本标准的通知》（国中医药发〔2009〕6号），这是一次具有重大意义的事件。

如何预防瘟疫侵袭，一直以来都是传统中医药非常重视和思考的问题。无论是五运六气理论对疫情的预测预报，还是“治未病”的理念与方法都是中医在疾病预防方面努力探索的结果。在抗击“非典”战役正式拉开序幕之前，2002年12月广东新南方集团注册成立了“广州养和医药科技有限公司”，本意是从事功能食品和养生保健品的研发生产。国医大师邓铁涛教授闻讯后，立即将自己多年精心构思配制的系列凉茶验方无偿赠送给了新南方集团进行开发。新南方集团以广东人敢为人先的速度，快马加鞭，2003年7月，邓老凉茶灌装植物饮料就正式上市了。

---

① 周仲瑛等：《中医药治疗病毒感染性高热临床研究》，《中国中医急症》1994年第1期，第5－7页。

凉茶之道　精气神解

邓老凉茶上市时，中国市场上早已经有王老吉、黄振龙等知名凉茶品牌。那么，广东新南方集团推出的邓老凉茶的特点在哪里呢？朱拉伊认为，既往的传统凉茶卖的是过去荣耀的历史和产品本身，没有将凉茶文化作为推广中医药文化的一个抓手，也没有对凉茶能否解决当下现代人的文明病的防治问题给出明确的回答，以至于凉茶产业长期以来只是处于饮料产品的运作上。相对于由民间家族传承创立的凉茶，邓老系列凉茶是基于国医大师邓铁涛教授集几十年临床心得独创的产品，重点要解决的是当代人群易发、多见的病毒性流感和高血脂、高尿酸等代谢性疾病，以及相关的亚健康问题。正是在这种意义上，邓老凉茶被认为是一种与时俱进的凉茶，这也是邓老凉茶被称为“现代凉茶”代表的缘由。朱拉伊希望邓老凉茶成为推销“凉茶道”中医文化的一种载体，也就是说消费者认同中医文化，然后才会成为自觉的产品消费者。朱拉伊认为：“未来的市场竞争是文化和附加值的竞争，具有高利润、高附加值的产品才能占有市场先机。中医凉茶道文化才是邓老凉茶的核心附加值。”

何谓凉茶道？先了解一下汉字“道”的语义。“道”是一个形声词，本义指行走的路和途径，如“道，所行道也”（《说文》）。引申义则有：①指宇宙规律和法则，如“脩道而贰，则天不能祸”（《荀子・天论》）；②指学术或思想体系，如“悦周公、仲尼之道”（《孟子・滕文公上》）；③指方法、办法和技术，如门道、医道，“深谋远虑，行军用兵之道”（贾谊《过秦论》）；④指方向和志向，如“不得通其道，故述往事，思来者”（司马迁《报任安书》）；⑤指道家学派，创立于东汉时期的“道教”；⑥指言语行为，如“不足为外人道也”（陶渊明《桃花源记》）；⑦指中国历史上行政区域的名称，在唐代相当于现在的省，清代和民国初年在省以下设“道”。“道”字常与表示某种行业的简称组在一起合称，如茶道、花道、书道、剑道、医道、养生之道等，表示有关某种技艺的信念、精神、态度、知识、能力、仪式、术语和方法的文化。那么，朱拉伊提倡的“凉茶道”可理解为是基于中医药辨证施治和治未病的理论，关于凉茶的信念、精神、态度、行业术语和制作技艺及其相关文化。基于目前国内凉茶业普遍不重视与凉茶有关的中医理论的研究和宣传的现状，新南方集团成立了中医药研究院，聘请了一批中医药基础理论和应用研究的专家教授开展相关研究。从事邓老凉茶销售的同仁应该熟悉凉茶相关的中医理论，并且将其作为内化于心、外化于行的指导思想。

检索中医经典《黄帝内经》，可以发现有60个与“凉”字相关的词项，“凉”为中医学的基本概念之一。在中医经典中，“凉”多指与环境气温相关的现象，认为不同的气候变化与疾病流行的关系有规律可循，即“春青风，夏阳风，秋凉风，冬寒风。凡此四时之风者，其所病各不同形”（《灵枢·论勇》）。“凉”在中医经典中多指秋季不冷也不热的气温特征，例如“凉雨时至”“秋有雾露清凉之政”“气寒气凉”；凉也可指药物性质的特点，即“其性为凉”。凉茶道的“道”主要理念是什么？《黄帝内经》里说得很明白：一是讲究饮用食物和凉茶的季节，即“观气寒温以调其过，同风热者多寒化，异风热者少寒化，用热远热，用温远温，用寒远寒，用凉远凉，食宜同法，此其道也。”（《素问·六元正纪大论》）意指人应根据天气的寒温，适当地调节身体功能的偏差。若岁运与地面风热相同则多用寒凉之品来清和，不相同则可以少用。使用热性的药时应避免炎热的气候；使用温性的药时应避免温暖的气候；使用寒性的药时要避免寒冷的气候，使用凉性的药时应避免清凉的气候。饮食的宜忌也遵循同一法则，这就是中药和饮食凉茶之道！二是根据当地当下的气候而权变，即“司天之气，风淫所胜，平以辛凉，佐以苦甘，以甘缓之，以酸泻之。热淫所胜，平以咸寒，佐以苦甘，以酸收之。湿淫所胜，平以苦热，佐以酸辛，以苦燥之，以淡泄之。湿上甚而热，治以苦温，佐以甘辛，以汗为故而止。火淫所胜，平以酸冷，佐以苦甘，以酸收之，以苦发之，以酸复之，热淫同。燥淫所胜，平以苦湿，佐以酸辛，以苦下之。寒淫所胜，平以辛热，佐以甘苦，以咸泻之”。三是讲究因地而异。如《素问·五常政大论》中说：“西北之气散而寒之，东南之气收而温之，所谓同病异治也。”中医认为，西北方天气寒冷，其病多外寒里热，应散其外寒，凉其里热；而东南方天气湿热，因阳气外泄，故省内寒，所以应收敛外泄的阳气，温其内寒。观察表明，北方凉茶销售的旺季往往在冬天，原来冬天人多待在屋里，热炕、火锅、烧酒都令人内热，所以人们常以冰镇凉茶、啤酒降火；而在南方，凉茶销售的旺季在夏天，因为气温高而湿度大，人虽多汗口渴冰饮多，但传统凉茶热饮效果更佳。其四讲究因人而异，中医认为：“凡五人者，其态不同，其筋骨气血各不等。”“古之善用针艾者，视人五态，乃治之，盛者泻之，虚者补之。”（《灵枢·通天》）饮用凉茶与针灸之道一样，视人的体质不同而配置不同的凉茶。总之，中医讲究多维度的综合调理，如《素问·异法方宜论》中所说：“故圣人杂合以治，各得其所宜，故治所以异而病皆愈者，得病之情，知治之大体也。”

凉茶涉及的中医药理论还有许多方面，例如四季四气养生、风寒暑湿燥火六淫、扶正祛邪、阴阳和平、阴平阳秘、五运六气，以及中药的四气五味之说等。

在凉茶道文化的引领下，目前，广东邓老凉茶药业集团股份有限公司已经建立了较为稳定的销售及分销网络，拥有广州直营门店12家，北京合生汇1家，邓老凉茶加盟门店359家，并积极开拓电商平台，加强跨界合作，推出跨界合作项目。对于未来邓老凉茶业的发展，朱拉伊正按照规划朝前推进，在数量上，计划将凉茶店开到每个乡镇，实现3 000家实体店的规模；在服务模式上，邓老凉茶店正从单一的凉茶销售向养生保健和治未病中医医疗综合服务模式转型升级，期望这些遍布乡镇的中医药养生保健店将成为给基层百姓提供中医药服务和进行中医药文化传播的前哨。

商标注册　一波三折

在邓老凉茶问世的过程中，还发生过该产品商标申请注册的曲折故事。商标就像一个人的名字，是展现多种含义的独特标识。在市场经济中，无论是开办公司还是研发产品，注册商标都是一项不可缺少的工作。在经济层面，商标也是一种无形资产，好的商标容易让人记住，便于消费者认牌购物，是创产品名牌的文化符号；在法律层面，商标受法律保护，他人不得侵权。

2003年8月广东新南方集团为邓老凉茶的商标注册做好了准备，向国家商标局提交了申请材料，不料2004年10月等来的审查结果是：驳回！原因是“禁止使用”。闻知这一消息，公司上下有关人员一时很难理解“禁止使用”的原因和依据是什么。于是，公司成立了由朱拉伊担任组长、多位集团负责人担任组员的项目组，再次认真收集各种资料，开始了申请复审的新一轮进程。经过认真准备，公司对申请复审的理由非常自信——因为作为振兴现代中医的一代领头羊，国医大师邓铁涛教授应被尊称一声“邓老”。2005年3月，国家商标局终于受理了新南方集团驳回复审的申请。之后，公司又不停更新资料和作情况说明，各部门都行动起来协助收集一系列以“邓老”命名的产品使用材料，财务部门协助更新经营数据，营销部门协助提供宣传资料，市场部门协助整理销售单据……记得2009年11月的一天，马磊经理为准备新一轮的复审资料，去邓老凉茶北京路的店里拍照，刚好碰到了一位来买凉茶的中年男性顾客。跟他聊天得知，他十分热爱和信赖中医，曾拜读过邓老的多本著作，对国医大师和邓老凉茶的产品推崇备至。他告诉马磊，他平时感冒咳嗽，小病不适，都是喝几杯邓老凉茶来调理，现在他一家人都是邓老凉茶的忠实粉丝。普通顾客对邓老凉茶无比信任，也点燃了新南方人对于申请“邓老凉茶”商标的信心！在复审申请提交五年后的 2010 年 5 月，新南方终于迎来了值得自豪的结果！国家商标局终于以第五类第 3559225 号、第三十二类 3681797 号主商标证书认可了“邓老凉茶”商标的注册！真是印证了“好事多磨”这句俗语。新南方集团为“邓老凉茶”的商标注册坚持不懈地努力了五年，反复驳回反复申请展现出新南方坚韧不拔、勇往直前的精气神。

发展中医药健康大产业，不仅需要优质的核心产品，还需要相配套的产品商标、企业名称、企业专利等知识产权保护和中医文化软实力的支撑。新南方集团在开办新的分公司和产品研发的同时，非常注重商标注册工作。2002 年 10 月，新南方集团决定以“广东新南方现代中医科技有限公司”的名义向国家知识产权商标局申请围绕新南方集团中医药大健康产业的五个商标类别进行保护注册。究竟用什么概念来标识新南方集团中医药健康产业的核心文化理念呢？经过大家一番讨论，最后朱拉伊提出的“养和”这一概念点燃了大家创意的灵感。检索中医经典《黄帝内经》，可以检索到 37 个与“养”字相关的词项，其组词有“养生之道”“养长之道”“养收之道”“养藏之道”“阳气者，精则养神，柔则养筋”“以养五气”“五谷为养”等，“养”也是中医学的基本概念之一。将“养”与“和”合称或连称，谓之“养之和之”或“必养必和”。“养”与“和”之间具有因果关系，《素问·五常政大论》中说：“养之和之，静以待时，谨守其气，无使倾移，其形乃彰，生气以长，命曰圣王。”中医提倡智者的养生方式，即“故智者之养生也，必顺四时而适寒暑，和喜怒而安居处，节阴阳而调刚柔，如是则僻邪不至，长生久视”（《灵枢·本神篇》）。“养和”一词早散见于古籍，如《晋书·贺循传》中有：“逍遥养和，恬神自足。”《新唐书·李泌传》中也有：“泌尝取松樛枝以隐背，名曰养和。”保养人体之元气，促进身心健康就是养和的基本语义。中医讲究人与自然、环境、社会的和谐统一，尊重人体固有的生命节律，并通过形神统一、动静结合、劳逸结合等具体的养生实践，防微杜渐、未雨绸缪，故中医强调贵在养，而养则贵在平和。

按照朱拉伊对传统中医养和思想的理解，几位负责商标策划案的年轻人经过一番认真准备和申请程序后，“养和”等五个类别上的商标申请都陆续通过了国家商标局的初步审查。就在大家期待初审公告期结束取得商标证之时，杀出了一个程咬金——香港知名私立机构养和医院对新南方集团的商标申请提出了异议。该医院认为，1922年在香港成立的养和医院，一直使用“养和”商标至今，在业内已有很高的知名度，而广东新南方集团拟将“养和”商标申请应用在商标第44类“美容院、医疗诊所、医药咨询、医院、卫生设施出租、整形外科、医疗辅助、保健，眼镜行和休养所”等项目上，与该医院的经营范围基本相同，认为新南方集团申请的“养和”商标侵犯了其商标权。于是，一场关于“养和”商标权的拉锯战从2003年10月拉开帷幕。在收到香港养和医院的异议文书后，新南方集团积极应诉，收集相关证据材料，运用商标法有力地反驳了对方论证，国家商标局于2008年4月驳回香港养和医院之诉求，核准了新南方集团的“养和”商标申请。由于对方不服裁决，于同年4月继续上诉，新南方集团接到答辩通知后，继续据理力争！终于在2010年4月，国家商标局评委做出了准予新南方集团“养和”商标注册的判决。该案历时7年，终于完美落幕。此时此刻，新南方人才放下心来，就像一手抚育长大的孩子回到了母亲的怀抱那样高兴。朱拉伊曾这样解释他对“养和”的理解和喜爱，“养”是指调养治未病，“和”是和合养生，平和柔性，亲和关怀。可以说这一商标理念集中反映了朱拉伊对中医治未病精神的领悟，以及他做人平和的一贯风格。

虽然历时7年才取得“养和”的商标注册权，但产品和机构正式运营，却早在2004年7月就已经开始。“养和”品牌已伴随着新南方人经历了十几年的风风雨雨。2004年，广东新南方现代中医药科技有限公司将名下申请的“养和”商标授权给广州中医药大学大药房有限公司以及广州中医药大学大药房养和医药连锁有限公司经营，使得品牌在短短几年内迅速蹿红，已能与集团名下的“邓老凉茶”比肩。2013年，集团为迅速发展公司业务，合并渠道，共享产业链，遂决定将“养和”品牌与邓老品牌合并经营；在2014年2月，将“养和”转移到广东邓老凉茶药业集团股份有限公司名下，使“养和”品牌与“邓老凉茶”正式挂钩。2017年4月，“养和”品牌的经营者——广州养和医药连锁股份有限公司开启了独立上市的进程，为确保知识产权与经营实体的统一，“养和”商标转移至广州养和医药连锁股份有限公司名下，“养和”品牌发展进入新纪元。

文化遗产　光辉闪耀

2006年5月，作为中国传统凉茶文化代表的广东凉茶成功列入国家首批

"非物质文化遗产名录"。2019年11月，《国家级非物质文化遗产代表性项目保护单位名单》公布，澳门特别行政区政府文化局、广东省食品行业协会、香港特别行政区政府民政事务局获得"凉茶"项目保护单位资格，这是中国凉茶发展历程上具有重要意义的一件大事。

非物质文化遗产名录是保护非物质文化遗产的一种方式。联合国有《保护非物质文化遗产公约》和《保护世界文化和自然遗产公约》，前者管"非物质文化"，后者管"物质文化"。什么是非物质文化遗产？根据联合国教科文组织《保护非物质文化遗产公约》中的定义，所谓非物质文化遗产（intangible cultural heritage）是指被各群体、团体，有时是个人，视为其文化遗产组成部分的各种社会实践、观念表述、表现形式、知识、技能以及相关的工具、实物、手工艺品和文化场所。一般认为，非物质文化遗产具有以下6个重要特征：其一是"民族性"，这是非物质文化遗产的归属，最先创办"非遗"的动机是仅限于对人口基数小的民族文化的抢救，后来逐渐扩展到所有的民族。其二是"非物质性"，这是指各种以非物质形态存在的与群众生活密切相关、世代相承的传统文化的表现形式，强调的是以人为核心的技艺、经验、精神的活态文化，其特点是活态流变。其三是"文化性"，这是指通过先辈在历史的长河中自然生成又不断发展流变，反映先人对生死、婚配、祖先、天地自然等事物敬畏态度的制度、文本、礼仪等文化形态。其四是"遗产性"，这是指"非遗"是先辈通过日常生活的运用而留存到现代的文化财富。虽然随着族群所处的环境和历史条件的变化，这种代代相传的非物质文化遗产会有新的变化，但其文化认同感和历史感是始终不变的。其五是"保护性"，这是指现代人对脆弱的非物质文化遗产的自觉的爱护态度，目的是减少或避免"非遗"文化消亡。其六是"名录性"，这是指对比较公认的非物质文化遗产价值的一种认同。

基于不同级别的评选标准，被列入非物质文化遗产保护名录的情况可以分为世界性、国家、省级等不同的保护类别。我国是一个多民族国家，悠久的历史和灿烂的古代文明为我们留下了极其丰富的文化遗产，截至2020年，中国入选联合国教科文组织非物质文化遗产名录的项目总数达42项，是世界上入选"非遗"项目最多的国家。其中中医针灸于2010年入选，二十四节气于2016年入选。

按照国务院2005年12月2日发布的《关于加强文化遗产保护的通知》精神，文化遗产包括物质类和非物质类。其中物质类包括古遗址、古墓葬、古建筑、石窟寺、石刻、壁画、近现代重要史迹及代表性建筑等不可移动文物，历史上各时代的重要实物、艺术品、文献、手稿、图书资料等可移动文物；以及在建筑式样、分布均匀或与环境景色结合方面具有突出普遍价值的历史文化名城（街区、村镇）。非物质类则包括口头传统、传统表演艺术、民俗活动和礼仪与节庆、有关自然界和宇宙的民间传统知识和实践、传统手工艺技能等以及与上述传统文化表现形式相关的文化空间。国务院决定从2006年起，每年六月的第二个星期六为我国的“文化遗产日”。我国设置了“国家+省+市+县”四级文化遗产保护体系，与传统医药有关的国家级非物质文化遗产有中医生命与疾病认知方法、中医诊法、中药炮制技术、中医传统制剂方法、针灸、中医正骨疗法、同仁堂中医药文化、胡庆余堂中药文化、藏医药和凉茶。列入省级非物质文化遗产名录的传统中医药项目有广东省的潘高寿传统中药文化、陈李济传统中药文化；江西省的“挑积”和“胡卓蕲蛇药酒制作技艺”；浙江省的义乌朱丹溪中医药文化等。列入市级的非物质文化遗产名录有同仁堂中医药文化，南阳市的医圣张仲景祭祀等。列入县级非物质文化遗产名录的有罗田县的万氏偏方治顽疾、大名县的艾灸火疗术等。

2005年8月29日，广东省食品文化遗产认定委员会向社会公布：广州王老吉药业股份有限公司、广州黄振龙凉茶有限公司、广州养和医药科技有限公司等12家企业的33个凉茶配方及其专用术语为“广东省食品饮食文化遗产”，这是广东省认定的首批食品文化遗产。为保护和发扬广东凉茶这一独特的食品文化遗产，广东省食品行业协会凉茶分会提出了凉茶保护公约，并带领全行业执行，拥有认证配方的12家企业也在凉茶保护公约上签下了自己的名字。公约规定，拥有凉茶文化遗产配方和专用术语的企业，应自觉执行国家相关法律、法规，严格按照核定的配方、专用术语组织生产和对外宣传，加强从原料到销售全过程的质量监控，保证产品质量。

2006年2月，广东省文化厅、香港特别行政区政府民政事务局、澳门特别行政区政府文化局在香港联合签署了向国务院共同申报国家级非物质文化遗产的报告。2006年5月，凉茶成功列入国家首批非物质文化遗产名录中的传统手工技艺名录（编号为Ⅷ—89）。包括粤港澳21家凉茶生产企业拥有的18个品牌54个配方及术语将受到我国有关法律的保护。5月25日，粤港澳三地的凉茶企业签署了关于保护发展凉茶这一传统手工技艺的承诺书。事实上，粤港澳地区生产的凉茶品牌有数百个之多，这次只有这21家企业的18个品牌54个秘方及与之配套的专用术语入选国家级非物质文化遗产名录，但这并不代表不在这一文化遗产之列的植物饮料就不能叫凉茶了。

创新凉茶　自成系列

岭南人素有“大病找医生，小病喝凉茶”的生活习惯。这种对凉茶的偏好与岭南地区的气候环境和岭南人的体质特点有关。据清代屈大均所撰的《广东新语》所言：“岭南之地，衍阳所积，暑湿所居，虫虫之气，每苦蕴隆而不行。其近山者多燥，近海者多湿。海气升而为阳，山气降而为阴。阴尝溢而阳尝宣，以故一岁之中，风雨燠寒，罕应其候，其蒸变而为瘴也。”加之岭南人嗜好吃海鲜野味，常用煎、炒、炸、烤、烧等烹调方法，故多生为湿滞、燥热之病。这是广东凉茶品种众多、不断翻新的重要原因之一。

按照凉茶的不同功效，凉茶大体上可分为四类：一是清热解毒茶，适合内热、火气重的人饮用，代表药材有银花、菊花、山枝子、黄芩等，适饮于春、夏和秋季。二是解感茶，适合外感风热、四时感冒或流感时饮用，代表药材有板蓝根、金银花、薄荷、紫苏叶等，四季都适饮。三是清热润燥茶，适合口干、舌燥、咳嗽时饮用，代表药材有沙参、玉竹、龙梨叶、麦冬等，适饮于秋季。四是清热化湿茶，适合湿热气重、口气大、面色黄赤等人饮用，代表药材有银花、菊花、棉茵陈、土茯苓等，尤其适饮于夏季。以上是凉茶处方的一般套路，但随着现代都市气候环境和快节奏、高压力的工作与生活方式，许多都市人都处于亚健康状态。为此，岭南地区的中医家和企业家们一直在探索创新改进凉茶配方，邓老凉茶就是邓铁涛教授针对现代人体质、疾病流行特点与现代气候环境特点潜心研制的一种新型凉茶。

2004 年广东新南方集团有限公司注册了“广州养和堂邓老凉茶连锁有限公司”。2006 年 12 月，“邓老凉茶系列产业技术升级项目”被广东省经济贸易委员会选定为“2006 年广东省产业技术创新十二大重点专题项目”计划。2010 年基于统一销售市场的战略，广东新南方集团有限公司又注册了“广东邓老凉茶药业集团股份有限公司”。公司根据时节特点和市场需要不断推陈出新，先后研发了调理、平衡、休闲三大系列和心、肝、脾、肺、肾五大系统 50 余种产品，拥有 12 个国家级非物质文化遗产保护秘方，其中 9 个为首批国家级非物质文化遗产保护秘方。产品分类情况见表 1 和表 2：

表 1　产品分类（按脏腑分）

按脏腑分类	产品名称
心	御火茶
肝	清甘茶、芳华茶、邓老清冠饮壹号植物固体饮料
脾	御湿茶、御暑茶、元气茶
肺	舒声茶、御感茶、化痰茶、御咳茶、菊花雪梨茶、邓老凉茶罐装饮料、畅快茶、杏仁桔红膏
肾	元气茶、熬夜茶、君子茶、御风茶

表 2　产品分类（按功能分）

按功能分类	产品名称
清热降火类	熬夜茶、御火茶、清甘茶、邓老凉茶原味颗粒冲剂、畅快茶、邓老清冠饮壹号植物固体饮料
清咽止咳类	舒声茶、御咳茶、化痰茶、杏仁桔红膏、邓老清冠饮壹号植物固体饮料
感冒暑湿类	御感茶、御湿茶、御暑茶、御风茶、邓老清冠饮壹号植物固体饮料
补益养生类	元气茶、君子茶、芳华茶、枸杞姜茶、御风茶
清凉饮料类	菊花雪梨茶、茅根竹蔗水、邓老凉茶罐装饮料
休闲产品类	红豆龟苓膏

针对目前市场上销售的凉茶普遍存在品牌老化、功能寒凉的现状，广东新南方集团生产销售的邓老凉茶组方独特，基本方主要由金银花、白茅根、菊花、桑叶、蒲公英、甘草六味中药构成，这六味中药全部取自国家药食同源目录，性味平和，安全无毒，根据中药方剂“君臣佐使”遣药组方原则，量效平衡，非常适合现代人亚健康状况的调理。

邓老凉茶处方因人因证而异，辨证施治，灵活化裁，简易廉效，紧扣现代人常见的亚健康和“小病小痛”问题，而且不断根据市场消费反馈的情况进行剂型和包装的改良，例如凉茶分为罐装和利乐包、有糖和无糖冲剂颗粒等。

新南方集团建立了完善的专卖店连锁经营管理系统和客户服务系统，全面为各加盟店和消费者提供优质、安全、可靠的产品和服务。朱拉伊希望通过建立“健康驿站，百城万家”的销售网将中医中药送到城乡家家户户，为百姓带来便捷的健康服务。

社会公益　响亮名片

新南方集团一直致力于社会公益事业。邓老凉茶不只是一款新研发的广东凉茶，它更是代表新南方人爱心和责任心的一名文化使者、一张亮丽的名片。2005 年至今，新南方集团已连续多年为广州交警送去超过 10 万罐/年邓老凉茶，以慰问他们在烈日底下的辛勤付出。

2008 年四川汶川发生大地震时，新南方人踊跃捐款献物，仅总部员工捐款就达两百万元，朱拉伊亲自指挥向灾区送去邓老凉茶 5 万箱。新南方集团获广东省工商行政管理局等四部门联合颁发的“支援四川汶川地震灾区捐赠活动突出贡献奖”，广州养和医药科技有限公司获“抗震救灾模范集体”称号。

2020 年初暴发新冠肺炎疫情以来，涌现了一批批“最美的逆行者”，新南方集团也以快速的反应、高效的行动践行着一个优秀企业的社会责任。2020 年 2 月 9 日下午，一辆车身写着“支持湖北省抗击疫情”的大卡车从广东新南方青蒿药业基地丰顺驶出，目的地是湖北黄冈中医院。车上满载的是由新南方集团、邓老凉茶药业集团、合生创展集团、珠江投资集团、珠光集团联合捐赠的首批 6.2 万份中药浓缩浸膏和 1 万盒邓老凉茶冲剂，用于支持湖北一线医护人员防疫。3 月 24 日，广东新南方集团在尼日利亚的子公司积极响应中国驻拉各斯总领事馆关于筹集医疗物资捐赠给当地医院应对疫情的号召，快速筹集了一批包括普通医用口罩、邓老凉茶和用于治疗疟疾的青蒿素哌喹片“粤特快”等在内的医疗物资，送往中国驻拉各斯总领事馆。4 月 2 日，总价值约 160 万元的邓老清冠饮及邓老凉茶颗粒冲剂发往福建，随中国政府赴菲律宾抗疫医疗专家组一起奔赴菲律宾，助力当地抗击新冠肺炎疫情。4 月 21 日，邓老凉茶药业集团代表前往华南师范附属中学番禺学校参与“抗击新冠病毒”复工复学慰问公益活动，并捐赠了一批防疫物资以助该校师生复工复学……像这样的捐赠还有很多，在朱拉伊看来，通过邓老凉茶宣传传播中医药文化，树立新南方企业形象，远比追求经济利益更重要。据不完全统计，在新冠肺炎暴发期间，截至 2020 年 11 月，邓老凉茶药业集团携手兄弟集团向中国红十字基金会、黄冈市罗田县人民医院、黄冈市交通运输局、黄石大冶市卫生局、新疆维吾尔自治区红十字会、深圳市医学会公益基金会、十堰市等单位捐赠罐装凉茶 44 630 箱；利乐包 5 500 箱；邓老凉茶植物固体饮料 132 630 箱；邓老清冠饮膏方 3 317 904 包；邓老清冠饮壹号植物固体饮料 15 690 箱；青蒿御品牙膏 280 箱；邓老杏仁桔红膏 1 710 箱，总价值约 7 030万元。新南方人的爱心就如《沁心茶道　爱满人间》这首邓老凉茶品牌歌曲所表达的那样：

夏日骄阳咧红似火，炎炎热浪莫奈何，本草园里采情华，
普济众生驱百魔，驱百魔。
人生旅程咧多坎坷，瘟神无情播灾祸，一代宗师砥中流，
仁心仁术平逆波，平逆波。
祖国春色咧满山河，全民养生欢乐多，千珍万宝健康好，
民族强盛歌连歌，歌连歌。
灿灿中医源，漫漫五千年，圣手妙方赢得万民欢。
中国凉茶道，爱心惠人间，芬芳杏林，只为了生命艳阳天。
中国凉茶道，爱心满人间，芬芳杏林，只为了生命艳阳天。

《沁心茶道　爱满人间》这首品牌歌曲是邓老凉茶药业集团为发扬“中国凉茶道”特地创作的，由朱拉伊亲自填词，国内知名词曲家李名方作曲，国际声乐歌剧比赛获奖者王威、白永欣和青年歌手李文英、吴静等联袂演唱。集团为此还专门精心拍摄制作了 MV，并把它作为传播中医药文化的重要形式在企业的各种活动中大力推广。

毋庸讳言，通过电视、广播、报刊等进行广告宣传，是最直接、形象、富有冲击力的宣传手段，因此常为企业所首选和重点投入。但直接、直白的宣传在信息爆炸的今天，已难以唤起消费者的兴趣，想达到印象深刻、耐人寻味、获得感情的共鸣的效果就更是难上加难。因此，上规模的企业和有远见的企业家，都在探索商品宣传和艺术手段之间最佳的结合，以期在潜移默化中使消费者了解企业和品牌，继而提高品牌的知名度和美誉度。品牌歌曲就是将企业文化与产品特质结合起来的一种宣传方式。它不同于七八秒一闪而过的广告歌，也不同于只在企业内部发挥作用的企业歌曲，品牌歌曲是一种使用范围更广、社会辐射力和影响力更大、生命力更为长久的艺术形式。因此，一首具有思想深度和艺术魅力的品牌歌曲，是企业文化的瑰宝，是企业进行品牌推广的好助手。例如《步步高》《九九女儿红》都是脍炙人口的品牌歌曲，不仅使品牌得到了最大范围的传播，更在无形中获得了顾客的品牌联想和好感，促进了实际购买力。

《沁心茶道　爱满人间》这首旋律优美的邓老凉茶之歌唱出了新南方人对

中医药事业守正创新的决心，表达了邓老凉茶发明的初心，其音乐风格既借鉴了广东传统咸水歌的文化元素，也融合了现代音乐的旋律，使听者无不为之触动，产生强烈的情感共鸣。

早在 2002 年，朱拉伊就有了用音乐这种群众喜闻乐见的形式来推广中医药文化的设想。但朱拉伊并不想单纯地出乎商业宣传的需要，直接把广告词或概念性词句塞进乐曲中，而是希望借用优美的旋律，歌唱出祖国中医药文化的博大精深和“中国凉茶道”爱满人间的济世情怀。与创作家初步晤谈时，大家还摸不准歌曲形式抒情的切入点，为避免词、曲流于表象，合作之议暂时被搁置。到了祖国经历非典浩劫的 2003 年，在这场世界性疫病中，具有五千年历史的中国医药，再一次显示了巨大的消灾、保健能力。中医携手西医，创造了中国在世界疫区中死亡率最少的奇迹。而在广东，当地人普遍信任中医，中医药和中国凉茶道在疫疠中发挥了重要作用，广东省在全国疫区中创造了死亡率最低的佳绩。此时，歌词主题的内涵，有了历史时空的拓展，即从历史、现在、未来三个切入点来构建内容，由此，《沁心茶道　爱满人间》应运而生。在定稿当天晚上，朱拉伊与全体新南方高层情绪高涨地学唱，次日，歌声传遍公司大楼。如今，《沁心茶道　爱满人间》是集团每年庆典活动的必备节目，也是新南方人入职必知必会的歌曲。

一曲邓老凉茶之歌，能凝聚全体员工的敬业意识，能激发他们的自豪感，能召唤上下拼搏，拓展潜力。它是企业文化的组成部分，是价值观在音乐形象中鲜活、生动的再现，有效地提升了新南方企业文化精神和产品价值。如今，《沁心茶道　爱满人间》的旋律，正随着中医药文化的蓬勃兴起，随着邓老凉茶产品的日益普及，唱响大江两岸，萦绕在越来越多人的心头……

斗转星移，已在邓老凉茶工作 15 年的部门副经理邓燕霞女士感叹道：“十五年光阴，我为自己仍站在邓老凉茶的业务一线而自豪!”这种自豪不仅有她个人的执着与自信，更源自新南方邓老凉茶精神的支撑。

抗击疫情　再作贡献

基于十几年前抗击非典的记忆，在 2020 年暴发的新冠肺炎疫情中，新南方人凭着一贯以来对公益的热情，立马就想到了要将邓老凉茶捐赠给抗疫第一线人群。据邓老凉茶药业集团行政总监李丹回忆，2020 年春节放假的时候，关于新冠肺炎疫情的消息已经开始蔓延，对时局变化观察非常敏锐的新南方高层领导立即发出指示，推迟放假时间。为应对万一封城的情况，朱拉伊要求经理以上的管理人员先行返回广州上班，尽管春节前后全国交通十分紧张，但大部分员工都能按时到岗。朱拉伊还要求公司总务等部门提前将抗疫物资准备好。基于抗击疫情捐赠增加量产的需要，公司紧急调整采购和仓储计划。当时大部分委托生产商的工人们因过春节放假回家了，临时增加量产遇到困难。

在抗疫初期，渠道不畅，新南方集团热心捐助给湖北的邓老凉茶遇到许多意想不到的困难，经过不断的沟通、说服和各方的帮助，才陆陆续续将一批又一批邓老凉茶捐助给孝感市、黄冈市和武汉方舱医院等单位。

新南方捐赠抗疫物资遇到的一个比较大的困难是如何运输进武汉，在那个非常时期，凡进城的车辆都要持有防疫指挥部开出的通行证，而新南方联系捐助的医院也不一定能取得这个通行证，需要做大量的沟通工作才能拿到相关的通行证。此外，要将捐赠的产品运送到疫区，必须要有能抵达目的地的交通运输，在当时不仅进武汉难，即使进去了回来也得隔离 14 天，因此不容易找到愿意承接这种任务的司机。终于有一位叫杨斌的司机站出来说他愿意去，还感谢新南方集团给了他援助抗疫、为社会贡献力量的机会。当时送货去湖北有可能会被隔离，而司机不跑运输就没有收入，杨师傅不计个人得失的行为，实在令人感动。对待愿意运货去疫区的司机，新南方集团也做到了人文关怀，送上大红包，还送给司机一箱邓老凉茶和八宝粥。因为跑长途高速，各地人员汇集在一个服务区有风险，即使车开进去，也不一定能买到食物，有时候晚上卸完货也很难找到食物，所以新南方集团送给司机的这些凉茶和八宝粥尤其有用，受到了司机们的欢迎。

在当时，一时也找不到装卸捐赠货物的搬运工，广州街头很少有行人，店铺关门，地铁里也空荡荡的，甚至很难找到一家吃饭的店铺。在这种情况下，公司的领导说："我们自己干吧!"最后这些从没干过重活的办公室员工将 6 000 箱邓老凉茶装上了车，从早上八点多开始，一直装到下午六七点钟。虽然大家干得腰酸背痛，但士气很高，开车的司机还唱起了歌。在疫情暴发的时候，新南方集团各级管理人员和一线员工都没有逃避，不是他们不怕感染，而是为了履行"一切为了大众的健康"的神圣承诺，奋不顾身，高强度地工作，冲锋在抗疫服务第一线。

为了更好地应对疫情，研究团队的专家研制出清毒饮和清冠饮浸膏两个中药方剂。研发一部经理罗海四回忆，在公司领导的带领下，他们春节期间无休上班，在实验室紧急提取、制作清毒饮和清冠饮样品，完成生产工艺、内控标准的编写；完成样品确认后又立即赶往丰顺基地参与产品的生产和协助捐赠物资出货。为了捐赠更多好产品，让更多人受惠，大家众志成城，连续两个月一天也没休息，在共同努力下，及时将产品生产出来并送到抗疫一线各大医院，得到了社会的良好反馈。

朱拉伊曾经总结过新南方为何要一直关注社会公益和社会责任问题，他客观地说：“创造利润是企业的核心目标，非常重要，但利润并不是我们企业追求的根本和唯一。走正道、树正气，做出对国家有益、能回馈社会的事业，才是于自己、于企业、于国家、于社会真正有价值的根本所在。企业是一个营利性组织，要持续地向前发展，就一定要挣钱，盈利是企业的基本特征。但企业的盈利只有在为社会提供优质的产品和服务、在满足消费者需求的基础上产生的才是正当的、合乎道德的。这样获得的盈利表明我们善用了资源，成功地向社会提供了所需的产品，是社会给我们的褒奖，是一种价值回报。”在企业利益和社会责任之间，朱拉伊的思考具有显著的辩证法思想。他还说：“市场经济下，很多人、企业追求利益最大化，但仅仅关注这些利益也是不全面的，企业更应该关注社会利益，新南方公司深刻地认识到这一点，新南方一直注重社会责任，这就是新南方屹立不败的原因。”的确，这不仅是朱拉伊经营企业的心得体会，也是新南方集团践行的核心价值观。

上医医国　大医精诚

在朱拉伊看来，“青蒿药业、邓老凉茶的发展得到了诸多领导、专家、朋友们多年以来的大力支持，这种支持是超越金钱范畴的，也是新南方得以不断发展的重要原因”。要准确理解朱拉伊为何兴办凉茶业，为何将凉茶作为推广普及中医药文化的重要名片和载体，真正了解邓老凉茶道的精神，就要深入了解邓老凉茶的创始人——邓铁涛教授这位上医医国的情怀。

邓铁涛，名锡才，1916 年出生于广东开平一个中医世家，父亲名梦觉，毕生从医，幼年受父亲影响，决意继承父业，1932 年 9 月考入广东中医药专门学校，系统学习了中医药理论和临床技能。他牢记父亲“早临证，跟名师”的教诲，先后跟随陈月樵、郭耀卿、谢赓平等中医名家临证实习，1937 年完成学业。系统学习五年中医药，在当时的历史背景下已经是非常难得的长学制了。1938 年，日本侵略者狂炸广州，邓铁涛避难于香港，与同学四人在文咸东街南北药材行会会址合办南国新中医学校（夜校），并于九龙芝兰堂药店

国医大师邓铁涛教授

应诊。在这里，邓铁涛的中医药教学和临证能力都得到了很大的锻炼。后来香港被日军侵占，邓铁涛返回广州，后再辗转于武汉等地行医谋生。1949 年 10 月中国人民解放军解放广州，邓铁涛回到广州。1956 年经周恩来总理批准，中央政府分别在北京、上海、成都和广州兴办四所中医院校，俗称“四个老校”。广州中医学院是新中国第一批成立的中医药高等学府之一，邓铁涛被邀请加入筹备学院，先后任医学史各家学说教研室主任、教务处长、副院长，还担任了《广东中医》和《广东医学》杂志副主编，广东省第四、五届政协委员等职，广州中医药大学终身教授，硕士和博士生导师，1962 年就被广东省政府授予第一批名老中医，先后获得“广东省名老中医”“南粤杰出教师特等奖”，是国务院批准的第一批享受政府特殊津贴专家。邓铁涛曾兼任卫生部第一届药品评审委员会委员，国家中医药管理局中医药工作专家咨询委员会委员，2003 年由国家中医药管理局任命为中医抗“非典”专家组组长，2005 年被国家科技部任命为国家重点基础研究发展计划（973 计划）中医药基础研究项目的首席科学家，2006 年获中华中医药学会首届中医药传承特别贡献奖，2009 年获得卫生部、人力资源部和社会保障部、国家中医药管理局三部委联合评选的新中国首批“国医大师”，也是当年广东唯一获此殊荣者。

邓铁涛教授教书育人，行医治病，他不仅关爱诊治的每一个患者，而且十分关心中医药整个行业的发展前途，在他身上有许多可颂扬的故事。邱鸿钟教授是邓老所带的 1988 届自然辩证法专业硕士研究生，他回忆：在 1996 年一个秋高气爽的早上，邱教授和邓老一同饮完早茶后，邓老接着刚才未聊完的话题，对弟子们说：“尽管学校里有一些不尽如人意的事情，但我要将有限的精力放在全国中医药发展的大事情上。”邓老这种以天下苍生安危、中医药事业发展为大任的宽阔胸怀，让弟子们大为感动。

邓老是一个经历了不同社会形态变迁的老中医，在民国时期，国民党政府曾下令将他的母校“广东中医药专门学校”改名为“中医学社”；后来留洋回来，把握中国卫生行政管理权的人则要将“广东省中医院”改名为“实验中医院”。这些事件都强烈地伤害了邓老等热爱中医人士的民族自尊心，他敏锐地注意到了在中医队伍中有一些人没有文化自信，自发从属西医，中医主体意识失落。他一针见血地指出，外因强加于中医药的从属地位可以从国家政策上给予纠正，但来自中医本身的自我从属就难以挽救了！中医的传人自愿不要中医，还有药救吗？如果将这种“自我从属”的思想贯彻于中医的教育、医疗、科研之中，那么，“中医便成为外观好看，内里缺乏中医内涵的泡沫中医了”①！我们应该清醒地看到，现代中医药事业所取得的成就与我国政府及其制定的中医发展政策密不可分，但是无论是作为一种医学，还是作为一种文化，其生命力还得靠自身的努力，而不能长期躺在优厚政策的襁褓中无忧无虑，应该自强不息，长大成人，走出一条主体意识鲜明、内涵丰富、外延发展宽阔的道路，而不是邯郸学步，跟在西医后面亦步亦趋。有些人认为，中医发展的滞后主要是外部条件太差，投入不足，这种条件论只看到了问题的表象或外因，没有看到问题的关键或内因在于医学活动的主体意识对中医科学精神的生吞活剥！“泡沫中医”的实质就是主体意识的文化自信的丧失！试想一个没有真正理解中医科学精神的主体能够将中医守正创新和发扬光大吗？现代中医不是不要高楼大厦和仪器设备，但更重要的是需要热爱中医、吃透中医精神、献身中医药事业的人才队伍，中医现代化不只是需要现代化的形式，更需走出一条保存文化内涵的建设道路。

看到社会上有关中医药事业发展的大事，邓老往往为此牵肠挂肚，寝食难安。1984 年，经历过十年浩劫后看到中医药事业的现状，邓铁涛教授利用给时任国家军委副主席徐向前元帅看病的机会，托徐帅呈送给胡耀邦主席一封信。在这封信里，邓老阐述了自己对发展中医药事业的看法。邓老说：“中医当前的危机在于中医自身对中医理论的相信度差，临床水平下降。如果这两个问题不改进，中医现代化便失去基础。”② 他提出“人才是根本，医院是关键”等重要观点。1998 年邓老牵头，联合中医药界八位名老中医集体上书朱镕基总理，就当下卫生改革中如何维护和重视中医药事业陈述了他们的建议。为了推动中医药发展，邓老将自己多年临床验方技术转让费 5 万元捐出，发起成立了“振兴中医基金委员会”。邓老见证了中医药事业发展的风风雨雨。在世界医学飞速发展、市场经济的大背景下，“中医的出路与方向何在?”“中医后继人才队伍如何?”“中医人的文化自信怎样?”这些都是邓老一生奔走呼号、操心操劳的头等大事。

在邓老看来，中医学犹如和氏之璧。如何看待中医，是中国的第五大发

① 《铁涛医话：回归中医以振兴中医》，《新中医》1999 年第 9 期，第 10 页。

② 邓铁涛：《铁涛医话：〈中医现代化科技发展战略研究〉读后》，《新中医》2000 年第 12 期。

明，还是旧医，或仅仅是经验的民族医学？关于中医的价值观不仅关系到国家对发展中医的政策，而且直接影响青年学子学习中医的态度、热情与择业取向。邓铁涛教授为了教育弟子，常将中医的命运与《韩非子·和氏》中和氏断足的传说相比，认为中医学犹如和氏之璧，虽为璞玉，却屡遭误解，险遭消亡。和氏不为断足而哭，只为宝玉无人识，忠诚之士反被诬为狂徒而悲。邓老不为中医过去的命运而叹息，只为现实中中医精神的失落而焦虑。[①] 邓老从医从教 80 余年，无比关心青年一代中医的成长，他深切地体会到，一些青年中医由于对中医这块璞玉认识不足，结果工作多年，走了很长的弯路，最后才慢慢尝到中医的甜头。然而“60 岁成才的中医又该退休了”。为什么中医成才常常要走很长的道路？其实，这正是主体中医意识从模糊、丧失到重新觉醒的历程。这其中的教训不能不令人深思。

中医药是一个巨大的宝库，对此，邓老的理解是：一是中医药有浩瀚的古代典籍；二是老中医脑海里有宝贵的学识和丰富的临床经验；三是蕴藏在广大人民群众之中的秘方和验方。[②] 邓老给弟子讲述过自己年轻时亲见父亲使用仲景治疗产后腹痛的枳实芍药散治愈一例原来需要注射吗啡才能止痛的产妇的例子，让他感到一个既简单而又不属于止痛剂的汤药竟然有如此惊人疗效。

众所周知，在近代西学东渐过程中，中国传统文化遭受了前所未有的强烈冲击，民族虚无主义思潮泛滥，“消灭中医”“废医存药”“告别中医”之类的反中医思潮一浪接一浪，几乎没有停歇过。中医现代化非常必要，但一切以现代医学为标准来判断中医的合理性，指导中医的科研和经典内容的取舍就值得讨论了。科学是逻辑建构的理论体系，但不是只有一种逻辑体系是唯一完备的，在数学、物理学、医学等学科中都有并行不悖相互补充的逻辑体系，例如欧几里得与非欧几何学、光的波粒二性学说、体液免疫与细胞免疫学说等等。这说明用西医同化中医是近视或武断的。中医学中蕴含的独特的科学精神和人文方法是世界医学的重要遗产，是防止世界科学精神西方一元化（或西方中心主义）、科学殖民主义的重要力量，是丰富人类对健康与疾病现象认识的重要思想来源。不仅中华民族需要在传统文化中找回自尊，世界人民也需要人类医学精神的多元化。邓铁涛教授提出现代中医药的发展必须坚持“以我为主的发展方向”，即“以中医理论体系为主体去发展中医，是用中医理论体系去推动新技术革命而不是改造中医”。但这并不意味着邓老排斥现代医学的手段与方法，他认为，现代医学的检查手段可以为中医之辨证

---

① 《铁涛医话：中医成才之道》，《新中医》2000 年第 11 期，第 11 页。

② 许志伟、李俊德主编：《邓铁涛学术思想研究》，北京：华夏出版社，2001 年，第 20 页。

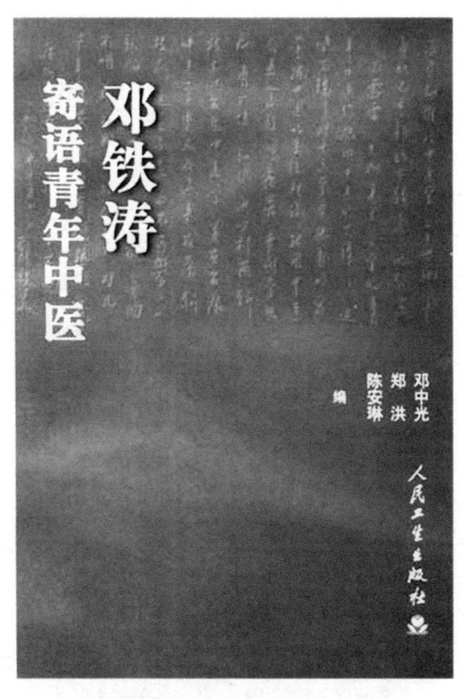

《邓铁涛寄语青年中医》图书

论治服务，不可拒而不用。应该看到，越是采用最新的自然科学技术，越能发展中医学。他强调，借用现代医学的诊断仪器和方法目的在于发展中医的技术与理论，更重要的是记得“勿忘我”！①

邓铁涛教授博学多才，学识渊博，十分注重培养中医青年学生，对学生授业解惑从不保守，他激励青年学生奋发图强。1990 年 10 月 20 日在北京召开全国继承老中医药专家学术经验拜师大会，邓老在大会上代表老中医专家发言，他表示要毫无保留地将自己所有教给学生，教育学生要“立志先立德”，并提出“学我者必须超过我”的口号，表达了他对后学一代的殷切期望。20 世纪 90 年代，在友人的资助下，邓老设置了邓铁涛奖学金，奖励学有所成的优秀学生。广州中医药大学第一临床医学院以邓老的名字创办了“铁涛班”，加大了对中医临床专业学生的培养力度，培养了一批热爱中医、理论基础扎实、临床技能过硬的中医接班人。邓老不仅是一位热情的中医药教育大家，也是中医文化虔诚的传播者。

邓铁涛教授还认为，中西之争，并不只是一个纯粹的科学问题和医学理论问题，还是一个涉及千万人的经济大问题。病人是生活在社会中的，人类的健康与疾病问题绝不仅仅只是一个生物学问题，还是一个涉及社会经济、政策、法律和道德等众多领域的复杂问题。“上医”的过人之处就在于他能把关注的眼光从临床的病人扩展到整个国家和民族的宏观层面。“上医”就是给中医命运号脉的国医和大医宗师！邓老不止一次说过：“中医药不仅是科学技术问题，更是一个知识经济问题，是一个可以持续发展的经济问题，是国计民生的问题。”② 众所周知，当今社会，一方面是医药资源分配不均，应用效率不高，另一方面是资源浪费和过度治疗，如何解决这些令各国政府都头痛的问题？邓老以自己几十年的实践经验开出了解决这一世界性难题的社会处

---

① 许志伟、李俊德主编：《邓铁涛学术思想研究》，北京：华夏出版社，2001 年，第 20 页。

② 《铁涛医话：〈中医现代化科技发展战略研究〉读后》，《新中医》2000 年第 12 期。

方，这就是：大力发展验、效、廉的中医药！将治病为主的中医院发展成促进健康的“健康院”！有人认为，现代医学技术的复杂化和服务的高消费就是科学技术含量高，就代表先进，显然这种观点是错误的。事实上，医学是现实社会中的医学，是为人们服务的技艺，而人是经济的人，不考虑医疗卫生服务的成本，不考虑服务对象的经济承受能力，不考虑服务人群的大小，不考虑投入产出的效率是不现实的。邓老以他对人民的热爱之情大声疾呼：“中医当前的危机在于中医自身对中医理论的相信度日差，临床水平下降……普遍提高中医的临床水平是中医现代化的基础工程，解决缺医少药问题仍是当务之急。”“中国是中药资源大国。解决人类保健与医疗费用过高的问题是中国人民和世界人民期待中医现代化的目的所在，切忌为现代化而现代化。”“中药的繁荣，关系到广大药农、药商、药工的生产、就业、生活，关系国民经济的发展，不能等闲视之。”①

对中医药失去自信表现在许多方面，例如有人以为，有了抗生素，使用中医中药治疗感染性疾病就没有必要了。甚至认为这是落后的治疗方法。邓老认为这不只是一个临床方案的选择问题，它既反映了医者对药源性疾病和细菌病毒的抗药性认识的不足，也投射出一些中医从业者自我从属于西医的态度。其实，无论中医药在抗疟疾，还是在抗击“非典”和新冠肺炎中的突出效果，都证明中医中药在感染性疾病和传染病方面也有非常大的挖掘潜力。邓老早就严肃地指出：“必须明确，不能因为有了抗生素，我们就不去研究《伤寒论》与温病学的理论和经验。”中医学重视心身兼治，强调调动患者参与治病的积极性，突出体质调养的重要性，重视人的生活方式与环境的协调，推崇食疗、针灸、推拿、按摩等非药物疗法等适宜技术。所谓适宜技术就是人人可以享用的、可行的、有效的、负担得起的医疗保健技术，绝不是落后技术的同义词。中医适宜技术是低投入、高产出的，尤其适宜于发展中国家的人们，适合忙碌的现代人。可以说，邓老凉茶的研发也是邓老养生保健思想的体现。

由于五岭横贯在湘赣与粤桂之间，阻挡了来自北方的寒冷气流，使广东形成了不同于中原地区的气温气候与风土人情，如炎热多湿，雨水充沛，植物繁茂，也导致族群在体质、性格和流行性疾病等方面的许多差异。因此，长期以来，岭南的中医家在观察和诊治地域性常见病和多发病，以及利用本地中草药进行调养和防治疾病方面积累了许多独特的经验。但岭南中医重临床，务实际，轻理论总结。生于岭南和长期在岭南行医的邓铁涛教授基于对中医发展史的透彻了解，结合中医诊治因人、因时、因地的三因观，在 1986

① 《邓铁涛寄语青年中医》，北京：人民卫生出版社，2004 年。

年广东医史分会成立大会上，与合作者首次重新提出岭南医学研究的重要问题，受到两广、海南、港澳，以及新加坡等海内外中医史学家和中医临床医生们的关注。在邓铁涛教授等一批学者的积极推动下，逐渐形成了一个在中医学界具有较大影响力的地域性中医学术流派。相比于国内其他地方中医流派而言，岭南中医是唯一一个在新中国时期兴起的地域性中医流派。在20世纪50年代中医史学家范行准在其史学论文中曾经使用“岭南医学”这一名称特指岭南医学的史料，经邓老这一辈的创新发展，岭南中医从文献整理研究、实验研究、临床研究和多学科研究四个方面展开，现在岭南医学成为一个具有丰富内容的中医学术研究领域。邓老认为，岭南中医是祖国医学普遍原则与岭南地区实际结合的产物，岭南中医吸收了中原医学的优良传统和理论精华，并具有海洋文化的包容开放性。邓老身体力行，在如下几个方面推进了岭南中医药地方文化的研究。

其一，岭南中医医家古籍丰富，但现代一直疏于挖掘整理。事实上，历代岭南中医家重视临床经验的积累，尤其是岭南温病学、儿科、妇科名家辈出，宋代有刘昉编撰的《幼幼新书》，后有陈复正的《幼幼集成》；在妇科方面有何梦瑶的《妇科良方》，刘渊的《医学纂要・妇科摘要》等。邓老亲自点校出版了清代岭南名医何梦瑶的《医碥》和《岭南儿科双璧》（为清代程康圃的《儿科秘要》和民国杨鹤龄《儿科经验述要》两书），为弥补从古代、近代到现代岭南中医经验传承的空白作出了贡献。

其二是创建了广东省中医药学会岭南医学专业委员会，组织开展相关学术研究活动，从1988年开始，培养了一批热爱岭南医学的学术团队，邓老团队的师生们发表岭南医学研究相关论文近百篇。

其三，整理岭南民间防治湿热温病的经验和用药风格。邓老认为，岭南中医研究应开展整理收集岭南民间的单方、验方和地方草药，总结适合岭南地方人群体质特点、防治南方湿热气候条件致病、治疗地方常见病和多发病的方药和食疗经验。如邓老根据历史上岭南医家的认识，认为岭南炎热，热则耗气；岭南潮湿，湿则困脾，结合岭南地域气候与族群体质的特点，提出了岭南人罹患冠心病以心阳虚而兼痰浊者多见，治以益气除痰的温胆汤加参化裁，取得很好的效果。

其四是呼吁加大开展南药资源研究、开发、利用与保护。广义上，所谓南药主要指岭南地区特产的中草药和岭南特产的中成药。例如清代何克谏编撰的《生草药性备要》中就记载了岭南药用植物313种；1994年出版的《广东中药志》，每卷收录中药400种，现已经出版第二卷。邱鸿钟教授回忆，早在20世纪90年代，他在广东高要活道镇挂职开展社教工作期间，特意去请教邓老关于利用当地中草药资源开发凉茶的事情，邓老很熟悉岭南本土中草药资源情况，很快就拟出了适合当地开发的凉茶方。十多年后邓老利用食药同源的中草药为广东新南方集团研发的系列凉茶也充分体现了岭南本土中草药资源优势和用药风格。邓老用药轻灵，祛岭南湿热的同时很注意保护扶持人的正气，认为轻灵之品既可以拨动气机，使得脏腑之气机得以流畅不滞，又无伤正之虞。在邓老的关心指导下，邱鸿钟教授领导的研究团队还参加了广东地道药材保护条例的起草工作。

其五，邓老弘扬了岭南中医注重吸收新知，强调多元化融会贯通的文化传统。邓老的父亲是一位擅长医治岭南常见温病的中医，邓老从小耳闻目染，十分留意伤寒与温病学说的历史发展与后来学界发生的伤寒与温病之争。邓老认为，温病学说其实是伤寒论的继承和发展，二者是一脉相承的，他力主将二者的辨证方法结合统一起来，并提出以卫气营血辨证为主，三焦辨证和六经辨证为补充的外感发热病的辨证论治纲领。邓老尊古而不泥古，十分注重吸收现代生理学和医学中的新发现来丰富和解释传统中医理论的合理性。例如他听到有学者发现了心房肌会分泌“利钠激素”的成果时，感到很兴奋，认为这不仅是一个可以说明心与肾脏腑相关的证据，而且提示每个器官的功能及其与其他器官的功能关系并不限于这些器官在空间关系上比邻的直接联系。邓老提出的五脏相关学说就是传承创新中医五行理论和脏腑理论的一个典型事例。

其六，积极开拓岭南中医教育研究。近百年来，岭南中医接触东渐的西方医学，在中医教育、中医院创建、中药加工和制造等方面，现代化步伐走在国内前列，例如广州很早就创办了陈李济、敬修堂、潘高寿等一批老字号中药品牌和企业。邓老认为，要彻底改变中医停滞不前的面貌，应该从教育着手。邓老不仅亲自长期给学生授课，还指导弟子完成了广东近代中医教育等相关课题研究，为《中国医学通史·近代卷》教育史的撰写提供了丰富的素材，也填补了岭南中医研究的一个空白。邓老也是最早呼吁将《伤寒论》《金匮要略》和《温病》这三门课从基础回归临床的教授，如今看来，这也是邓老一贯强调理论与实践相结合教育观的具体体现，也是非常正确和重要的中医教学改革。作为中医药大学的一名教授，邓老深深懂得教材的重要性，他主编的《中医诊断学》被翻译成日文，在日本出版，并多次再版。其主编出版的《实用中医诊断学》被翻译成英文在英国出版。邓老亲自培养了一大批硕士和博士研究生，如今他桃李满天下。

邓老十分重视临床观察和经验总结，虽然工作繁忙，担任过不少社会职务，但他几十年如一日坚持临床一线，他常说：“病人是我的服务对象，也是我的老师。我的成就中有一半是病人给的。”邓老除了自己的内科门诊之外，还在广州中医药大学第一附属医院指导开展重症肌无力等疑难杂症的诊治工作。一次，有一位远道而来的重症肌无力患者由于家境贫困无法支付治疗费用打算提前出院，正在外地出差的邓老闻讯后，立即打电话给医院有关人员，说服这位患者安心留下来继续治疗，邓老为这位患者捐赠了一万元用作住院费用。邓老不仅经常免费为经济贫苦的患者诊病，有时还赠送一些营养品给有需要的患者，让学生为危重的患者代煎中药汤剂。

20 世纪 70 年代，写信是主要的通讯方式，邓老每个月都要处理回复几十封患者求医问药的来信。他总是认真阅读，指导助手予以认真回复。1993 年，上海标准件三厂一名姓戴的职工患了重症肌无力，在当地住院治疗几个月效果不佳、医院发出病危通知的情况下，患者家属向邓老发出了求救信。邓老与其次子邓中光教授一道连续 8 个月为这名素未谋面的患者寄出辨证后的中药处方，分文未收，最后将这位患者从死亡线上拉了回来，病情逐渐康复。还有一位姓谢的小姑娘，在邓老为她治好了顽疾并顺利考上大学后，为感谢邓老的再生之恩，改名为“谢恩恩”。在大学和医院组织的“三下乡”活动中，邓老不顾自己年过古稀，多次主动请缨参加，与年轻人一道顶烈日、冒酷暑，走村串巷，用实际行动践行着他“我首先是一个党员，然后才是一位专家”的诺言。

在邓老的眼中，救死扶伤是自己的天职，他认为正是患者对自己的无比信任，以身试药，为医者检验医方医术提供了机会。《素问·汤液醪醴论》曰：“病为本，工为标，标本不得，邪气不服。”可见，邓老“我的成就中有一半是病人给的”这样的认识境界是来自对中医经典思想的亲身体验。

邓铁涛教授对中医发展战略的高瞻远瞩不仅来源于他长期从事中医药教育和临床实践的经验，而且与他注重哲学修养和对中医历史的深厚研究和思考有极大的关系。

邓老出身中医世家，目睹了前人在 20 世纪 30 年代精神上的困惑彷徨和生存发展上的艰难。在救亡运动、进步文化的熏陶下，他开始接触马克思列宁主义和毛泽东思想，读了一些辩证唯物主义的书籍，他深有体会地说：“虽然自己学得既困难又肤浅，但也深深觉得辩证唯物主义和历史唯物主义对我学习、钻研中医学有很大的帮助。同时发现中医学中有不少符合辩证唯物主义的内涵，从而增强了为中医药献身的信心与决心。”① 邓老后来在回顾自己成长的历程时，把自己运用历史唯物主义观点研究伤寒与温病之争当作自己学术研究的开始，这充分说明邓老智慧的增长与他学习掌握的哲学思维有密切关系。邓老运用哲学的观点和方法具体分析中医历史上和当下现实中的各

① 邓铁涛：《万里云天万里路》，《山东中医学院学报》编辑室编：《名老中医之路》（第二辑），济南：山东科技出版社，1982 年，第 2 页。

种问题，看到了许多人虽然看见却不以为然的东西。有了哲学这把刀，看问题就入木三分，不同凡响。例如邓老认为，虽然一百多年前中医的改革开放就开始了，但未有实质性的进展。没有唯物辩证法的指导，是其始终未能找到出路最重要的原因之一。[①] 邓老认为，“《黄帝内经》充满哲理，其理论的产生和古代哲学有渊源。金元时期，中医学的争鸣亦与当代哲学上的争论有直接和间接的关系”。所以，邓老一直将读哲学思想史列为自学的必修科目。他不仅为师生开设过“中医与辩证法”的专题讲座，还与其他教授一起创建了全国医学院校第一个，也是唯一一个“自然辩证法专业硕士点”，为我国培养了一批懂中医哲学的卫生事业管理者和教师。正因为有了哲学高度的思维，邓老精辟地分析了中医八纲辨证、五行学说的辩证法特质，从抗生素引发的药源性疾病中看到了中医药发展的机遇与挑战，从中医行业一时繁荣热闹的表面看到了主体意识的丧失，从现代中医教育中看出青年中医的迷茫……恩格斯曾指出，任何一个科学工作者都不可能逃避哲学的指导，问题只在于你受什么样的哲学影响而已。邓老高度重视哲学对中医现代化研究的指导作用，认为中医现代化有四个主要研究方向：一是基础理论大整理；二是临床医学大提高；三是与自然辩证法相结合；四是与自然科学相结合。[②] 在邓老看来，如果轻视哲学，中医就可能在现代化过程中成为迷途的羔羊。

邓老不仅在冠心病、疑难杂症、重症肌无力等疾病治疗上独有心得，创新发展了中医五脏相关学说，他还十分关注中医药发展的前途、人才队伍建设、中医药政策等重大问题，为中医药事业的发展问题振臂疾呼。从 20 世纪 90 年代开始，邓老在《新中医》杂志上开辟了“铁涛医话”专栏，数十年如一日，就现代中医药发展的方向性重大问题力陈己见，发表了许多振聋发聩的观点。用邓老自己的话说，他主要“发明”了三个观点：一是中医药队伍中有部分人的心向着西医，从医政、教学、科研到临床都存在着中医西化的隐患。1996 年邓老在《中国中医药报》发表了《中医药之隐患——自我从属》一文，指出外加的从属地位消灭不了中医，来自内部的自我从属将消灭中医于不知不觉之中！二是关于“泡沫中医”问题，邓老认为现在中医教学、医疗及科研院所的建筑、设备都有可观的进步，这是国家对中医药事业扶持、投资的结果，但是如果指导思想有偏差，没有抓住中医的命脉，用不了多久，中医便成了外观好看、内里缺乏中医内涵的好看不中用的“泡沫中医”！三是关于中医药的发展方向应该是“回归中医以振兴中医”，邓老呼吁振兴中医的出路首先在于要回归中医，正确认识中医，加强实践，用中医中药于临床。[③]

① 《邓铁涛寄语青年中医》，北京：人民卫生出版社，2004 年。

② 《邓铁涛医集》，北京：人民卫生出版社，1995 年，第 205 页。

③ 许志伟、李俊德主编：《邓铁涛学术思想研究》，北京：华夏出版社，2001 年，第 13 – 14 页。

从邓老一生的经历和表述的观点，我们知道了什么是“上医”和“国医大师”，“上医”之“上”就在于他具有医学哲学家的慧眼和胆识，能宏观和全览中医药事业发展的大局和态势。邓老不仅在中医守正创新方面观点鲜明，情真意切，态度毫不含糊；对借鉴吸收现代科学和医学成就丰富发展中医也关心备至，充满热情，充分展示了国医大师仁心济世的博大胸怀和哲医的大家风范。

养和医药　行业深耕

疾风知劲草，板荡识诚臣。
勇夫安识义，智者必怀仁。
——李世民《赠萧瑀》

广东新南方集团属下的广州养和医药连锁股份有限公司是一家集医药零售、国医堂（中医门诊）服务和医药电子商务为一体的综合医药连锁企业，可以为市民和机构组织提供配套的中医医疗、健康管理、用药指导等相关服务。目前旗下有紫和堂医疗连锁门诊 10 家，养和医药连锁门店 18 家，覆盖广州天河、海珠、黄埔、番禺等多个城区，主营中药饮片、中西成药、医疗器械、食品及保健食品、化妆品及卫生用品等产品的零售业务，致力于为社区居民提供最优质、最便捷的医药卫生服务。经过 20 多年的建设，紫和堂医疗连锁门诊已经成为广州地区颇有知名度的民营医疗品牌，2015 年被广东省人民政府列入《广东省促进健康服务业发展行动计划（2015—2020 年）》中的示范带动机构及重点推进项目；2017 年被广州市人民政府列入《广州市促进健康及养老产业发展行动计划（2017—2020 年）的通知》中的重点推进项目。

创业历程　攻坚克难

朱拉伊是一位审时度势的企业管理者，他非常善于观察国家有关中医药发展宏观政策的走势，并将这种观察与新南方集团的战略发展方向的制定相联系，创建养和医药连锁就是这种战略决策的一个范例。

2017 年 7 月 1 日，我国首部《中华人民共和国中医药法》（以下简称《中医药法》）正式实施，这是中医药发展史上具有里程碑意义的大事。《中医药法》第一次从法律层面明确了中医药的重要地位、发展方针和扶持措施，为中医药事业发展提供了法律保障。随着经济社会快速发展，中医药事业发展面临一些新的问题，例如与人民群众对中医药服务的需求相比，中医药服务能力仍然薄弱，中医特色和优势发挥不够充分；现行医师管理、药品管理制度不能完全适应中医药特点和发展需要，一些医术确有专长的人员无法通过考试取得医师资格，医疗机构中药制剂品种萎缩明显；中药材种植养殖不规范，中药质量良莠不齐；中医药人才培养途径较为单一，拔尖人才匮乏；中医药理论和技术方法的传承与发扬面临不少困难。针对这些问题，《中医药法》对实践中存在的突出问题做了有针对性的规定，第一次明确规定了“国家支持社会力量投资中医药事业，支持组织和个人捐赠、资助中医药事业”（第六条）；“国家支持社会力量举办中医医疗机构。社会力量举办的中医医疗机构在准入、执业、基本医疗保险、科研教学、医务人员职称评定等方面享有与政府

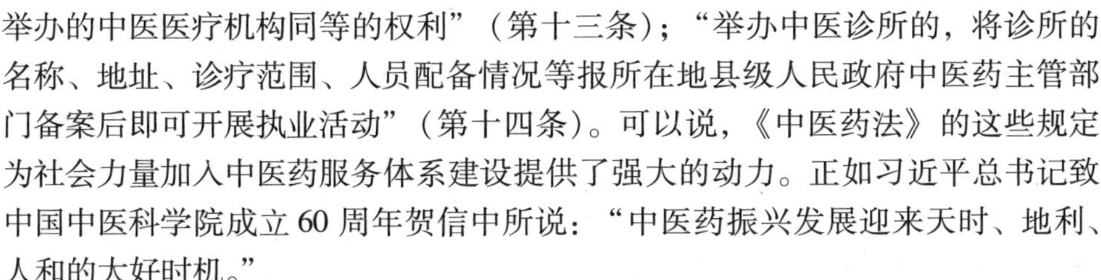

举办的中医医疗机构同等的权利”（第十三条）；“举办中医诊所的，将诊所的名称、地址、诊疗范围、人员配备情况等报所在地县级人民政府中医药主管部门备案后即可开展执业活动”（第十四条）。可以说，《中医药法》的这些规定为社会力量加入中医药服务体系建设提供了强大的动力。正如习近平总书记致中国中医科学院成立60周年贺信中所说：“中医药振兴发展迎来天时、地利、人和的大好时机。”

1998年广东新南方集团第一家中西医结合门诊——华景门诊在广州市大型社区挂牌成立；2004年，养和、养泰、养禾、养合门店相继开业，同年养和医药连锁有限公司宣布组建成立，并顺利通过GSP认证；2005年，逸和、珠江广场、罗马家园、珠江帝景苑、华南新城门店开业；为优化资源，提高配送效率，加快信息化建设步伐，公司于2009年成立了养和医药连锁配送中心；为打造具有中医药文化特质的品牌，2013年幸和中医馆和利海门店开业，注册了“紫和堂”商标；2015年，华侨城、光明南、泽德花苑门店开业，同年紫和堂医疗连锁在广东省人民政府颁发的文件中被列为广东省基层中医机构示范带动机构及重点推进项目；2016年御景壹号、龙津东门店开业，怡港花园中医诊所获得首个中医坐堂医资质。

此刻，养和医药连锁树立了新的企业发展目标，争取通过5～8年的努力，向资本市场迈进！企业完成上市规划将有助于企业获得园区及政府补贴等资金扶持，定向增发股份，提高公司信用等级，帮助企业更快融资；企业及股东的股票可以在资本市场中以较高的价格进行流通，实现资产增值；股东股份还可以合法转让，提高股权流动性；有利于完善公司的资本结构，促进公司规范发展，提高企业社会知名度。为了实现这一战略目标，养和医药连锁的全体员工都付出了极大的努力，尤其是财务部作为挂牌审计的重要部门，参与了整个申请过程，他们加班加点自不在话下，积极与上市顾问、券商、律师事务所、会计师事务所沟通、学习。财务部的肖雅芳说，在整个审计过程中遇到的最大难题是存货与成本的核算，也是一般拟上市的公司最难攻克的环节。为了攻克这个难题，公司请来了会计师事务所与软件开发公司，共同研讨商议解决方案，一次又一次地模拟演练与测试方案。前后历时一年，终于进入了最后上线阶段，财务部拟定了上线方案，明确了每一个环节的负责人，环环相扣，认真核对每一步，确保数据正确无误，最终成功上线。经过这一次难忘的经历，公司的管理者和员工都深刻地感受到，只有当员工认同了组织的愿景和明确了行动的目标，并清楚地知道自己的工作进度与目标任务的距离时，行动的动机才会得到维持和加强，员工也才能自觉地克服一切困难，努力达到目标。

养和医药连锁财务部的何永流会计也有一段难忘的记忆。那时公司的领导和各部门经理组成了一个项目组，需要做一份公司未来十年的规划向潜在的投资人汇报，他被经理安排了一个光荣而有挑战性的任务——在明确经营假设模型的基础上，协助经理完成公司未来十年发展的财务指标数据预测。因为第二天早上十点钟就要过会，所以当晚大家都在努力完善各自负责的部分。那也意味着当天晚上他必须把数据做好。当时他心想，这也太刺激了吧，考验专业素质与能力的时候到了。与经营部门的领导反复沟通，确定了经营预设后，他就沉浸在数据的海洋里，各种公式的推演，各种钩稽关系的验算，满脑子都是收入、成本、费用、利润。数学模型是基于很多假设条件进行推演的，只要有一个假设条件发生变化，接下来相关的指标数据和结果就会发生连锁反应。他上大学时，教会计学的教授就经常跟学生说，会计是门严谨的学问，一分钱做不平，就要重算到天明。当时大家哄堂大笑，以为这只是一个玩笑话。万万没想到，有一天这些东西在他的工作中上演。他注意到并肩作战的同事们都在努力，他们眼神明亮，充满激情，跟这样努力的同事一起工作，他这位新人感到非常荣幸。如此紧急的任务，庞大的数据运算，对人的心理素质是一个很大的考验。如果说经营假设的前提是砖瓦，那么会计的工作就像在运用专业知识一步步地把这些砖瓦搭建成一座数据的大楼。2021 年完成，2022 年完成……当最后一项数据验算通过，并将结果发送至工作群，关闭电脑的那一刻，他深深地呼了一口气，如释重负。坐上回家的出租车，已是凌晨三点半，看着窗外掠过的光影，他想起了与同事齐声高喊出“以大众健康为己任，不懈努力”的情景。他用“但问耕耘，莫问收获”这句话总结了自己这段难忘的职业经历。

2017 年，罗马家园、御景湾、御景壹号、珠江帝景苑、龙津东门店也相继获得中医诊所资质。2018 年，紫和堂上渡国医馆开业，同年与羊城晚报报业集团合资成立“医企通医疗有限公司”，进军企业健康管理市场；也是这一年，紫和堂医疗连锁被广州市政府列为健康促进及养老产业发展行动计划重点推进项目。凭借良好信誉和服务口碑，旗下所有的国医馆和中医门诊部都成为广州城镇职工医疗保险定点医疗机构、公费医疗定点单位；获得国家互联网药品信息服务资格证书、药品经营质量管理规范认证证书。

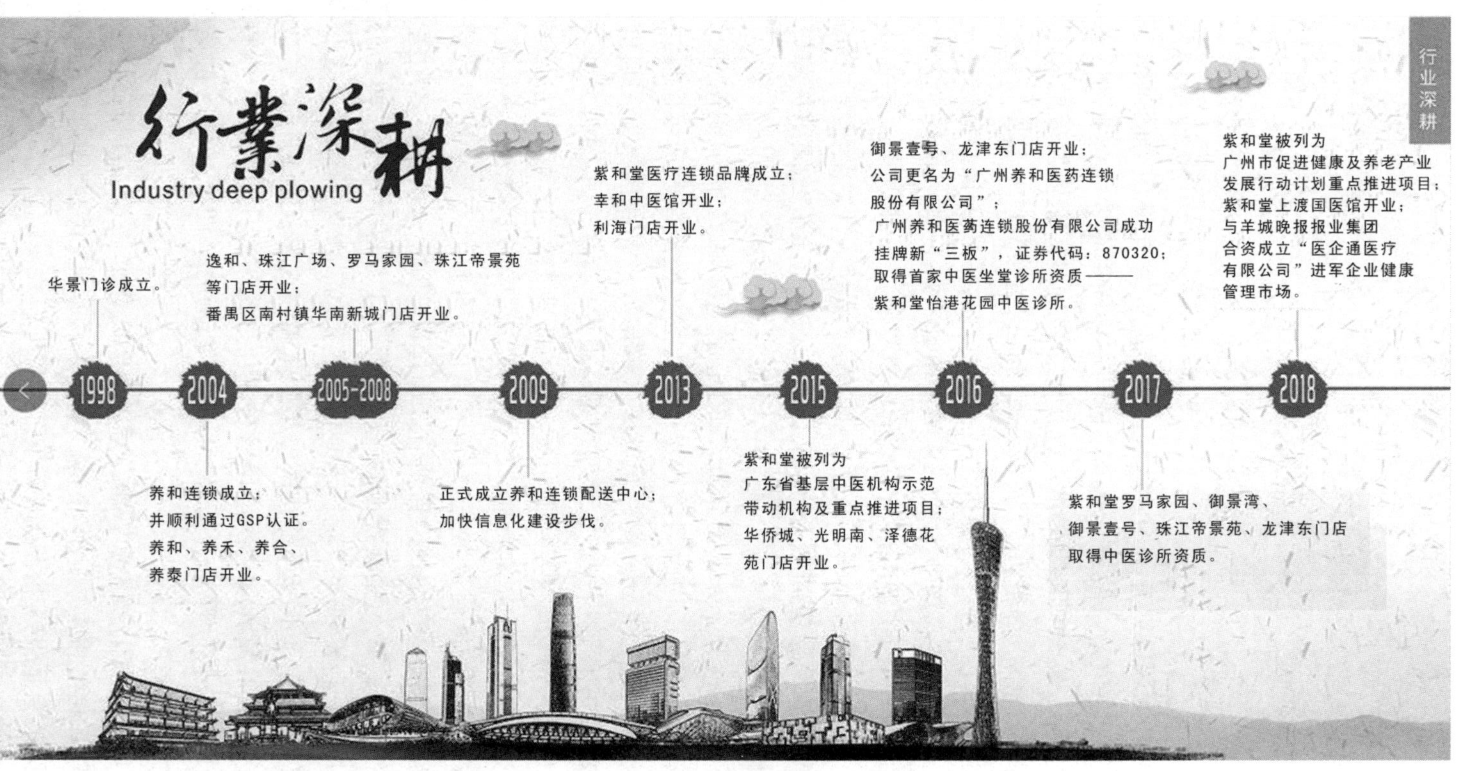

养和医药连锁的发展历程

养和连锁　意蕴深厚

目前养和医药连锁有员工 400 多人，这是一支充满活力的队伍。养和医药连锁的企业定位是：做最专业的中医药连锁领军企业。企业的宗旨是：名中医，正中药，弘扬中医药文化，成就健康中国梦。企业发展的核心指导思想是：以医带养，以养带方（方法和产品），以方带品牌。其愿景是：高品质的中医药服务，让世界乐享健康生活。经营理念的三个核心概念：一是整合（包括整合权威的核心创业团队、顶级的战略合作伙伴、顶级的名医专家资源、顶级的医疗科研资源和广泛高端的客户资源）；二是融合（包括中西医技术的融合，疗效与享受兼备，医疗专业与高端服务融合，全流程一条龙服务，医疗、保健和就医通道的融合）；三是创新（包括全方位健康保障服务的创新、经营模式的创新）。

养和医药连锁的业务主要分为紫和堂医疗连锁和养和药店连锁两大板块。旗下的紫和堂国医堂、中医门诊和连锁药店大多坐落在广州市区居民密集的社区、楼盘和街道，十分方便群众就医，被称为“办在居民家门口的健康驿站”。国医馆和中医诊所虽然占地面积不是很大，但汇集了国医大师、国医大师传人、专科学术带头人等众多中医名家和专家教授坐诊，主要运用中医中药治疗各类内科疾病和疑难杂症，医德医风、品牌形象和治疗效果深入人心。“名医专家就在您的家门口”，这是紫和堂的服务口号，是中医服务信誉的象征。养和医药连锁说到做到，目前有 2 名国医大师、3 位省级名中医、21 位教授或主任医师、28 位副教授或副主任医师、11 位医学博士及博士后等百余位专业医师走出高校和大医院，下到各社区街坊，加入养和医药这个在广州基层服务的团队，真正践行了新南方集团朱拉伊总裁提出的“以大众健康为己任”的宏愿。在紫和堂从事健康管理多年的廖俊健主任介绍，养和医疗服务以中医“治未病”理念为指导，建构了独特的“四位一体”健康管理模式，内容包括：

（1）以健康文化传播为基础，通过中医文化的展示、宣传、推广，让客户了解中医、相信中医、运用中医、宣传中医，从而为实现有效的个人健康管理和国医馆专业服务相结合的新型健康管理模式奠定基础。

（2）以健康管理作为手段，通过建立客户健康管理档案，系统存储客户健康信息、所患疾病信息、就医信息等，在专家对信息进行综合分析的基础上，有针对性地提出养生调理方案，提供因人而异的个性化和有针对性的专业健康管理服务。

（3）以医疗保健服务作为保障，专家针对客户的健康状态提出治疗和保健方案，通过中医中药、针灸推拿等传统疗法，配合药膳、养生保健产品、养生体育、生活方式的调整等综合措施，为客户提供全面、系统、科学的养生保健服务。

（4）以就医绿色通道作为服务的延伸，针对客户已罹患疾病的具体情况，为其推荐名院、名科、名医，并为客户提供预约专家、预约体检、预约手术，以及协助办理住院和专家会诊等服务，保证客户得到最优和最快捷的治疗。总而言之，养和医药连锁可以为客户提供健康咨询、检查检测、风险评估、专业干预和调理方案的抉择等全方位的优质服务。

无论是养和医药系统的国医馆，还是中医门诊都具有中国传统文化特色，装饰朴素典雅，整洁亮堂，在这里就诊感到十分舒适。

养和医药连锁的管理团队与员工团队中涌现了不少无名英雄，通过走访和大家口碑推荐，本书摘录了一小部分员工的故事。

养和医药连锁门店

药品零售　比超百度

养和医药连锁的掌门人王海祥总经理在忙碌的工作稍有停歇的空隙时，热情地接受了新南方商学院派出的小记者邓慧君的采访。

王海祥总经理从新南方最初开办的药店基层员工做起，一路成长奋斗，现在已经成为养和医药连锁的主要负责人，他说他的成长是与养和医药的发展相伴而行，彼此成就的。王海祥总经理出生于潮汕的一个普通家庭，父母经商，因此他对销售及生意经有一些了解。王海祥是一个勤奋学习、有理想追求的人，1999 年他就读于广州中医药大学附属中医药学校中药学专业，2002 年又继续在广州中医药大学学习中医学专业，2008 年参加工作后再就读于华南农业大学工商管理专业，专业的学习使他成长为一个既懂中医中药，又懂工商管理的复合人才。2003 年 3 月，他入职新南方养和医药从事销售工作，由于他对业务得心应手，成绩斐然，工作短短半年时间，就从一名普通的店员做到了店长。作为承担着销售责任的店长，王海祥不敢懈怠，努力工作，但他并不会为了更高的销售额向顾客推销价格高昂的保健品。他说："很多药店喜欢向顾客推销保健品，因为价格高，销售利润大，而且保健品的功效相对弱，更多的作用是补充作用，不会吃出什么问题，但我们养和从不这样做。做生意讲究的是口碑，细水长流，你为顾客着想，顾客自然会回馈你。"他主张为顾客提供较为实在的贴心服务，例如在店里设置茶水供应，方便顾客的短暂休息。有一位社区老奶奶每天都来药店买一片一毛钱的止疼药，其实她只是想来店里喝喝水，与年轻店员聊聊天。时间长了，有的店员就私下嘀咕，每次她只买一毛钱的止疼药，计算包药、喝水的纸杯、茶水等成本恐怕都不止一毛钱。王海祥听闻后，批评了这种纯粹以经济成本计算得失的想法，教育店员应该将心比心，但凡来店里的顾客，无论是否消费，都是对养和医药有所期待的，无论消费额多少，都是对养和医药的一种肯定。后来，那位老奶奶在小区里逢人就说养和医药好，为养和医药介绍了不少顾客。

对于养和医药的发展定位和经营模式，王海祥总经理也有自己的思考。他不赞同许多药店流行的对买药达到一定金额的顾客就送米、面、油、纸巾等生活用品的经营模式，认为药店不是超市，应该将为顾客提供便捷放心的医药服务放在首位。他对店员提出的要求是："要比百度更专业。"因为在互联网日益发达的时代，不少顾客都会在来药店之前百度搜索一下所患疾病症状对应的药品，了解药品的市场价格，药店店员要有为顾客提供比百度更专业、更个性化服务的能力，这才是养和医药专业服务的立身之本。

王海祥总经理不仅有切中时弊和提倡更专业的药品零售服务的理念，还认真观察市场消费潮流，琢磨产品与服务的创新。他注意到现代年轻人虽然越来越注重保健养生，但由于经常熬夜和吃快餐，气血不足的现象很普遍，需要有一种便捷的调理方案。他联想到许多年轻人有喝奶茶的偏好，灵机一动，心想将奶茶和阿胶相配伍，会不会也掀起一股“啤酒配枸杞”的养生时尚呢？带着这种创意，王海祥说干就干，马上找来奶茶和阿胶进行了“融合搭配试验”，经过反复调试，这款新的养生饮品得到了试饮者的一致认可。从此，养和医药的销售系列产品中又多了一种新的选择，还带动了两种产品的销售。

伴随着养和医药的发展，王海祥总经理越干越起劲，他说希望陪着养和医药攀登更高的山峰，为新南方集团的大健康事业作出更大的贡献。

鞠躬尽瘁　国医馆长

新南方集团总裁助理邓烨博士讲述了他在紫和堂幸和中医馆跟随德才兼备的馆长彭万年教授诊疗的一些往事。

彭万年教授是朱拉伊总裁在广州中医药大学读书时的同窗好友。为了满足老病人续诊的需求，当时彭教授除了在澳门科技大学讲授《伤寒论》之外，一直坚持回广州养和门诊坐诊。每到周一晚和周六上午，紫和堂幸和中医馆就门庭若市，前来找彭教授看病的患者都排到了大街上，当时一号难求。邓博士当时作为养和的半个员工，也经常被人委托帮忙挂彭教授的号。邓博士说，他刚刚毕业，还是坐冷板凳的年轻中医，每当遇上彭教授出诊时，就前去跟师学习，协助处理初步问诊一类事务。

找彭教授看病的患者除了有糖尿病、甲亢等内分泌疾病之外，还有各种疑难杂症。彭教授亲切温和，医术精到。全国各地的患者，甚至国外一些患者也找上门来。彭教授的处方，都是亲手书写，一人一方。虽然书写速度比电脑点击现成的中药经典处方慢，但这种方式对每一个慕名求医的患者来说是一种温暖，一种具有精神支持作用的安慰，也充分体现了因人而异的辨证施治的中医传统。然后助理再将彭教授手写的处方输入电脑。对于那些初学中医的年轻人来说，将处方输入电脑的过程，加深了他们的学习印象。传统中医学术主要靠师承临证经验，观察和抄写处方是一种最基本的学习方式。邓博士在跟彭教授出诊时真切地体验到了彭教授的仁心仁术。彭教授所带教的学生都很注重总结导师的临床经验，邓博士也发现彭教授师尊仲景，重视扶助阳气，保胃气，常以“党参、白术、云苓”三味，再加上甘草的四君子汤作为基本方扶助患者益气健脾。柴胡、白芍、枳壳、附子、干姜、甘草和作为经方的四逆散也是彭教授常用的组方要素。根据辨证情况，对经方和时方的加减，至少占了彭教授处方一半以上的方药比例，这充分说明彭教授并不拘泥于《伤寒论》的经方，而是善于兼收并蓄，灵活裁方。彭教授喜欢用桔梗宣通，用小柴胡汤的两味主药柴胡和黄芩来和解理气，也会用附子、菟丝子、杜仲、山萸肉等药来温补肾阳。在跟师彭教授门诊抄方的潜移默化中，邓博士学习到了彭教授辨证施治和用药的宝贵经验。

也许有些跟彭教授出诊过的年轻中医师看到彭教授的处方多是疏肝健脾之类的中药，就以为没有什么可学的了，其实这些人不懂在中医学术流派中都有用药的偏好或风格，例如温阳派常用四逆汤作基本方的框架，而经方派喜欢用柴胡组方，补土派则偏用补中益气汤等。表面上看有些机械简单，但实际上，其奥秘就在于处方中的加减配伍，即“君臣佐使”体系复杂的量效关系，尤其是“佐使”药的灵活使用。可敬可叹的是，邓博士从没见过彭教授开大方，他的处方药味大致在 10～15 味之间，以 12 味居多。这些看似普通的处方，治好了成千上万的患者。记得彭教授常用的一个药对是：田七与黄芪，和它配伍的可能是益母草、玉米须、鸡血藤等。因此，邓博士想，中医辨证施治绝对不是一症对一药这么简单，辨证和组方之间还有许多值得探究的地方。有一次邓博士碰到一个患者，据她说，喝了彭教授开的处方药后，短时间内并没有获得很好的效果，但她并未质疑彭教授的医术，她说：“我病没好，肯定是我的问题；因为在我之前，在我之后，我四五个朋友，不管得的是啥病，彭教授都给治好了！”她对彭教授的医术充满信心。邓博士深深地感受到，彭教授的医德医术已经深入患者的心了。令邓博士遗憾的是，他未能亲口询问彭教授，为何他的方剂中药量常以 6 克、8 克、10 克、12 克、15 克居多。为何用 8 克而不用 9 克，用 6 克而不用 5 克，这究竟是个人用药习惯，还是有其他深意？后来邓博士才明白，中药方剂各配伍的药味之间存在着复杂微妙的量效关系，多一点或少一点量，方剂的功效都可能大不一样，例如《伤寒论》中有桂枝汤、桂枝加桂汤和桂枝加芍药汤三个方剂，仅桂枝从三两增到五两，或者是芍药由三两增到六两，方剂的功效却大不一样。

彭教授临证还有一个非常显著的特点就是，除了常规的望闻问切，还会很耐心地给患者讲解其所患疾病的病理病机、预后转归和应该注意的养生调理事项，这一点是许多医生很难做到的。许多医生觉得诊疗时间紧，或觉得没必要，说了患者未必明白。事实上，这原本是中医的优良传统，如《素问·汤液醪醴论》中说："病为本，工为标，标本不得，邪气不服，此之谓也。"经典里说得很明白，医患关系是标与本的关系，如果患者"精神不进，志意不治，故病不可愈"。因此，彭教授临证时"说疗"的作用就在于调动患者主动参与治疗的积极性和自觉性，发挥其主观意志的抗病能力。正如《灵枢·小针解》中所说："神者，正气也。"由此可见，形神兼治是彭教授能取得良好疗效的重要经验之一。如果病人对自己所患疾病的病因、病理及疾病转归、医师的用药思路和自己服药后的变化、生活调理能有一个全面正确的认知，就能有助于提高他们的依从行为，实现"知行合一"，让积极的情志和中药药理同时发挥作用，取得事半功倍的效果。一个人罹患疾病，尤其是疑难杂症，往往非常担心恐惧，如果医者能花多一点时间给患者解释清楚，患者就没那么害怕。因为恐惧源于无知。从中医肾主恐的理论来看，帮助患者消除对疾病的恐惧，将有助于减少其肾气的消耗，对身体康复自然有所裨益。

邓博士说，他并没有正式拜彭教授为师，但是彭教授的为人处世、学术思想与临床诊疗风格都给他留下了深刻的印象。邓博士坦诚彭教授在忙碌中不经意的言行、门诊中挥笔而就的处方，以及由研究生总结其经验发表的论文……都无形地影响了他的言谈举止，影响了他的遣方用药，他一直心存感激，心想，这是彭教授送给每一位学生的真正礼物。在新南方紫和堂还有许多像彭教授这样的人，他们给出了礼物，没想过回报；而我们接收礼物的时候也并不知道它的含义，直到它塑造成我们现在的筋骨肌肉。彭教授是一个一辈子勤勉工作的人，在他去世前一两天他还在出门诊。2018 年年底新开业的新南方中医研究院聘请彭万年教授领衔开展中药治疗危重症的研究。在彭教授的日程上，白天持续工作，出诊看病到晚上十一二点是很常见的事。朱拉伊总裁心疼彭教授的劳累，曾多次叮嘱彭教授减少点工作量，多歇一歇。然而像彭教授这样勤勉的人停不下来！"春蚕到死丝方尽，蜡炬成灰泪始干"就是彭教授这样的奉献者的真实写照。

2018 年 4 月 30 日，彭万年教授因为劳累过度，突发心脏病，不幸逝世，享年 65 岁。彭教授驾鹤西去，愿在天堂没有看不完的患者，愿彭教授能好好安息。在这俗世上，有众多不能忘怀、默默缅怀他的人。彭教授永远活在我们心中。

一丝不苟　省级名医

“救死扶伤是医生的天职。选择当医务工作者，就是选择了奉献。”这是华景门诊一名医务工作者方启兰对中医专家邓中光教授多年如一日工作精神的称赞。

邓中光教授是国医大师邓铁涛教授的次子，1974 年起随父习医，1994 年获国家人事部、卫生部、中医药管理局联合颁发的全国首批老中医药专家学术经验继承工作出师证书，2007 年获“全国首届中医药传承高徒奖”。邓中光教授曾参与“邓铁涛中医诊疗经验及学术思想整理研究”“中医五脏相关理论的继承与创新研究”等国家级、省部级课题，多次获得省部级以上科研奖励，已发表论文 30 多篇，参编医著 10 余部。2012 年广东省人民政府授予他广东省名中医称号。无论是在同一门诊工作的同事，还是远道而来的患者眼中，邓教授看上去内向少言，却是一个热心肠、负责任的医生，逢他出诊的日子，他都会很早到达门诊等待病人，而不是让患者等他。即使患者较多，他也是认真耐心仔细地为每一位远道而来的病人望闻问切进行诊治，尽职尽责。无论多忙多累，他都坚持为每一位病人做到最好，让他们感到满意。他对病人总是那么和蔼可亲，平易近人。春夏秋冬，天晴下雨，这位老中医专家数年如一日地坚持奉献。当病人说谢谢他的时候，他总是回答说这是自己的职责，应该做的。是的，选择当医务工作者，他选择了奉献！

2020 年 3 月紫和堂收到一封来自重症肌无力患儿母亲王女士的感谢信。在感谢信中，这位母亲诉说了她带着孩子在国外求治的心酸历程。幸运的是，她抱着尝试的心态选择了中医，选择了紫和堂诊所，选择了邓中光教授。正是这份信任，让她重新看到了希望！经历大约九个月的治疗，在邓中光教授精湛的医术和无微不至的关心指导下，患儿小烨眼皮下垂、脸部肌肉麻痹的症状基本消失。王妈妈说：“看到孩子一点一点好起来，全家都非常高兴，原本为此焦虑不安的家人食欲与睡眠也恢复了正常。真是一人病好，全家有了幸福感。”王妈妈的来信，字里行间都充满着欢喜与感激之情。

妙手回春　克服重症

一位65岁患多年重症肌无力的病人在写给德和中医门诊的一封感谢信中说，他从被医院放弃治疗到现在可以自己带孙子登山，就像经历过一次死亡和新生，对为他治病、使他康复的刘友章教授的感激之情无以言表。

2013年，这个身患胃癌、重症肌无力、胸腺瘤、冠状动脉粥样硬化性心脏病、高血压、老年性白内障、胃炎等多种疾病的老人家经过多家大医院诊治，治疗效果都不明显。他的双眼睑耷拉下来无法睁开双眼，双手和双腿乏力，无法举手和行走，日常生活几乎无法自理。当时的他不想放弃，想站起来、想走路，他答应了孙子要带他去爬山。他辗转打听到定期在德和中医门诊开诊的刘友章教授是国医大师邓铁涛教授的弟子，且对重症肌无力、肌萎缩侧索硬化症、多发性肌炎等神经肌肉疾病的治疗有独到之处。恰好他家就在德和中医门诊附近，他抱着试试的心态成了德和中医门诊的第一批患者，后来也成为最忠实的患者。他第一次到德和中医门诊，是被家人抬着来到刘教授面前的，当时门诊的员工还为这位重疾患者提供了绿色通道，让他优先就诊。刘教授认真细致地询问了他的病情，并自信地告诉他："不要怕，你的情况确实比较麻烦，但可以治疗，会慢慢变好的。"刘教授的这句话给了患者和他家人莫大的安慰。没想到的是疗效来得如此之快，仅仅服药一周，他的病情就明显好转，服药四周后他已经可以自己上二楼就诊了！在刘教授的精心调理下，这位大叔各项指标渐渐恢复正常，生活质量得到了明显提高。这位大叔庆幸自己找到了德和中医门诊，找到了刘友章教授，才能再次体会到独自行走、含饴弄孙的幸福，甚至体会到了攀登高山的豪情。德和中医门诊和刘友章教授的妙手回春使他获得了第二次生命。

在华景门诊检验岗位已经工作十多年的方启兰，无不感叹地说，一路走来，一路感动，她看到华景门诊的医务工作者在不同的岗位上坚守着最平凡的工作，"服务病人，病人至上"一直是每一位养和人的工作理念。多年来，病友的感谢之声常常在她耳畔回响。特别是听到那些患儿用稚嫩的童音说出"谢谢医生"的时候，她的心被深深地感了动。病人的每一句感谢，每一次夸奖，甚至每一次埋怨和指责，在她看来，都是激励自己前行的动力。

因为感动　所以坚持

目前在市场上开办国医馆和门诊的机构越来越多，而有经验的知名专家稀缺，于是，争夺专家资源就成为医疗市场的一种现象。

养和医药负责后勤工作的陈翔是给上门诊的中医专家提供交通服务的工作人员。有一天他到瑞宝门诊接当天出诊的专家邹伟江回家。在等候邹医生下班时，他注意到一名美女守候在诊室门口，但她不像是来看病的患者。当邹医生看完了最后一位患者，起身准备回家，那位美女急忙上前和邹医生攀谈起来，原来是本市某国医堂来挖邹医生去他们那里出诊。邹医生明确拒绝了她的邀请。在回程途中，邹医生和陈翔说，这种事情见怪不怪，经常有类似的国医堂或门诊以高薪来邀请他出诊。他觉得自己在养和医药出诊十几年了，感到这是一个踏踏实实做中医的企业，公司对来门诊出诊的中医师都保持尊敬的态度。经历多年的点点滴滴，他十分信任养和，相信养和这个企业是他最好的选择。他的这番话让陈翔感触颇深，他深感企业文化的强大凝聚力，也正是有这样一批中医专家诚心实意为养和齐心出力，才能让养和获得持续不断的动力。

20 年前，姜立平医生因为丈夫来广州工作不得不离开工作了 10 年的三甲医院，从家乡带着 3 岁的娃来到了广州。她在广州的新家就在华景小区，为了方便照顾孩子照顾家，她来到当时的“珠江医疗保健中心”（华景门诊的前身）面试。经过罗志强教授的面试，当天她就收到了录用通知。当时她只是想过渡一下，等熟悉了新的环境，等孩子长大一点，再跳出这个小机构。可是后来发生的几件事，让她改变了原来的想法，她再也舍不得离开了！有一天她正在上晚班，来了一位 17 岁女孩，穿着校服，由妈妈陪着，说左下腹疼痛，还有点腹泻，昨天已经去大医院看过，诊断是急性胃肠炎，给了黄连素、腹可安等药，但未见明显改善。她仔细问诊后排除了早孕，也查了血常规，白细胞不高，但女孩痛得厉害，不像胃肠炎，建议她们马上再去综合性医院做个 B 超检查（当时门诊晚上没有 B 超）。女孩的母亲一听不以为意，也嫌去大医院麻烦，说：“不就是胃肠炎吗，帮忙打个吊针就好了，你们小诊所这么简单的病都要推辞吗……”姜医生耐心地给她解释了各种疾病的可能性和风险，最后家长接受了医生的建议。一周后，这位学生的母亲带着水果来门诊对医生表示感谢。原来女孩被检查出有卵巢囊肿，且已经出现卵巢蒂扭转，当晚就实行了急诊手术，保住了年轻人的左侧卵巢，否则后果不堪设想。这件事让姜医生强烈地感觉到，社区门诊就是维护人民群众健康的前哨，即使是大医院下来的医生在社区门诊工作也有自己的用武之地。人命关天，每一次看病都要认真分析，不能放过任何“蛛丝马迹”，社区医生必须做个有警觉的哨兵。

医生是凡人，也有自己的烦恼和实际困难，姜医生说有一件事令她感动且永远不会忘记。那时她女儿刚上初中，丈夫又经常出差，每周她要上三个晚班，小孩就没有大人照看。看着孩子成绩下滑，她内心很着急。公司知道她的具体情况后，在领导的关心和同事们的帮助下，不安排她上晚班近一年，她得以陪伴孩子度过了烦恼的叛逆期。养和医药连锁的人性化管理和同事间的和睦相处，使得在这里工作的每个人有一种家的感觉。虽然外面有许多的利益诱惑，但姜医生说她舍不得离开这个大家庭。20 年来，诊所在不断发展，而她也获得了成长和快乐。从姜医生在华景门诊坚持工作 20 年的事例，我们看到了养和医药连锁有为才有位，有情才有义，感情可以留住有情义人才的文化。

“以老带新”不仅是中医师承教育的传统，也是养和医药的优秀文化。来自广西的名老中医杜艳主任就被年轻人称赞为“一生都不会忘记的好老师”。杜艳主任是养和上渡国医馆的前针推科主任，年轻的针推科医生钟媛媛说，她初来上渡国医馆时有些自卑，内向胆小，杜主任敏锐地察觉到了她的状态，经常鼓励她放开一些。在主任的开导和鼓励下，她慢慢地变得话多起来，性格开朗了不少。在针推科最常见到的一个场景是，大家围在主任身边听她分析病例，例如讲解带状疱疹的诊治经验，从如何鉴别确诊带状疱疹到长出疱疹、后遗症期的处理，她都一一详细地分析给医生们听，有时候大家听得聚精会神，忘记了下班时间。杜艳主任对年轻医生倾囊相授，亦师亦友，那里的医生们至今还常常念叨着主任留下的传统。

王静也是一位在华景门诊工作 20 年的老员工，她认为一个伟大的组织能够长期生存下来最主要的条件并非结构、形式和管理技能，而是称为信念的那种精神力量以及信念对组织全体成员的感召力。企业精神可以激发员工的积极性，增强企业的活力。企业精神为全体员工提供了共同的价值观，它对企业员工有着巨大的内聚作用，全体成员会把自己的切身利益同企业的生存和发展紧密联系在一起，热爱自己的企业，自觉维护企业的声誉和形象，与企业同呼吸共命运，为实现企业的目标而努力工作。她说“为自己能够进入养和企业感到庆幸”。20 年来，她牢记新南方“以大众健康为己任，不懈努力”的宗旨，精心为每一位患者诊治，经常针对小区的常见病和多发病开展早期预防性宣传教育，对慢性病人进行定期随访，指导他们用药，得到小区居民的信任，使得小区的患者更愿意来华景门诊就医，减轻了他们去大医院的奔波，尤其是方便了小区的老人和小孩看病。在社区服务中，她找到了自己的价值。

华景门诊年轻的主管护师张晓静说，她在这里感受到凝聚产生力量，团结诞生希望，每个员工都争做一流员工，以更好的服务回报社会。正如有位作家说的那样：单个的人是软弱无力的，就像漂流的鲁滨孙一样，只有同别人在一起，他才能完成许多事业，成就团队的辉煌。在这个集体中，同事之间相互关照，相互帮助。有一年，一个护士生病了，急需大额手术费，大家连忙积极筹捐，让那个同事感动不已，经过及时的治疗，现已康复。这样的例子还有许多。“以大众健康为己任，不懈努力”的宗旨和如此温暖的团队会产生一种凝聚力和爱的吸引力，照亮着每一个人，并指引着每一个员工的工作方向，提升他们的自我价值。

每个人都会生病，这种特殊事件是非常考验公司文化和同事人际关系的。养和总部的罗丽华就亲身经历了这样的事。有一年体检她被检查出卵巢囊肿并急需手术，由于情况发生得突然，自己负责的工作受到很大影响。在住院期间，公司副总王海祥和胡细婉非常关心她的病情，不仅常发来信息问候和安慰，手术成功后医院开出了一个月病假单，领导第一时间批准了，让她得到很好的休养，没有后顾之忧。她担心自己负责的工作的进度，领导做了调整，同事游素媛、李艳婷、李碧君也积极主动地为她分担工作。在她郁郁寡欢的时候，领导特意去探望，跟她聊家常，鼓励她安心养好身体。在病休期间，她深深地感受到了公司领导和同事无微不至的关心和温暖。她说：“虽然作为一个普通的员工我很渺小，但是希望以后可以再努力一点，为公司多贡献一点，感恩领导和同事为我做的一切。”

陈济铭讲述了工程部退休返聘技术人员郑宏海主任热心帮助同事的故事。郑主任平常工作生活都很规律，严于律己，对同事很热心。2016 年，陈济铭刚刚调到新的岗位工作，遇到一些事不知道从何下手，便去请教郑主任，郑主任很热心又细心地指导他这个新手如何做，找哪些人落实，协调哪些部门，让他对完成工作有了信心。在郑主任的指点下，他的工作逐渐上手了。郑主任除了在工作上热心给予同事很多帮助，在生活上也对同事十分关心。2015 年药店有一位员工不幸检查出癌症需入院治疗，当时公司组织了内部捐款以帮助该员工减轻医药费的压力。看到捐款倡议书后，郑主任第一时间就捐款 2 000元，在员工中起到了很好的带头示范作用。陈济铭回想起进入养和医药 5 个年头的经历，他感受最深的就是同事之间的相互帮助和融洽相处，像郑主任这样热心的同事还有很多，他从每一位热心帮助过他的同事那里，真切地感受到了养和医药这个大家庭的温暖。

多一份心　更增疗效

华南新城门诊的侯文健医生讲述了一个很平凡的故事。

那是2019年4月的一天，一个六十多岁的阿姨来到华南新城门诊，当时给侯医生的第一印象是面容憔悴、没有精神。侯医生仔细询问了她的病史，原来阿姨因咳嗽半年多未愈，尤以夜间为甚，以至于睡眠不足，伴头晕、乏力等一系列症状出现。侯医生一边安抚阿姨的情绪，一边用听诊器认真检查了她的心肺情况，心脏听诊未见异常，虽然双肺呼吸音粗糙些，但未闻及干、湿性啰音。侯医生仔细回顾了患者厚厚的病历，包括在其他医院已经进行的血常规、血沉、痰涂片培养、结核杆菌菌素试验，以及X光胸片、胸部CT等多项检查检测和使用中药、西药、雾化吸入、输液等用药情况。侯医生心想，为何做了这么多检查检测和中西医结合治疗却疗效不佳呢？她细心地对既往的病历资料再次进行了毫分缕析，发现有一项关于肺炎支原体感染的项目没有检查过。侯医生基于近年在社区发现的肺炎支原体感染的患者日趋增多的临床经验，建议阿姨做了肺炎支原体血清学项目的检查。当时阿姨对侯医生说，我现在最大的愿望就是能止咳，每天晚上能睡上几个小时就感到很满足了。化验结果出来了，她果真是感染了肺炎支原体，于是侯医生立即给阿姨开出了对支原体敏感的口服阿奇霉素，一周后，一个疗程下来，阿姨面带笑容再次来到门诊专程面谢侯医生。她开心地告诉侯医生，咳嗽等症状已经基本消失了，睡眠也有明显的改善。看着阿姨开心的样子，侯医生也感到很欣慰。作为一个社区医生，不要因为患者多方求医问药疗效不佳就放弃努力，或者是人云亦云，照葫芦画瓢，而要多加思考，综合分析，将患者当作亲人一样认真负责地对待，有付出就有收获，多用一份心就会多一份疗效。后来这位阿姨回湖南老家去了，但她与侯医生成了好朋友，相互加了微信，时常问候和聊天。

作为医生，无论资历、学历和职称如何，关键是看临床诊疗技术能否解决实际问题；从患者来看，无论疾病发展的结局如何，让他们最为感动的是医务人员能够共情，急病人之所急。对此，在华景门诊工作的内科主治医师王静就深有体会。她是一位从医院来到养和医药连锁的老医生了，她强烈地感受到在社区门诊的工作内容不像以前在医院只管看内科疾病这一件事，而是成了名副其实的全科医生，不仅治疗内科疾病、儿科疾病，也看皮肤科，治疗外科常见小外伤，清创缝合。经过多年的社区门诊工作锻炼，她提升了综合业务能力。有一次，一个70岁左右的阿婆抱着一个2岁大的男孩急匆匆地向门诊跑来，她急忙走到门口接过阿婆手中的孩子。当时孩子全身肌肉在抽搐，眼睑上翻，口唇发紫，皮肤发烫，测体温已经40度，情况紧急送医院来不及了，必须在门诊立即开展抢救。王医生迅速给患儿上了氧气，进行了输液和肌肉注射退烧药等治疗，一会儿患儿的抽搐就停止了，嘴唇也慢慢开始恢复了红润。患儿恢复了神志，发烧也渐渐地消退了，阿婆也松了口气。为了慎重起见，查清患儿的病因，在征求患儿家人的意见之后，医生帮他们拨打120电话，送去医院做进一步的检查和治疗。第二天患儿的父母来到门诊补交昨天的抢救费，说他们赶去医院看见孩子情况还好，非常感谢王医生第一时间抢救了孩子的生命。的确，社区医院最重要的职责可能就在于急救和慢性疾病的调养——大医院来不及或顾不上的“两头”。时间就是生命，争分夺秒的急救对于许多突发和急性疾病来说，直接关系到生命的安全，社区门诊就是要为病人赢得第一抢救时间。为此华景门诊经常组织医护人员学习心肺复苏术。没有过硬的急救本领，急病人之所急就是一句空话。养和医药重视人才培养，拥有良好的培训系统，注重提升人才专业技能和综合素质教育。每次门诊组织技能培训，老师们都十分耐心地授课。张晓静回忆：有一次学习心肺复苏术，有位年轻的同事一时学得还不熟练，门诊主任就耐心地一遍一遍讲解和示范，直到他熟练掌握为止。主任强调对于医疗急救技术必须准确掌握，熟练运用，容不得半点虚假和马虎。虽然每一位进入新南方集团的新员工都会接受企业文化精神的教育培训，但只有在日常工作的具体事例中才能真切地体验到朱拉伊总裁提倡的“诚、信、义”的企业文化精神。

社区门诊是综合性门诊，不像大医院那样分科细，作为一名全科医生，不仅需要来什么病看什么病，还要对社区居民的常见病和多发病开展健康教育，对慢性病人进行定期随访，指导他们合理用药，调整生活方式。门诊还经常下到小区宣传防病治病知识，给居民免费测血压，测血糖，宣传门诊开展的一些科目。在社区门诊工作的医务人员虽然来自全国不同地区，但大家心连在一起，劲往一处使，同心同德，努力工作。为患者进行诊疗既是服务，也是一种责任。不仅要看对病，看好病，还要耐心地指导他们少患病，预防疾病和养生保健，不管自己多累，都不厌其烦地做好相关的解释和沟通工作，争取让患者和患者家属都满意。现在门诊开展了网上预约挂号，也可以提供高血压、糖尿病、高脂血症等慢性病服务，王静已经感觉到随着社区门诊业务的拓展，对社区医务工作者的挑战将越来越大，但“以大众健康为己任，不懈努力”的新南方精神已经铸造了她坚定的信仰和抗压的筋骨。

2020 年 8 月，中国医师节刚过完，广州市仕馨职业培训学院代表曾老师一行将一面写有“医术精湛　情暖仁心　妙手神技　德仕双佳”的锦旗送到华景门诊理疗科黄慧霞医生手中，表达了他们对黄医生精心诊治、真诚服务的感谢。黄慧霞医生是一位年轻的中医理疗师，先后在广州市中医院、广东省中医院、广州中医药大学附属第一医院进修深造及工作，从事相关工作 10 余年，积累了丰富的临床经验，擅长小儿推拿、顽固性失眠、催乳、各类痛症、妇科及乳腺系统的诊治。她对“平衡松解术”有独特的研究，此疗法对低头族的颈项疼痛、良性甲状腺结节、慢性咽喉炎、咳嗽、单纯性淋巴结肿大、高血压、产后康复、良性乳腺囊性增生、内分泌失调等病症有独特的疗效。近几年来，黄医生受邀为广州市仕馨职业培训学院兼职讲授小儿推拿专业课程，给学员们示范讲解如何运用推拿等中医特色疗法为儿童做健康护理。在培训过程中，正好有一位学员妈妈的小孩两岁了仍不能正常爬行，也无法正常开口说话，经黄医生全面了解，诊断该小孩为先天性脑瘫，随即给这位妈妈传授了日常的康复技术要领，以及有针对性的饮食调理方案，并帮忙联系了残联中心给予更多的帮助。经过黄医生的指导和施救，经过短短半年时间的针对性康复训练，这位罹患脑瘫的小孩如今已经能正常爬行和开口说话了！黄医生的高超医术和热情真诚的态度，深深感动了这位学员妈妈及仕馨职业培训学院的师生们，所以特赠锦旗表达他们的谢意。

据华景门诊主任钟翠兰医生介绍，他们的儿科特诊中心及中医传统疗法治疗中心在社区是很有名气的。在运用小儿推拿、艾灸、拔罐等特色中医疗法帮助儿童养护脾胃，处理发烧、感冒、咳嗽等常见健康问题方面，黄慧霞医生尤其有心得体会。黄医生常常用通俗易懂的语言向学员和患儿家长耐心传授这些简便的中医特色保健方法。每次临床教学，现场气氛活跃，学员们时不时向黄医生请教遇到的疑难疑惑，黄医生总是能结合临床经验给出令人满意的回答，还不时引来学员们的阵阵惊叹声：“哦，原来是这样操作的，怪不得以前……”“这次临床见习真的淘到宝了……”有一次，黄医生还现场指导一位带着发烧的孩子匆匆而来的学员妈妈使用小儿推拿手法退烧，黄医生一边讲解，一边示范操作，取得了显著的退热效果，令在场的学员深感中医特色疗法的魅力。

2020 年 7 月初的一天，天气晴朗，一位年轻妈妈带着 3 岁的小女孩来门诊找到黄医生，一副不知所措的着急神情。原来小女孩这几天躁动不安，哭闹厉害，经过详细了解，估计是小女孩便秘几天造成腹痛腹胀，孩子母亲已经带她在其他医院门诊用过多种药物，但没有解决问题，通过朋友介绍来到华景门诊。黄医生对患儿的症状体征辨证后，运用独特的小儿推拿手法予以治疗，当天下午患儿回家后就有了不断的肛门排气，傍晚时就顺利地排出了宿便，小孩的精神状态恢复正常。当晚患儿妈妈就打电话给黄医生，告知小孩康复的情况，感激之情溢于言表。黄医生说："平凡的医务工作者做着不平凡的事情，日积月累，不断前行。"

黄慧霞医生教学生学技术，更重视教医德和如何做人。她常说要把病人的满意作为工作的第一标准，把病人的呼声当作工作的第一信号，把病人的需求当作第一选择，把病人的利益当作工作的第一思考。这些来自临床一线医生的工作信念为养和医药连锁和新南方集团文化精神注入了新鲜的内涵。

病人为友　以和为贵

在华南新城门诊工作多年的吴义健医生认为，社区医生除了要不断提升自身的诊疗水平为病患者提供精准的治疗之外，还应与病人为友，取得病人的信任，提高自身的亲和力，这对疾病的诊治可以起到事半功倍的效果。她在华南新城门诊曾接诊过一位65岁的女性患者，她认真倾听了老人家唠唠叨叨的叙述之后，得知老人因不少烦心事导致长期失眠，久而久之，出现气血不足，医生四诊合参后开出中药五剂，也对其进行了心理疏导。不久老人回到诊所告诉医生，她的病已经好了八九成，一晚能睡五六小时。良好的疗效和耐心的倾听取得了老人的信任，随后她又带其女儿一家一起来诊所，希望医生用中医中药帮助她一家调理体质。

对老年患者需要耐心，对儿童患者也同样需要亲和的诊疗态度。紫和堂幸和中医馆的同事们发现，每当龙佩华教授出诊，尽管在半天内要接待近40位小患者，但诊室里基本上听不到哭闹声，反而是一片欢笑声。每一个小患者看完病都会说声"龙奶奶，再见"。正式看病前，龙教授常先与小患者聊聊上学或生活中的趣事及其兴趣爱好，给孩子多些鼓励和表扬，营造出一种轻松愉快的氛围，继而小朋友消除了紧张恐惧，很配合相应的诊疗，疗效也随之提高。龙教授深受小患者及其家长的喜爱。

刘大姐是一位普通的停车场管理员，患严重的头痛顽疾十多年了，无时无刻不忍受着头部的刺痛，虽然有时会稍微减轻，但几乎没有停歇过。她到处求医问药，要么因为诊疗费用太贵难以维持，要么就是吃了数月的药也未见明显疗效。她说她已经习惯了与疼痛共存。最近因为换班，睡眠质量本来就不好的她开始出现剧烈的头痛，于是她来到了幸和门诊。徐铭涛医生仔细询问了她头疼的特点和平日生活作息习惯之后，发现在中午这个阳气最盛的时间段其头痛感最弱，参考其舌苔薄白、脉象浮紧四诊的情况，因此可以辨证她患的是风寒头痛。因为寒为阴邪，寒性凝滞，易致经脉拘挛，气血阻滞，不通则痛，而得温则减轻，故中午阳气最盛时分可以缓其疼痛。该患者不仅体内有寒，而且长期在户外开阔的停车场工作，受风侵袭机会多，风为阳邪，所谓伤于风者，常上位先受之，故常伤及人体的头面颈项。对于风寒头痛，当以疏风散寒。仲景曰：太阳之为病，脉浮，头项强痛而恶寒。桂枝汤主之。桂枝汤为辛甘之剂，可发散风邪，再适当增加干姜、附子可增强驱寒之功效。患者服过 3 剂后复诊，高兴地告诉医生，她的头痛减轻不少，睡眠质量也明显好转。于是，徐医生再次诊脉后嘱其继续服药，这时这位大姐随口说了一句让医生很触动的话："我一个看车场的，一天就赚三四十块钱，看一次病得花掉我上好多天班的钱。"徐医生感到无奈，只好再开了 2 剂中药。当天徐医生回家后，寻遍关于治疗风寒头痛的治法和方药，想要再次简化给刘大姐治疗的药方，以便用最少和最便宜的方药来治疗她的病症。几天后，刘大姐再次来到门诊，正如徐医生所料，她的头痛得以再次减轻，只是偶尔还会出现短暂的刺痛，而且痛得也不厉害了。徐医生在给她舌诊和脉诊后发现，虽脉象已经改善，但脉仍弦缓，说明病邪尚未清除，于是再次施予简化的药方。3 个月后刘大姐又来了，但是这次看病的不是她，而是和她同样被头痛困扰的工友。她也顺便来告知徐医生，她的头痛病再也没犯过了。徐医生也非常开心，一是获得了根治一位病人的满足感，二是得到了病人的信任的成就感。

刘大姐这个病案给人留下深刻的印象，不只是因为医生正确辨证施治，治好了一个十几年的顽疾，还有患者吃药的经济压力带给医生的触动和思考。徐医生能设身处地换位思考，认真琢磨优化和简化药方，以便实现用最少和最便宜的方药来治疗病人，这种仁心善意值得大加点赞。

另一个故事发生在2012 年夏季的一天，一位快50 岁的母亲背着自己 8 岁的孩子慕名找到了瑞宝门诊的曾月卿医生。这是一位脑瘫患儿，几年来这位母亲常常背着孩子四处求医，经过街坊邻居的推荐来到瑞宝门诊。曾医生认真地查看了这位患儿以往就诊的病历，结合临床检查，为这位患儿制订了个性化的治疗方案。通过几次诊疗的接触，曾医生发现这位任劳任怨的母亲每次都是背着孩子过来就医的，不辞辛苦，长年累月下来，这位母亲的肩膀都磨起了厚茧，还犯了严重的肩周炎。曾医生看在眼里，痛在心里，她和几个同事商量，大家凑钱给这个患儿买了一台轮椅。这位母亲为此感动得直掉眼泪，专门写了一封感谢信张贴在门诊的墙上。那位不幸的患儿幸运地遇到了这样一位坚强的母亲和有爱心的医护人员，在医护人员的精细治疗下，他的症状也逐渐改善。

华南新城门诊的戴亚德医生是一位对眩晕症诊治很有经验的医生。一天下午，诊室来了一位约60岁的妇女，一见医生就说："医生，我有颈椎病，现在头很晕，已经三天了，一躺下或从床上起身，甚至翻身都会感到天旋地转，恶心，难受死了，现在都不敢睡觉了，可以帮我输液吗?"她很自信地认为输了液，头晕就会好。医生按常规进行了问诊、体查。血压、心律都无异常，四肢肌力也正常，没发现有神经定位体征。医生考虑可能是患了耳石症，于是对这位患者说："我帮你做个变位检查，检查过程中可能会引起一点不适，如眩晕发作，甚至恶心呕吐，但一会就好。""好，做吧。"她爽快地答应了。医生准备给她做一个良性阵发性位置性眩晕试验（Dix-Hallpike），俗称"垂头仰卧位试验"，这种诊断方法简单易行，在临床上被广泛使用。这是通过将患者的体位进行特定位置的改变，诱发患者出现眩晕、眼震等症状，以便对半规管是否有病理性问题进行鉴别诊断，为复位治疗提供参考。这一检查方法有助于医生判断患者的眩晕是由大脑，还是由内耳问题引起的，如果是由内耳引起的，还可以判断是由哪一只耳朵引起的。就在戴医生给这位患者讲解该试验的程序与方法时，患者又不愿意了，说："医生，我有颈椎病，我的脖子不能动，我就是犯了颈椎病才头晕的，我不检查了，你给我输液就行。"戴医生与她耐心地解释说："究竟是颈椎病，还是耳石症引起的眩晕，等我检查完就清楚了。如果是由耳石症引起的，我帮您复位就可以解决问题。如果诊断不明确，医生是不会给你盲目输液的，这才是对您负责任的态度，希望您能理解。"可是这位执拗的大妈就是不听解释，生气地说："不输液我就不治了!"说完就自行离去。

第二天，患者又来了："医生，昨天没听您的，多受了一天的罪。我昨天回家后查了一下百度，根据百度里说的耳石症症状确如我犯病时的情况，还是请您帮我治疗吧。"于是戴医生给她进行了检查，最后确定这位患者是右耳后管有障碍。于是戴医生给她施行了右耳后管耳石手法复位术，顷刻，患者的头晕症状就消失了。"医生，好神奇，太感谢您了，早该听您的。"这位原先固执己见的患者对医生的准确诊断和手到病除的治疗佩服得五体投地。事实上，类似这样的病例在平时的门诊中并不少见，一些患者常自以为是，对自己的病一知半解，不听医生解释，自作主张，选择或拒绝一些检查或治疗，以至于病情不清，诊断不准，疗效不佳。面对这样的患者，医生既要有耐心，还要拿出事实和疗效来感化他。

西方医学之父希波克拉底有一句格言："病人是医生最好的老师。"对此，年轻的柳医生亦深有感触，一次他与76岁的患者梁伯在诊后的闲聊中，梁伯向他讲起自己对"医缘"的理解："当一个医生的技术覆盖面狭小的时候就只能治疗有限的几种常见病，来看病的人自然不多，跟病人的医缘就少；当他的技术覆盖面大了，便有了更多的方法去解决更复杂的病症，求诊者众多，他跟患者的医缘就扩大了。简而言之，做医生的技术越全面，看病有疗效才是最根本的……”柳医生的内心受到了很大的震动，这位阅历丰富的长者哪是在闲聊，分明是在向年轻人传授人生的经验呀！所有的病史信息都来源于病人的讲述，所有查体化验都仰仗于病人的配合，所有诊断知情同意都需要病人的理解，所有治疗措施最终都作用在病人身上才显现出效果。正是病人给了医生无数次的实践机会，医生才能实现知行合一，检验自己的思路和方案，医生才能达到一定的学术高度。医生是病人面对疾病时的并肩战友，诊疗经验便是医生在观察和医治疾病过程中获得的珍贵成果。尊重患者和关心患者是一个医者的必备素质。柳医生深深地感受到了在诊疗的同时还要注重与患者进行情感上的交流，体会到有信任感的医患互动不仅有助于患者的康复，同时也可以促进医生专业能力的提高，加深内化行医的责任心与使命感，拓宽对人情世故的理解，让自己活得更通透。

社区门诊也许没有太多惊天动地的事件发生，但天天上演着医患之间的真情故事。瑞宝门诊里年轻的黄瑟淞医生就讲述了一个关于医患关系的故事。一天她值班，来了一位李阿姨，因外感风寒咳嗽来就诊。她是第一次来医馆门诊，那天正好无知名专家坐诊，就随机挂了黄医生这位年轻医师的号。黄医生仔细询问了她有关起居生活和身体各方面的情况，她都一一细细回答。原来李阿姨年轻时积劳成疾因病退休，体质一直较弱，对养生信息颇为关注，每每有病都爱去看中医，可以说她和许多中医师打过不少交道，对中医养生也有自己的理解。但她还是很相信黄医生这个年轻的中医生。黄医生基于四诊情况给她开了三剂中药。三天过去了，李阿姨又来复诊，她高兴地告诉黄医生她已经不咳嗽了，基于疗效和医患之间愉快的交谈，李阿姨主动要求加了医生的微信，说以后要经常来找黄医生进行中医调理。从那以后，李阿姨常在微信上与黄医生分享她的养生心得，咨询一些小病小痛的调理方法。事实上，除了中医保健知识方面的交流之外，李阿姨丰富的人生阅历也让年轻的黄医生获益良多。黄医生原本以为，像李阿姨这样久病成良医又有许多自己想法的患者多半是很棘手的服务对象，可是没想到最后却收获了一位常常来往的病友！正如美国的特鲁多医生所说：“有时是治愈，常常是帮助，总是去安慰。”

受医学知识所限，以及医疗结果的难预测性，患者在就医过程中处于信息不对称的弱势，处于焦虑抑郁或恐惧害怕之中，因此医生尤其要注意与患者的沟通艺术。瑞宝门诊的邓家俊医生对如何提高自身素养和沟通能力，努力为患者营造一个舒适、安静、安全、自信的环境总结了自己的几点经验：第一，要端正沟通的态度。态度是心灵的表白，沟通态度往往是决定医患沟通成败的关键。医者对患者应该真诚、和蔼、关切、严谨，平等沟通，切忌居高临下、自视甚高。要有“假如我是一个病人”的换位思考，充分理解患者的心情，真正“想病人所想”“急病人所急”。第二，要学习倾听的艺术。医者要善于倾听，这是获取患者相关信息的主要来源。要耐心，善解人意，注意用目光、语调、姿势、手势等参与倾听，不要随意打断患者的叙说，因为患者迫切希望将自己的病痛完整地告知医生，也希望得到医生的理解和共情。第三，与患者沟通时要集中注意力，以免患者误认为医生对自己的疾病漠不关心，要学会“跟踪”病人的视线，了解患者对身体某些部位的特别感受，要有亲切的语言、呵护的情感、适当的肢体语言，提高交流沟通的质量。对患者提出的各种问题要耐心解释，讲究谈话细节，尊重和保护患者的隐私，关注个性化差异，切忌大声呵斥，讽刺挖苦，简单粗鲁或敷衍了事。第四，要注意与患者家属等相关人员进行及时的充分的沟通，及时化解医患之间的误解和矛盾，减少医患纠纷和医疗事故的发生。第五，要注意沟通的及时性，针对患者不同的心理活动和期望值以及在医疗活动不同时期的情绪反应，疾病的轻、重、缓、急，有效地把握沟通时间和沟通内容。邓医生总结的这几点也是养和医药连锁医务人员与社区服务对象建立良好关系的宝贵经验。

2020 年 7 月的一个上午，瑞和门诊外等候的一对老年夫妇趁诊室暂时还没有病人时走进了梁运飞医生的诊室，执意要送给他一大袋苹果。老先生说：“我老伴的血压现在特别稳定，头也不晕了，真的很感谢你的精心治疗，我接触了你几次，觉得你不仅医术高超，而且对所有患者都那么和蔼可亲，让我觉得非常感动。”这对老夫妻都 80 多岁了，是住在附近小区的退休知识分子。一个多月前老太太因为血压波动大，感觉头昏脑涨而来门诊就医，梁医生详细询问了她的病史和用药情况，并进行了有针对性的检查，认为她原来的用药已经不适合她了，于是就给她更换了降压药，并对其生活方式给予了一些保健指导。过了几天，他们再次来到门诊告诉医生，血压已经恢复正常稳定状态，头晕等症状也消失了。

门诊医生只是做了日常工作中应该做的事情，依据病情变化及时调整药物，不想却感动了两位老人。为了表达对医生的谢意，两位 80 多岁的老人家还特地登门致谢，这也让梁医生无比感动。

事实上，根据病情调换药物真的是一件小事吗？社会上有些唯利是图的医者或商家，会推介价格更贵，利润更多的进口药给患者……降血压的药物有很多，正确的做法是因人而异，辨证施治。诚如孙思邈大医所说：“凡大医治病，必当安神定志，无欲无求，先发大慈恻隐之心，誓愿普救含灵之苦。”“见彼苦恼，若己有之。”“省病诊疾，至意深心，详察形候，纤毫勿失，处判针药，无得参差。”梁运飞医生的行医行为对孙思邈的大医精诚精神做了最好的阐释。

平凡奉献 坚守担当

也许一提“白衣卫士”，人们心里立刻就会想到“性命所系，生死相托”的医生；一说“白衣天使”，大家脑海里马上就会出现“燃烧自己，照亮别人”的护士；而对于药剂师，大多数人可能不会有太深刻的印象，或许在一些人的眼中他们只是按处方发药的人。其实，药剂师在救死扶伤的过程中，承担着重要且可能不为人知的角色，他们从不张扬，默默无闻，在平凡的工作和点滴的奉献中，努力为患者安全用药保驾护航。

幸和门诊的庾月明是一名在门诊药房工作将近十年的药剂师，对此深有体会。他们站在药房的岗位上，必须全神贯注，因为肩负的是健康所系的责任。她深深地知道，自己万分之一的差错，对于病人就是百分之百的事故。自己必须有一丝不苟的工作态度，为患者在整个诊疗过程中把好最后一关。门诊药剂师们用简洁又通俗的语言，向患者交代药品的用法用量和注意事项，“四查十对”着每一张处方。例如“以前有没有用过这种药”“有没有过敏反应”之类的话语，每天都要重复几十甚至上百遍，但这一个个小小的细节能让患者感受到药剂师的真情和关爱。尤其是药剂师指导患者正确应用特殊包装的药品很有必要，不然会造成用药错误。有一次，一位年纪较大的老婆婆因眼疾来就诊，医生给她开了利福平滴眼液，药剂师在发药的时候特别跟她交代药盒里面有一粒药片，必须先溶解再滴眼药水。她打开包装，看到里面真的有一粒药片，说：“药师谢谢你呀！不然我还以为是先吃了药片再滴眼药水呢!”

药房每发出一副药剂，都凝聚着患者对健康的希望，以及对医务工作者的信任。药剂师虽然没有轰轰烈烈的英雄事迹，但在平凡的岗位上，用自己的职业素养和负责任的精神为患者的安全保驾护航。有一次，医生给一位大叔开了甲硝唑，这是一种用于治疗或预防厌氧菌引起的系统或局部感染的药物。在发药的时候，药剂师交代患者用药期间不要喝酒。这位患者一脸惊讶地看着药剂师说：“你怎么能料事如神，竟然知道我等会要去喝酒?”药剂师解释说：“其实我并没有料事如神的本事，是因为这个药品可抑制体内的一种物质（乙醛脱氢酶），会加强酒精的作用，可能导致毒副反应（即双硫醒反应），在用药期间和停药后一周内，都要禁用含乙醇饮料或药品的。”这位患者一听，连忙感谢药剂师的及时提醒。事实上，有许多患者是从来不仔细阅读药物说明书的。为了保证患者的用药安全，药剂师日复一日地坚守在药架前，查数量，查效期，叮嘱注意事项，只希望患者能安全用好药。

养和医药连锁有众多门店，药品等医药物资实行统一配送，这后面有许多普通员工为保障企业的正常运行默默无闻贡献出自己的力量。2011 年入职养和医药的李畅，2019 年调岗到紫和堂大药房负责仓库管理，任仓库经理一职。哪里有工作需要，他的身影就会出现在哪里，他做事细心扎实，有始有终，执行力一流，一定会坚定地完成任务。李畅的工作计划性很强，他总会提前一天规划好次日的事情，还会主动与相关的负责人沟通好。他对日常工作中非常琐碎的事务也记得很清楚，例如车辆的保险、养护和维修等事情，往往会事先温馨提醒相关负责人。为了解决系统不能及时反馈的问题，除了借用电脑系统查进销存量外，他还特意做了一份库存进销存的登记汇总表，有助于销售采购部进行查找和溯源，帮助完成各种核算，也能让外勤业务直观看到想要的数字信息。

李畅具有很强的团队观念，当他发觉哪位同事在工作中“掉队”了，就会主动帮忙，务求团队一起完成任务。2020 年 8 月，大药房的司机因为身体不适请假未能到岗工作，在疫情背景下，为了不给公司增加经济负担，李畅主动提出兼职当司机，同时对工作安排进行优化，这样既没有耽误公司送货，也没有增加公司的人员开支。有一天，遇上几个单位都需要送货，货运量较大，按常规应该安排两台车送货，可是那天因为各种原因只有一台车，李畅没有抱怨，利用吃午饭的时间多跑了一趟，准时将货物送到门店。有人说起这件事情，他只是淡淡回应了一句：“多做一点我不会少一块肉的，为了不耽误销售，维护好公司的形象，我应该这样做。”从不与人计较的李畅，在工作中彰显出的正能量，也感染了周围的同事，同事们都说与李畅一起工作心情舒畅。同事称赞他是紫和堂大药房最美的后勤天使。

辛和国医馆的前台收费员温明丽，每天都会跟各种前来问诊的患者打交道，在完成正常的收费工作之余，偶尔也会有患者找她聊一下天。有一次一个 70 多岁的老奶奶不知道要看什么科，温明丽微笑着耐心询问她的症状，她才说感觉自己消化功能不太好，睡眠较差，于是温明丽根据她的需求推荐了合适的医生给她。医生面诊后给她开了中药，但她没有急于离开门诊，而是又来找收银员聊天。正好这会儿收银员窗前没有客户，温明丽就陪老人家聊了一会儿。原来这位老人家是一个孤寡老人，在家感到很寂寞，整天没有一个人陪她聊天，温明丽耐心地听着她说起往事，尽管只是倾听而已，老人家已经感到很满足。不久之后，她就带了邻居过来看医生，原来她跟邻居说这个门诊的人服务态度很好，医生水平高，她在这里感受到久违的亲切感，经过一段时间的调养，她的身体状况也得到了明显改善。温明丽深有体会地说：收银前台看似是一个比较轻松的岗位，但要成为一名优秀员工并不容易，不但要时时保持积极的情绪，懂得一定的沟通技巧及简单的医学知识，更重要的是拥有一颗同情心，想病人之所想，急病人之所急，理解病人。事实上，社区门诊的生命力就在于能够日复一日地用微笑和耐心去服务每一位前来问询和需要帮助的患者，小小门诊中的每一位员工都是一个传播门诊文化的形象大使，无论身处什么工作岗位都应认真负责，兢兢业业，为维护国医馆的声誉而努力，向每一个来国医馆的客户传递爱心和正能量。

养和门诊中并不全是让人开心的事，有时还会发生一些令人哭笑不得的尴尬事。例如在挂号和收费窗口中常听到："靓女，刚才挂号你有没有给回医保卡我呀？""靓女，收据（小票）你有给我吗？"这两个重复的问题，每天收费员被不同的人不知问过多少遍！瑞宝门诊收费员刘亚蓝记得 2019 年 6 月一个周日上午，一位上了年纪的女性患者缴完费后等待取药，她找不到小票就来问收费员："你刚才有给我小票吗？"收费员回答："给您了呀！"但她不信，一直不依不饶地在那里唠叨，并要求收费员再帮她找找，说她活到这个岁数从来不会忘记什么东西的，如果收费员给了她，她一定是记得的，言外之意就是收费员没有给她。因为收据小票不仅是取药的凭证，还是后面几次她来做雾化治疗的凭证，因此，收费小票对于她来说是很重要的。如果不是周日，店里会让她去办公室查看一下现场监控，因为周日办公室人员休息作罢！当时还有不少患者在排队等待挂号或缴费，被她这一纠缠，秩序一下子被打乱了。刘亚蓝觉得很尴尬，不知如何是好。她清楚地记得给过顾客收据小票的，建议她再仔细找找。过了一会儿，她终于在废纸篓里找到被自己无意撕碎的收据小票，过来借透明胶，将撕碎的小票重新粘好……这事是不是让人哭笑不得呢？

说实话，在收费员这个岗位上，每天面对被反复询问的"二问"，心里多少会产生些烦躁。虽然最后原因都不在收费员这一方，但大多数这样健忘的人也不会来说声抱歉。当然也有部分人会跟收费员说声"不好意思"，这时，收费员就会感到像小时候有糖吃一样心甜。随着经验的增多，虽然患者提出来的问题没变，但收费员的心态变了，不再因为这"二问"郁闷。他们想：因为是小事，所以容易被大家忽略，既然是小事，我们又何须计较，以后多提醒患者注意就是。由此可见，是哭还是笑？全在于一念之间！

收费员范洁敏也讲述了她经历的一件哭笑不得的事。有一位五十多岁的阿姨，缴完费后就急忙拿着处方去药房取药，把《门特诊断证明书》遗忘在收费窗口的台面上了。等收费员发现的时候，患者已经离开门诊一段时间了。于是，收费员通过她的《门特诊断证明书》上的基本信息找到患者的电话。

当天收费员一共拨打了三次都无人接听。时间过去了一周，还是没等到它的主人回来。收费员再次拨打这位患者的电话，结果还是无人接听。收费员想，也许在患者看来这是一个陌生号码才不接电话的，于是改用短信的方式告诉这位患者，并清楚地写明她是哪天到门诊就诊忘记拿走证明书。短信发出后2个小时左右，这位患者终于回到门诊来拿回她的证明书了，并对门诊收费员表示衷心的感谢。在现代社会中，要取得消费者的信任还是很不容易的，医务工作者只有付出百倍的诚信才能赢得自己的社会美誉。

社区门诊　抗疫前线

2020年的春节，受新冠肺炎疫情的影响，作为民营医疗门诊的养和门诊也暂时停诊了一段时间。但社区门诊的患者群基本上是周围社区群众，尤其是慢性病老年患者，长期需要药物控制，为了避免去大医院就诊开药排队的麻烦，他们都选择在社区门诊就诊开药。

为了满足这些病人的用药需要，按照上级主管部门的要求，门诊在4月份就做好了复工前的所有准备并提交了复工申请。瑞宝门诊开在小区里面，位置比较特殊，当时小区仍处于封闭式管理中，经过与居委会和物业管理部门的反复沟通，最后同意给瑞宝门诊开辟一条特殊的就诊通道。这条通道是用隔离带从小区大门口一直拉到门诊，此通道仅限就诊患者的出入。基于疫情防控的需要，门诊不仅在小区大门口设置了分诊前的排查工作台，还在门诊门口设置了一道预检分诊。医务人员穿着隔离衣，戴防护面罩、手套和口罩等防护用品，无论风吹雨淋始终坚守在排查分诊的第一线。当时公司定了一个基调：业绩不重要，安全保护好每一个人才是最根本的。众所周知，疫情期间的防护用品非常珍贵，瑞宝门诊的何静敏回忆：为了尽量节约医用资源，当班的医护人员自觉尽量少喝水、少上厕所。尽管在做流行病学史排查的时候，遇到一些不理解、不配合，甚至辱骂医务人员的就医者，医务人员始终耐心地做好解释工作，尽职尽责完成任务。虽然社区医护人员没有到武汉前线去抗疫，但是在疫情严重的时候，他们没有退缩，坚守在社区基层一线，在平凡的岗位做着不平凡的事情，为群众的健康默默贡献出自己的力量。

疫情期间，医患之间也发生了许多过去少有的矛盾与摩擦。例如上渡国医馆的蔡杨润就讲述了一件事。有一天一对爷爷奶奶来国医馆看病，因为没有戴口罩，被预检分诊的护士劝阻在门诊门口，两位老人家说出门的时候比较匆忙忘记戴口罩了，想护士通融一下让他们进去，但是护士依然坚守着规定，急得爷爷奶奶都快生气了。这时，护士长瞧见了，赶紧拿了两个新口罩送给两位老人家，并耐心地向老人家解释了疫情期间的特殊规定，爷爷奶奶表示理解，并在护士的引导下顺利地找到医生看了病。通过这件小事，我们看到预检分诊护士的坚定恪守，护士长的暖心递口罩，以及患者的理解配合。

2020 年之春是一段特别的岁月，因为受新冠病毒疫情的影响，政府呼吁人们少出门，少串门，少聚会，必须出门一定要戴好口罩。许多企业都因此放假了，但是养和医药连锁并没有放假，这正是群众最需要医药人员的时候，我们就是一个战士，应该站出来，冲锋在前。光大花园门店的吴俊惠店长，家住佛山，她每天上下班都要往返佛山与广州。疫情高峰期，她出现了感冒症状，但她记挂着店里只有包括她在内的 2 个人值班，执意要去上班。父母说，家附近的药店都关门了，你为什么还要去上班？药店又不是你的，身体重要还是钱重要？俊惠告诉父母，如果她不去上班，门店就没人了，如果群众有医药需求怎么办？为此，她还与家人红了脸。

那时养和医药门店的员工每天上班接待的都是要买口罩和消毒用品的顾客，由于实行了会员优先供应口罩的制度，因此，养和所在社区的许多居民都买到了口罩，他们对养和医药连锁门店多了几分亲切和信赖。在这种危机时期，群众最能感受到那些能及时给予帮助的企业机构的努力。没几天，养和门店里就没有口罩可以供应了，怎么办？顾客急，店员也替顾客着急，想尽一切办法帮忙解决问题。例如他们建议顾客买些纱布块放在口罩里面，每天换纱布，不扔口罩，这样就可以省点口罩；或者买点艾条回家做空气消毒，等等。珠江帝景苑门店的邝秀芳店长回忆：在“一罩难求”的时候，公司不顾口罩价格高，为店员配备防护力最好的 KN95 口罩，王海祥总经理每天在群里询问店员的身体状况，叮嘱店长务必做好员工的防护工作，用消毒水拖地、每天喝邓老壹号方、在门店里不间断熏艾条消毒。给顾客的解释工作量大了，店员们个个都有些喉咙发炎，公司就配送了邓老清冠饮给店员们喝。这一系列措施让员工感受到了公司的关爱，在这样的公司上班让他们感到特别有归属感。

养和医药门店经理吴桂萍回忆说，2020 年春节开始整整两个多月没有休息过一天。大年三十晚店员们还在加班工作，那天晚上 10 点多货拉拉才将医疗物品送到门店来，整整搬了 15 箱货，顾客排了很长的队，等待购买口罩，但口罩只有 2 箱货，只好让那些没有买到口罩的顾客加门店微信，等有口罩时再通知他们。派完口罩就已经 23：30 分了，关了店门还得给顾客去送酒精等防疫物品。因为当时许多居民没有口罩，凡距离店铺 2 公里以内的顾客，店员都会在下班时间送货上门。大年初一，门店继续营业。那时门店只有店长带着一个实习生坚守岗位，吴桂萍心想，虽然很疲倦，但身体一定不能垮，并且安慰自己，要淡定，不能乱，不能害怕，不然跟她一起上班的实习生会更加害怕。下班了都很累，饭也懒得做了，她们就随便吃碗泡面，就这样过了 8 天。后来公司领导叮嘱员工，疫情背景下尤其不要吃容易上火的东西，于是她们下班后就去超市买菜，结果发现盐都卖光了，只好买了两袋面包。年初六本来是可以下午 5 点下班的，可是突然收到网购双黄连的订单，许多顾客也跑来门店将所有的双黄连买完了，所以加班到了晚上 10 点半。年初七，门店还没有开门，门前就已经排起了长队，都想买双黄连。可是初六晚就已经没货了，有些顾客不相信，说门店将货藏起来不卖给他们，要向药监局投诉；又说已在网上下单，门店已经收了钱，却不给货他们。尽管吴桂萍和其他店员苦口婆心，耐心解释，有些心急的顾客就是不信，打了药监局的投诉电话，经药监局领导解释，才平息了众怒。

那时，面对这样突发的严重疫情和一些传闻，大家的心里都有些恐慌害怕，店员苏少霞坦诚地说，店员也是一个普通人，有家庭，有子女，不仅父母、配偶，还有子女也都会担心他们这些明知有风险还坚持去上班的药店店员。但她说："作为医务工作者，虽然也会害怕，但我们不能退缩，我们必须守护所在的社区，为社区居民提供防疫物品，跟上国家的抗疫步伐，筑起一道防疫抗疫的铜墙铁壁。"

在疫情最严重的时候，天天处于紧张压力环境下的光大花园门店店长吴俊惠累得身体扛不住了，咳嗽发烧接踵而来，症状与新冠肺炎相似，虽然知道只是普通的感冒，但家人还是担心。虽然当时自己嘴上不断安慰顾客不要担心，做好防护就能避免感染，但心里也会害怕自己被传染。在家人眼里生病应在家好好休息，不一定要去上班，但吴俊惠心想在这关键时刻如果自己休假了，店里人手不足，其他店员也会很劳累，顾客也会因为没有防疫物品感到焦虑。她更多想到的是自己身上肩负的责任、公司的服务宗旨，她以坚强的毅力挺过了那些最有压力的日子。

在华景门诊工作快十年的理疗科医生周雪姣无不感叹地说，自己在新南方集团结婚生子，新南方集团见证了她人生中的每一件大事，她也见证了新南方集团面对疫情时的艰难。2020 年 2 月整整一个月，养和医药连锁的所有门诊都没法营业，作为一个普通员工一个月不上班顶多就是少赚一个月的钱，但是对于一个有几千人的大公司来说，不仅仅是一个月没进账，还要支付巨额的房租、员工的工资和五险一金等运营成本，在这种艰难的时期，新南方集团还给武汉地区捐献了大量抗疫物资。疫情期间，新南方集团还推出了新的防疫用的邓老清冠饮，为抗击疫情作出自己的一点贡献。

方启兰医生说，在抗击疫情的行动中，新南方集团在关键时刻体现了强烈的社会责任感和企业担当。新南方集团是一个低调做实事，满怀社会责任感，具有无私奉献、大爱精神的企业，她为自己是这个企业中的一员感到自豪。

2020年是一个不平凡的年份，春节前夕，全国开始遭受新型冠状病毒的侵袭，各行各业的运行遭受了巨大的影响，因为疫情年后一直不能正常复工、复产、复学。如果疫情一直得不到控制，医务人员一直治疗着却突然被迫停止治疗的病人怎么办等问题，成了蒙在养和医药连锁员工心里的一层阴影。华景门诊的黄慧霞医生就有这样的担心。她在2020年5月某天回到阔别4个月的工作岗位后，看到还是如此熟悉的一切，深深地感觉到，只有每天工作着、和同事与患者相处着才是最充实的日子。复工第一天就有一个一直跟随着黄医生的老病号来找她，由于从网络和电视上看到了太多关于新型冠状病毒的信息，她的内心充满着恐慌，当见到熟悉和信任的黄医生，她非常激动，油然生出一种安全感。黄医生顿时感到医生在病患当中的地位是其他人际关系无可代替的。她想要以最精湛的医术善待每一个患者，让他们远离疾病，提高生活质量。

2020年春节假期，华景门诊妇科朱定玉医生一家三口回湖北荆州探望父母，没想到新冠肺炎疫情暴发，整个湖北都成为重点防控地区，朱定玉一家三口滞留在湖北荆州。她每天因疫情揪心，时时关注疫情信息，让她感动的是华景门诊第一时间就建立了湖北籍员工微信群，每天发微信关心她一家的健康，初三就收到了同事寄来的口罩，疫情让她感受到来自大家庭的温暖。三月下旬荆州解封，朱定玉一家安全返回广州，居家平安隔离两周后，她终于回到了热爱的工作岗位。门诊的疫情防控工作紧张而严格，医生护士每天认真做好个人防护，门诊每天中午和晚上都定时进行紫外线消毒，诊室里也每天用含氯消毒剂消毒。患者前来就诊要填表量体温，有些患者不理解，抱怨都是街坊邻居为什么还要填表，医护人员都耐心地加以解释。还有些患者很恐惧到医院，医护人员就用微信跟他们交流，给予指导，必须来门诊检查的就做好解释工作，消除其恐惧心理。由于朱定玉医生的耐心细致，十几年的工作中有不少患者都变成了朋友。有一位患者在做了子宫全切手术后精神比较紧张，疫情期间表现得更加严重，每天都要打电话问一些问题，朱医生都会耐心安抚她，并给予一些指导，疫情减轻后，这位患者特意过来门诊做检查，感谢朱医生不厌其烦的解答。可谓疫情无情人有情！养和门诊的医护人员通过自己的一言一行，在新冠肺炎疫情背景下为社区居民的身心健康提供了爱的支持。

2020年2月初，疫情还比较严重，养和的部分员工仍然坚守岗位，分批回门诊值班，主要处理线上患者的转方业务等工作，在外卖和公司饭堂供应餐饮有困难的情况下，上渡国医馆的区凤玲护士长不辞辛苦为大家准备营养午餐，让值班的同志都感到很暖心。

华景门诊已有20多年辉煌历史，这里记录了每个医护人员努力的瞬间。凝聚产生力量，团结诞生希望，在这种良好的工作氛围中，每个员工都争做一流员工，以更好的服务态度回报社会。同事之间互帮互助，有一年有位同事生病了，急需大额手术费，大家积极筹捐现金，尽绵薄之力，同事感动不已，积极配合治疗，康复后再次回到自己的工作岗位。类似事例不少，如此温暖的团队，照亮着每一个人。

养和药店　改革发展

养和医药十八家药店布局在广州各社区街道或楼盘，以群众需求为导向，既提供各类OTC中西医药品，也有坐堂中医服务、网络预约医院名医诊疗等综合服务，以“买药放心，用药安心，服务贴心”为服务理念，逐渐形成了“来养和就是放心一点”的品牌口碑。在药店连锁经营管理上，形成了五个统一的企业管理机制，即统一采购配送、统一质量标准、统一数字化管理、统一服务体系流程、统一门店形象管理，企业市场综合竞争力逐渐提升。

也许有人会问，在连锁药店强手如云的一线城市广州，养和药店连锁与其他药店连锁相比有什么不一样的地方？经过观察，你可能会发现有如下几点不同：一是养和药店有许多由广东新南方中医研究院的专家团队研发提供的中药产品，包括内服的中药膏方和中药颗粒冲剂，以及外用药等产品，这些独家研发、生产和销售的中医药产品在其他药店是买不到的。养和药店尝试复兴传统中医前店后厂的经营模式，这种经营模式有利于中医中药的联动创新，例如同仁堂与它的系列名药。二是养和药店不只是买药的店铺，它还提供养生咨询、药膳调理、保健疗法推介、健康管理等许多大健康服务，这意味着养和药店打造的是一个能为基层社区群众提供医药综合服务的健康驿站。三是紫和堂以质量上乘的“正中药”作为中药管理的唯一标准，全部中药饮片均按国家药典及相关标准进行生产和检验，严格执行国家GSP认证规范，并引入地道优选、可溯源的精品药材，以及配方颗粒、膏方、丸剂等多种剂型，让广大消费者用上优质、安全、放心、方便的中药。

养和医药的营销总监林奕章总结了2018年以来养和医药连锁经营回归专业进行改革，逐步构建属于自己的核心竞争力的做法：一是强化门店员工专业培训，建立门店的学习分享机制。公司在各门店选拔和培养了一批身处一线的内训师，让专业扎实和经验丰富的员工承担起本店的培训和学习组织工作，大大提升了门店员工的学习意愿和效率。随着员工的专业水平提升，门店员工的平均人效从2018年初的2.2万元/月，提升至目前超过4万元/月。在保持门店业绩不断增长的同时，门店一线员工的实际人员编制也由原来的170多人降低到目前的100人左右。这不仅降低了药店的人力成本，也让人均收入大幅上涨，门店员工的心也稳定下来，门店一线人员流失率大幅下降。二是加强会员精细化管理，开展精准化营销。2018年4月，养和医药连锁引入专业的会员管理系统（CRM），并陆续开展了多项基于提升会员体验的服务项目，如通过向购买慢性病药品的会员顾客推送用药指导和复购提醒，强化药学服务；通过向到店消费的顾客推送满意度调查问卷，改进服务；通过向超过45天未到店消费的顾客推送优惠券，挽留可能流失的顾客。2019年底，经过一年多的会员精细化管理积累，药店决定引入风靡广州药品零售市场的超级会员日特惠活动。该活动主要是通过定向邀约目标顾客到店消费的方式，开展限时限人数的全场商品低折扣让利活动，最终达成薄利多销的爆发性业绩增长。在四场已完成的超级会员日活动中，养和药店不但平均业绩稳超同行，更为突出的是活动综合毛利率比同行高出近10个百分点，这大大坚定了加强会员管理的信念。

目前以消费者需求为导向的新零售变革已成为行业的共识，但“以大众健康为己任，不懈努力”的使命，依然是每一个养和人不忘的初心。当然，药店连锁之间的竞争除了看店铺规模、商品的数量和质量、营销模式、商铺地段人气之外，最重要的就是经营者的服务态度和精气神了。

以医带药　顾客导航

养和医药继承了传统中医堂看病又买药的经营理念，创造了“以医带药”的经营模式，也正是这种从历史和实践中摸索积累出来的经营智慧后来演化成为新南方集团在非洲推广快速抗疟项目的主导思想。罗马家园门店的陈丽合将养和医药这种以医带药的服务工作生动地比喻为开车导航。她认为现在人们开车去不熟悉的地方都是先开导航，消费者买药也是一样，年轻人买药前大多会在网上搜索一下，而上了年纪的人买药则多凭过去的用药经验或医生的推荐，因此，作为药店的一名店员需要具备扎实的药学知识才能发挥出为顾客买药导航的作用。

珠江帝景苑门店的蔡春霞讲述了一件令她难忘的事。一天一位年轻的姑娘来药店买益母草颗粒，蔡春霞关心地问了她一句："你是月经量少？还是推迟了?"她说推迟15天了，以前都是很准时的，听朋友说吃益母草可以治疗月经不调，所以想买来试一下。蔡春霞凭自己的经验，继续询问她除了月经推迟，还有没有其他症状，比如乳房胀痛、烦躁易怒、乏力之类，她说都没有这些症状。蔡春霞又悄悄地问她："有男朋友吗?"她点点头。于是，蔡春霞建议她先买个验孕棒回去验一下，如果不是怀孕，再来买药吃也不迟。姑娘接受了这个建议。过了几天，蔡春霞晚班时那位姑娘又来了，还没来得及问好，她就对蔡春霞说："我的确是怀孕了，幸好当时听您的建议没有吃药，不然就糟糕了，太感谢您了！"这件事告诉我们，一个优秀的药店员工不只是卖药这样简单，应该做好消费者选药和用药的参谋顾问，这不仅是责任，也是培养顾客忠诚度的可持续营销策略。

华侨城门店的吴桂萍就很有体会地说，即使是消费者来买一点不起眼的药，营业员都可能需要提供选药和用药指导。她记得有一次一位快九十岁的老人家来店里找眼药水，小吴热情地上前询问，才知道这位老人一个人在家无聊，常看电视到深夜2点多。小吴和老人解释这种干眼症是看电视电脑用眼过度、泪液分泌不足所致，并向老人推荐了适用的滴眼液和越橘叶黄素酯β-胡萝卜素，并在每种药盒上写明药物的用法等，交代了用眼卫生习惯，最后还留了电话号码给这位眼花的老爷爷，告诉他如果有不清楚的可以来电话咨询。像这样的事每天都在药店上演，这正是养和人践行企业精神的点滴写照。

药店虽然做的是生意，但药品不是一般的商品，绝不能唯利是图，必须对买药者的安全合理用药予以指导和把关。例如过去由于百姓缺乏对抗生素耐药性的认识，存在滥用抗生素的现象。因此国家药品监督局发布新的规定，即抗生素必须凭医生的处方才可以销售。一开始很多顾客都不理解，为什么买头孢、阿莫西林之类的药还需要身份证和医生的处方，各种埋怨，甚至骂店员。珠江帝景苑门店的李上贤对此深有体会，她说店员们承受了太多无奈。但随着耐心的说服工作和科学普及，消费者从不接受到理解，并开始按照要求配合出示有关证件，让店员们看到良心药店坚持原则的社会效益。

过度治疗和滥用抗生素等是常见的不合理用药现象。御景壹号门店的沈映璇就讲述了这样一种常见的情况：一天有个顾客来买维C银翘片和禾穗速效氨咖黄敏胶囊，准备同时服用治疗自己打喷嚏和鼻塞的情况，小沈就告诉这位顾客，这两种药有相似的成分，同时服用会因为剂量加大而损害肝肾功能，建议顾客选取其中一种即可。

华侨城门店的钟真娇总结了她在药店工作中积累的经验，她说：当顾客走进药店，不要急于去介绍药店最近的打折药品，也不要急于去推荐药店新进货的产品，首先要做的是问清楚顾客有什么样的健康问题，需要什么样的药，然后再进行适当的推荐；如果顾客点名要某一种药，作为药学专业人员，如果觉得消费者的选择不妥，可以向顾客做必要的解释，并推荐其他合适的药品，但不要只是说这种药比那种药品好，而应该说清楚某种药为什么更适合他的具体情况。同时还可以告诉顾客一些与服药相关的饮食上的禁忌和注意事项，例如饭前，还是饭后，或随饭服药等。如此一来，你卖出去的不仅是药品，同时也给顾客留下了好的印象，为药店积累了口碑。锦绣花园门店的庄斐斐说，养和药店的经营理念促使店员们非常注重与顾客建立良好的可持续的关系，所以只要是来过养和药店买药的顾客就会很快与养和建立信任。小庄说她就因为给一位患有皮肤病的老人提供过用药指导，从此以后就经常收到这位老人家的电话，咨询小病小痛的处理办法。不仅是小庄自己，她的服务对象也觉得养和药店具有与其他药店不一样的文化魅力，这种魅力建立在每一位员工与顾客交往的每一天和每一件事上。

养和药店“买药放心，用药安心，服务贴心”三大服务理念已经深入店员之心，并通过自己的言行来践行。丽江花园门店黄小燕讲述了这样一个暖心的故事。有一天，一位女性顾客急匆匆地走进店，说：“美女，给我拿点川贝。”店员一边去拿川贝，一边问道：“请问你买川贝是给大人，还是给小孩用呢?”她一脸不愉快地回应说是给小孩用的，店员继续问道：“请问你的孩子几岁，咳嗽有痰吗？如果有痰是黄痰还是白痰?”听店员这么一问，这位阿姨的表情和语气变得缓和了许多，说：“我孩子咳嗽，还有黄痰。”店员微笑着回道：“好的，那我给您拿 15 克川贝，敲碎，分三小袋装好，行吗?”在店员加工川贝的时候，这位阿姨跟店员说：“我刚刚在其他药店说要买川贝时，她们只会问我要买多少，并不关心谁需要服用这药，更不懂询问痰的颜色等这类问题。还是你们店更专业，买药还指导辨证用药，让我很放心，服务态度也让人感到很舒服，以后我需要药物都会来你们店的。”后来这位阿姨就成了养和药店的一名忠实顾客。这就是养和药店“以医带药”经营理念与众不同的魅力。

养和医药的员工之所以具有以医带药的能力，归功于公司一直非常重视员工的专业培训。在养和药店工作的老员工说，在这里工作收获的不仅是一份工薪，还有中医药的专业知识和技能。陈果飞是养和药店的一名店长，她深有体会地说，中医中药是她在养和学习到的最有用的知识，公司对员工的专业学习抓得很紧，老总不仅要求养和提供的中药材质量要好，中药品种要尽量齐全，也要求员工必须熟练中药抓药流程，发药必须复核，还要细心交待顾客煎药须知等等，让顾客体会到养和专业、优质的服务。培训学习的内容有中医舌诊、中药材识别、中医九种体质分类等，公司每年都会举行中药知识竞赛，促进员工的继续教育。学习这些知识不仅可以为前来买药的顾客提供一些参考意见，也有助于员工成就更美好的自己。在养和工作 5 年的陈果飞获得了广东药师协会颁发的优秀执业药师称号。

亲民药店　与民分忧

办在社区的药店与社区居民的关系不一般，就像邻居和亲人一样彼此相互牵挂着。邝秀芳说社区里有一对李姓夫妇给她印象深刻，因为他们年龄比较大，遇到下雨或者不方便出门时，药店都会帮忙将他们需要的药送上门去。而他们夫妇去旅游时都会给邝秀芳带点特产手信，彼此关系很融洽。平时这对老夫妇出门都是形影不离，可是有一段时间邝秀芳再没有看见这对夫妻来药店，也没有再看到阿姨每天发出的微信早安表情包。邝秀芳有些挂念，多次发微信给阿姨也没见她回复。后来，邝秀芳终于在菜市场看到了阿叔，才得知有一天阿姨半夜突发脑梗，不幸去世了，阿叔受到打击住院了。听到这个消息，邝秀芳感到心头一凉，几天都觉得心里空空的。在社区服务久了，跟这里的顾客相处得犹如邻里朋友一般，看着老人家慢慢地老去，小孩子慢慢地长大，心里有着一种别样的感情，她觉得更应该好好地服务于这片社区。

丽江花园门店的郭荣倩说在他们药店有一位八十几岁的老顾客，行走不便，他每次来店买药时，店员们都会第一时间给这位老爷爷拿来凳子让他坐下，再询问他需要买什么药。老人家肠胃不好，常常要买全安素，一次一般都买四五瓶，因此药店的郭荣倩就常常护送这位老爷爷回家。在每次送他回家的路上，这位老爷爷总是关心地问一问小郭的工作压力、生活状态等，令小郭感到很暖心。每次送到家，老爷爷总是叫小郭等一等，都要送小郭一个大苹果，让小郭感受到了家人一样的关爱。

药店营业员的岗位看似简单，但要把工作做好、做细却不容易。利海店的苏容深有体会地说：作为一名合格的营业员，除了要微笑服务，还要认真观察每一位顾客，认真倾听顾客的叙述，不能对只看不买的顾客表现出冷漠和不耐烦的表情，对有购买欲望的顾客则可推荐合适的药品，在推荐过程中尤其不要只顾自说自话或看到别的顾客进店而分神。

丽江花园门店的李连清一天中午在店里值班，一位上了年纪的阿姨准备进来，但她行动不太方便，小李赶紧走上去把她扶了进来，并搬来凳子让阿姨坐下。阿姨竟然被感动得眼角都湿润了。“阿姨您怎么啦？您是不是哪里疼呀？”“没有，姑娘，是你人太好了，我是感动得哭了。我有一儿一女，他们都不在身边，老伴又走了，剩下我一个人在这个小区居住……”阿姨跟小李诉起苦来。小李问：“阿姨，那我能帮您什么呢？”“姑娘，你能帮我量下血压吗？”小李拿来血压计，细心地给阿姨量了血压：“阿姨，您今天的血压是85和138，属于正常。”小李顺便向老人家介绍了高血压病人在生活中应注意的一些事项。“你懂得还真不少！”阿姨夸奖着小李。阿姨坦诚地告诉店员，自己家里还有降压药，今天并不需要买药，只是这两天没睡好，担心血压有波动才来店里量个血压。她想不到店员不仅免费给她量血压，还热情细心地给她讲解了相关的保健知识。店员的服务态度感动了她，后来这位阿姨也成了养和药店的忠实会员，她不只是买药，还常来量血压，找店员聊天，店员们的温情减轻了她的孤独。

养和药店与只卖药的药店不一样的地方还在于能够也愿意帮助小区的居民处置一些紧急情况。例如利海分店的陈嘉林说，有一天晚上他值班，一个孩子的父亲汗流浃背地抱着衣服都是血迹的小孩子跑进店里。原来是孩子骑自行车不小心摔倒在附近堆放装修材料的地方，被地上的玻璃划伤导致皮肤一直在流血。孩子父亲神情慌张，喘着粗气，手也在发抖。见此情况，店员们一边帮孩子处理伤口止住血，一边嘱咐父亲打电话通知家人过来，带孩子去医院做进一步检查和处理。第二天这位孩子的家长带着水果来店里表示感谢，他说看到孩子受伤流了那么多血，六神无主了，想起在小区经营十几年的养和药店，就像有事找老朋友帮忙一样，在店员们的及时帮助下，流血被及时止住了。家长感激之情溢于言表。

丽江花园门店的莫晓玲也讲述了一个自己经历的案例。一天店里来了个脸色苍白、浑身直冒冷汗的女生，原来她有严重的痛经，痛得连腰都直不起来，还又拉又吐，家里也没有大人在。莫晓玲赶紧带她到药店休息室里坐下，给她倒了一杯热水，又拿来痛经贴和止痛药。过了一会儿，她的疼痛逐渐缓解了，脸色也慢慢地恢复了红润。她要求加店员的微信，在店里购买了一个疗程艾附暖宫丸和四物膏来调理身体。后来她说她的痛经症状比以前大有改善，也非常感谢养和药店提供的调理建议，她赞扬养和药店不仅服务热情，而且专业扎实。她也成了丽江花园门店的忠实顾客和店员的好朋友。

急顾客之所急，尽量满足顾客的求药需要一直是养和医药人的信念。罗马家园门店的梁晓露说，一次有一个患者忽然发现自己定时要服用的药没有了，这时已是晚上，顾客非常着急，去了多个药店都没有找到这种药。最后他来到了养和罗马家园门店，当时门店也刚好没货了，于是小梁上公司系统，发现附近连锁门店有该药品。小梁让顾客稍等一会，自己搭车过去帮顾客把药取回来，顾客非常感动，没想到这家药店会如此重视患者的求药需求。在养和看来，断药是危及生命安全的大事，因此，帮助顾客解决燃眉之急应该成为药品经营者的核心理念。养和人甚至将帮顾客寻找他们想买而又买不到的药当作自己服务的内容。一件感人的事可能会给一位求药者留下终生的记忆，也培养了顾客的忠诚度。

泽德花苑门店的陈黛琪遇到过一个“奇葩”顾客。2020 年刚好处在疫情高峰期，店员们忙得不可开交，常常加班。有一天，一名喝醉了酒的男子一头栽进店里，手臂满是刮伤，店员们一边试图让他清醒，一边拿来消毒液和棉球纱布，为他做了简单的伤口处理。

西丽门店罗桂梅深有体会地说，在药店遍布街头巷尾、价格竞争激烈的经济社会，只有为顾客提供像对待家人一般真诚周到的服务才能取信于顾客，赢得市场。一个药店的经济来源于老顾客群的持续支持，因此服务好每一位顾客对于药店的生存发展尤其重要。药店的微信群里经常有顾客询问药品价格或者预订药品，有些顾客会询问为何养和的某个药品价格贵一些，店员都会耐心地解释清楚，例如可能是道地药材，也可能是剂型或厂家品牌不同，如果是同类同一品牌的产品价格有差异，养和可以做到差价返还。还有一些老顾客去外地工作或生活了，但还希望养和提供寄药服务。除此之外，养和还编辑了许多关于用药与健康知识的宣传资料，帮助顾客合理用药。对于腿脚不方便的小区顾客，药店还帮忙送药上门。养和的贴心服务让顾客有一种依恋感。

即使是销售保健品，养和药店的店员们也做到了让顾客买得放心。一天下午，有两位年轻的女性来丽江花园门店想给她们的母亲购买护腰。由于母亲在外地，不可能来店内亲自试戴护腰，两位女儿不知道应该为母亲买多大的护腰合适。店员林凤经过和女孩交流，得知她们的母亲体型微胖，于是她拿了大、中、小三种不同规格的护腰供选择。为了让女孩有更直观的感受，小林找来三位体型不一样的同事充当试用模特，帮女孩试试哪个护腰更合适她们的母亲。两位女孩脸上露出惊喜的笑容，连说：“谢谢！你们想得真周到！”在几位店员试戴后，女孩放心选择了心仪的护腰。虽然卖出一副护腰的利润很低，但不厌其烦地通过试戴产品做好顾客的参谋，让她们买得放心，赢得的是门店的口碑！

丽江花园门店的店员陈婵芬说，药店与周围社区居民的关系十分融洽，让她感觉人间有真爱，工作有真情。有一天一个阿姨来药店买了一些清肝火的凉茶，又向小陈询问了许多相关药品知识，临别时她说："姑娘，你真的好有耐心，能跟我说这么多，也不嫌弃老人家唠叨，我非常喜欢你。"因为有了第一次的好印象，这位阿姨常来店里找小陈买药，两人慢慢成了好朋友。阿姨还经常开玩笑地说："姑娘你有没有男朋友啊？我给你介绍一个年龄差不多、人品不错的男生。"在阿姨的牵线之下，小陈与那个男生牵手了。看来，办在社区家门口的药店不仅营销了产品，还营销了店员自己的声誉，找到了爱的归属。

中药虽然有不同的产地和品质，但一般不会有太大的价格浮动。药店经营者应对顾客讲究诚信，做到价格公平、合理、透明，童叟无欺。一天，一位 50 多岁的中年男子拿着一张处方和几包中药来到珠江帝景苑门店柜台前，店员忙笑着迎上去，那位男士有些生气地说："你看，同一张处方我在别的药店抓的要比你们这儿便宜好几十块钱，你们不是说你们店的中药是最好的、价格也最合理吗？"接待他的店员心想，虽说每个药店的药价并不完全一样，但应该也不会相差那么远，会不会有什么药不一样？在征求顾客同意的情况下，店员将药袋里的药全部倒出来，对照处方仔细核对。这是一副治疗类风湿性关节炎的药方，经过比对，店员发现商家少发了秦艽和威灵仙这两味主药，于是耐心地跟这位顾客解释了其中的缘由。顾客感激地说："幸亏过来找你们理论，不然吃了少了主药的方子还被蒙在鼓里，又冤枉了你们，真的太感谢你们了！"这位顾客心悦诚服，要求重新配好药味齐全的十剂中药，最后满意地离开了药店。正如北京同仁堂那副对联："品味虽贵，必不敢减物力；炮制虽繁，必不敢省人工。"药品人命关天，丝毫来不得半点虚假，这也是养和连锁人的职业信念。罗马家园门店的欧础林说，他在养和医药上班听顾客说得最多的一句话就是："你们药店比××药店更专业，不会很夸张地推销药品，而且药的品质更好。"听到顾客这样的评价，作为养和的员工都会感到自豪。因为专业，所以养和才是最好的。在欧础林的印象中，虽然门店的员工有更换，但不少老顾客从门店开张起就一如既往乐意在养和药店买药，这说明养和药店留住顾客的是企业文化，而不仅仅是个人之间的关系。

千人千面，人心各异。并不是每一位顾客都那么好打交道。不理解医药这种特殊商品销售规定而产生误会的、发牢骚的、骂人的、刁难的顾客还是会经常遇到。西丽门店的廖秋媛说起她遇到的一件事。一天，一位阿姨走进药店问："姑娘，有罗红霉素片吗？"小廖本着对顾客负责的态度问道："阿姨，您以前服用过这个药吗？"阿姨说："我喉咙发炎，听别人说这个药效果不错。我以前没有服用过。"小廖解释道："阿姨，这是一种抗生素，您没有吃过就不知道有没有过敏反应。按规定这种药需要凭医生的处方才能给您拿，建议您先去医院看一下，好吗?”阿姨有些生气地说：“你这卖药的丫头，叫你拿什么就拿什么，这点儿小病还用去医院吗? 多麻烦，我自己买点药吃就行了。”小廖耐心地向这位阿姨解释：药品是特殊商品，关系到顾客的健康，用药不当后患无穷。药店要对每一位顾客认真负责地推荐和指导用药，尤其是抗生素，目前全世界因抗生素滥用导致的细菌耐药现象十分严重。根据当时小廖了解的患者具体情况，她向患者推荐了蒲地蓝消炎片，这是一种中成药，含有蒲公英、苦地丁、黄芩、板蓝根四种成分，具有清热解毒、抗炎消肿作用，在临床上广泛用于上呼吸道感染、咽炎、扁桃体炎治疗。听了小廖的耐心解释和药品推荐，阿姨不仅明白了不能乱服抗生素的道理，也接受了小廖的药品推荐，满意地离开了药店。

西丽门店的谢惠仪也讲述了自己经历的一件事。一天下午，一位中年男顾客拿着一瓶刚吃过几片的氨糖软骨素钙片，怒气冲冲跑到药店，原来他在养和门店买了一瓶氨糖软骨素钙片，吃了几天后看到说明书上写着该保健品的成分中有“氨基葡萄糖”的字样就急了，因为他患有糖尿病多年，认为不能吃任何含糖的东西，要求退货。小谢应用自己平时学习掌握的知识给这位患者进行解释：氨基葡萄糖简称氨糖，是形成软骨细胞的重要营养素。人体内的氨糖会伴随着年龄的增加而逐渐减少，氨糖可以促进软骨素质的修复和重建，改善关节活动，缓解疼痛。虽然名字中含有“葡萄糖”字眼，但它只是葡萄糖的一个羟基，服用后在体内也不会形成葡萄糖，其最终代谢产物为二氧化碳、水和尿素，因此不会影响血糖水平，糖尿病患者可以安心服用。经过小谢的耐心解释，这位患者不仅平复了自己的情绪，而且对养和员工的专业素养深表佩服。

如养泰分店的李思萍所感叹的那样：“工作虐我千百遍，我待工作如初恋。”尽管总是遇到形形色色的顾客，可她从来没想过换工作。例如遇到听力不佳的老人，需要店员一遍又一遍地跟他们沟通，太大声了人家会觉得他们不耐烦，太小声顾客又听不清楚；还常常遇到一些顾客忘记自己要买的药的药名，只记得是治疗高血压的药物，这时候店员就得将几种降压药都拿出来让他们一盒一盒地辨认，非常需要耐心。

逸和门店的陈嘉慧说她曾接待过一个女顾客，走进店没有说话，小陈就问她有什么可以帮忙的，她用手指了指嘴巴，摆摆手，表示她说不了话。小陈就拿了笔和纸给她，只见她写下了感冒、咳嗽，然后小陈在纸上写下“感冒有几天了”“用过什么药”等问题。就这样，患者写一句，小陈写一句，这种无声的沟通差不多持续了大半个小时，写满了一张 A4 纸。小陈说，与顾客的沟通是很重要的，既可以准确了解顾客的需求，还可以让顾客感受到店员对他的关心。

2020年年初新冠肺炎疫情暴发时，除了医护人员守护在第一线，能为普通民众提供卫生防疫物资保障的机构就是药店了。为保证民众能及时买到抗疫用品，为有需要的人提供药品保障，养和医药连锁门店坚持不关门，安排人员轮流值班。在疫情期间，店员除了每天要维持秩序卖口罩，还要做好各种信息登记。遇到焦躁的顾客，则要安抚其情绪，耐心解释。虽然相比上前线的医护人员，药店的员工可能显得有点“默默无闻”，但在这条“看不见的抗疫一线”上，药店人员在至柔的外表下，体现了抗击疫情、护佑生命健康的至刚力量！

在疫情紧张的情况下，一个口罩也格外珍贵。一天怡港花园门店的刘慧珍值班，有位阿姨神情紧张，一进药店就喊：“请问有口罩卖吗？”那时得到的回答肯定是“没有了！”阿姨一脸着急地说：“怎么办呀？我没有口罩，就上不了地铁，回不了家呀！”原来，因为路上风大，阿姨的口罩被吹飞了，又刚好掉到路边的臭水沟里了。看到阿姨的焦急，小刘急忙说：“阿姨先别急。我们公司刚好发了一包口罩给我们上班用。我给你一个先用着。”阿姨一听非常感动，连说谢谢。也许为店员所感动，阿姨拿出医保卡，请小刘帮她采购一些常备药。最后，这位阿姨拿着连花清瘟胶囊、抗病毒口服液、板蓝根冲剂等预防用药，戴好口罩高兴地离开了药店，往地铁方向走去。小刘感叹，这真是一个爱心口罩带来的缘分呀。

有一位在码头做运输工作的卡车司机不小心将每天下发的唯一一个口罩弄破了，他来到怡港花园门店咨询有没有口罩购买，可是在国内外市场都紧缺口罩期间，药店的口罩早已经卖空。这位司机听到“没有”的回答时，两行眼泪就涌了出来，没戴口罩的他站在养和药店门口不知所措，时刻都存在着感染的风险。店员张杏芬见状，于心不忍，把自己私人仅存的两个外科口罩送给了这位素不相识的卡车司机。他想要付钱，被小张谢绝了。这位司机热泪盈眶地向小张道谢，上了卡车。也许这两个口罩能让养和爱心的美名随着卡车司机远行万里。

到2020年5月份，疫情得到缓解，各地都开始复工。那一天，怡港花园门店的吕晓玲正在上班，一个民工模样的阿叔走进药店，问晓玲能不能借50块钱帮他充一下手机话费。原来他今天带了几百块钱出来看病，在医院拍完片后就已经用完了，又恰好遇到手机欠费停机，他想联系朋友送点钱过来买药。他说，受疫情影响，他在家乡失去了工作，经朋友介绍来广州找工作，现在在建筑工地上班。可能因为初来广州，水土不服，他这几天头痛难受，在医院做了检查后，想在药店买些药。听完他的叙述，吕晓玲拿出手机帮他充了话费。这位阿叔激动地说了好多声谢谢，因为他从医院出来问了好多家店铺都没有人愿意帮他。阿叔离开后，有人问晓玲：“你不怕他是骗子吗？”晓玲回答说：“这个顾客之前来店里买过头痛药，他吃过药后效果不明显，还是我建议他去医院检查一下的。何况50块钱也不是很多，他可能是真的遇到了困难。”后来这位阿叔也成了药店的忠实顾客。俗话说：“一回生，二回熟”，养和就是这样不经意地结识了一个又一个顾客。

上渡国医馆的李旺英医生记录了她在新冠肺炎疫情期间一天的微信：“李医生，我小孩最近眼睑又掉下去了。因为疫情原因不能去广州就诊，能麻烦您通过视频给他看一下吗？”“李医生，我这几天喝了中药有点拉肚子，我该怎么办？”“李医生，最近孩子有点感冒，重症肌无力的中药需要停吗？”“李医生，我家娃中药断药了，但因疫情原因无法在当地买到中药，能麻烦您从广州寄过来吗？”“李医生，我一直在紫和堂看重症肌无力，现在症状稳定，我的药该如何减量？”

李旺英医生回忆说，在疫情最严重的那几个月，不分白天黑夜，她在家里倒腾手机不停地回复患者提出的各种问题，而家里自己两个小孩的老师却发微信来说：“您孩子漏了上传作业啦！”丈夫也说：“今天你怎么忘记做我的药膳了？”她只能说一声对不起，因为患者不能因疫情而断药，更不能因医生的忙碌而延误病情，医者父母心，这都是医生需要照顾的“孩子”啊！在疫情肆虐的大半年中，李医生都是在这种忙碌的境况中度过的。手机不能离身，信息回复不能少一个字，否则可能会造成误会或事故。“嘀嘀……嘀嘀……”的微信提示音时刻提醒着李医生——在远方，有患者需要帮助。回答咨询、视频看诊、调整方药、安排寄药……每一次服务需要的时间是现场面诊的一倍以上。流程不能少，差错不能有！幸好有同事们的强力支持，仅2020年2月份，就寄出几十万元的中药快递，给远方的患者送去了健康和温暖。虽然在中医门诊没有轰轰烈烈的驰援，但有持之以恒的远程陪伴。患者们都知道，只要有需要，紫和堂的医生时刻都在身边。

坚守养和　家的情感

王作如是一位已经有16年工龄的老员工了，在养和从营业员、领班、店长，做到现在的培训部专员。他上班的地点也先后从天河、荔湾、海珠、黄埔到番禺，几乎到过广州所有的城区。他感叹岁月如梭，转眼间他从一个羞涩的青年变为已有白发的中年大叔。

医药零售行业工资待遇不高，社会地位也不高，但是在养和连锁药店工龄超过 15 年以上老员工还真不少，为什么有这么多同事能坚持在这个公司留下来呢？虽然各人各有理由，但都与良好的企业文化和和谐感动的人际关系有关。一般来说，一个人在一个行业工作超过 10 年，应该对这个行业了如指掌，但王作如感觉医药行业似乎有些不一样，他觉得在这一行还有很多他未知的地方，需要继续努力学习。在药店工作这么长时间，他也遇到过形形色色的顾客，刚开始接待顾客也有不熟练和不周到的地方，甚至留下了苦涩的记忆，但更多的是感动，有几位顾客给他留下了深刻的印象。2011 年在丽江花园门店当店长的王作如认识了一位叫黎阿姨的顾客，一头银白发，满面红光，整个人看起来很有精神，但她有抽烟习惯，偶尔有干咳，于是经常来药店要求给她开一些中药调理。她是店里的常客，和店里的每位员工都混熟了，她对人热情，心肠好，常将家里煮好的糖水送到店里给店员喝，令大家都很感动。虽然后来王作如离开丽江花园门店多年，但他有时候在朋友圈需要拉票点赞，还见到这位老顾客积极地帮他点赞。王作如觉得在社区药店工作能得到消费者的信任和支持就是一种很大的满足。还有一位 70 多岁的阿姨，她是一位退休老教师，有高血压，腿脚也不大方便，每次来药店买药，王作如都拿椅子给她坐，并帮助她挑选合适的药品。她每次买完药都要在药店里待一会，与店员拉下家常才走。店里不忙的时候，王作如都搀扶着她，送她回到她家楼下。那时候王作如还没有女朋友，这位老人家就非常关心他的婚姻大事。还有一位汪大叔，60 多岁，南京人，身体不大好，做过 1/3 胃切除手术，常有消化不良、干呕症状，还有高血压，他经常到药店咨询一些药品问题。他非常信任王作如，身体有点小毛病都发微信过来咨询，王店长都会耐心地予以解答。他是书法协会会员，毛笔字写得非常漂亮，他还将自己的书法作品赠送给药店。后来随着年龄增大，他想回南京与儿子一家同住，回去之前特意请王店长吃饭，希望王店长去南京时到他家做客。王作如深有体会地说，顾客就像自己的朋友一样，被他们信任感觉真的很幸福。他说在养和医药连锁这个大家庭这么多年，同事之间的关系都很和谐，也能发挥自己的专长，成长了不少，对养和的感情也许正是他能待这么久的原因吧。正是养和医药连锁的文化培植出的良好的医患关系，以及这种良好的关系给养和的员工以积极正向的反馈，使得他们从工作中获得了价值感。

养泰分店的陈焕甜店长说，自己从刚刚毕业什么都不懂的小女孩成长为能独当一面的店长，不知不觉已经在养和医药连锁这个大家庭工作了 10 年，当中经历了许多的喜与愁，养和之于她来说，不仅是一个工作单位，更有一种特殊的情愫。她说，经过这么多年的沉淀，发现自己越来越喜欢这个行业。

每天都和很多性格各异的人打交道，不仅沉稳了自己的心，也锻炼了自己的交际能力。她敬业乐业，庆幸自己选择了一份喜爱的工作。这份工作让她最有成就感的是帮顾客解决了实际问题，她通过细心观察甚至发现有时顾客感觉不舒服，并不只是身体不适，而是心里有烦恼。作为药店人不能只是为药品销售而销售，只要顾客愿意，她都乐意和顾客聊一聊。许多时候，顾客敞开心扉，有些病症就会不药而愈。有一次她遇到一位来药店买安神助眠药的阿姨，开始她不愿意多说，拿点药就走了。药物虽然缓解了她失眠的症状，但并没有彻底解决她孤独心烦的问题。后来她慢慢愿意与陈店长聊天了，小陈就耐心倾听，并加以适当的开导，这位阿姨渐渐地放宽心了，失眠也就消失了。这位阿姨也成了忠实的顾客，有什么健康问题都会来店里问问，小陈说被信任的感觉太好了。在养和工作，上有人情味的领导，下有互助互爱的小伙伴，小陈心怀感恩，坚守医药行业的信心越来越强。

虽然坚持在养和医药连锁工作十几年的理由因人而异，但感动的心都是相通的。加入养和大家庭不知不觉已经十多年的骆仰红说起了最令她感动的一件事。一天，当时她在上班的公交车上，突然收到一条手机短信，打开一看，原来是王苑东经理发来的祝福她生日快乐的信息，那一霎她心中充满了感动和幸福，想不到日理万机的王总会给一名普通的员工发生日祝福信息。她说在养和工作，有一种归属感，在这里可以充分实现自己的人生价值，她为自己在这里工作感到十分幸运。

员工的归属感从哪里来？叶佳乐店长讲述了 2018 年令她难以忘怀的一件小事。因受台风“山竹”的影响，广州市政府在 2018 年 9 月 15 日中午发出紧急通知：从当日 18 时 30 分开始，启动全市防台风 I 级应急响应。在响应期间，全市范围实行停工、停产、停课。养和公司闻讯立即发出通知：下午 2 点提前结束营业，所有员工立即回家。并且要求回到家的员工发信息给店长，再由店长上报给公司领导。下午 3 点左右，小叶等 4 个员工已经确认安全回到家，但还有 1 位员工一直没有确认信息。3 点 15 分公司领导要求店长马上打电话了解情况。但当时该同事的手机一直打不通。3 点 30 分公司领导又发信息来询问此事，并要求尝试通过其他方式进行联系，大约 3 点 40 分终于收到了该同事安全回到家的信息。叶佳乐觉得公司领导始终把员工生命安全摆在第一位，这是员工产生归属感的重要原因。

在养和医药连锁工作了 20 年，从一个懵懂少女到成为有两个孩子母亲的林妙霞说：“新南方就是我的家。”此言不虚。她说作为一个职业女性，要照顾两个学龄儿童，最困难的事情就是孩子上学接送和午饭问题，更怕学校有临时通知要接孩子回家。但自从养和医药连锁开办了汤道店以后，新南方总部员工的这些后顾之忧都迎刃而解了。2018 年她的大孩子刚升初中，考虑到离家比较近，她就让孩子回家休息。但有时她因为外出办事，中午赶不及回来，孩子的午饭就没着落了，自从公司开办了汤道店后就可以很方便地解决这些问题。小女儿平时自己放学回家，总有忘记带钥匙的时候，她会自觉地去汤道，在那里写作业、看书，等妈妈下班后再一起回家。有时林妙霞外勤回来得晚或是需要加班，也让两个孩子到汤道解决吃饭、做作业的问题，这让她这个做母亲的省心不少。此外，她感觉到新南方这个大家庭提供给员工的不仅是一份工作，还有中医健康养生理念。林妙霞的丈夫工作强度较大，患了颈椎病，后来他坚持每天做八段锦，现在已基本康复了，中医健康养生理念提升了她家的生活质量，也使她有了更好的工作状态。

养和医药连锁很注重员工的专业培训和人文关怀。刚来养和药店实习的新手农玉香写道：“养和医药连锁就是一个大家庭，同事像兄弟姐妹，领导像老父亲老母亲，工作环境充满着家庭一般的温馨。店长和老员工会教刚参加工作的新手如何与顾客沟通，熟悉各种药品的功效与成分，带教老师会耐心地传授他们的工作经验。养和医药连锁对实习生的培训很有技术含量，每天都有一个小目标，每天都是冲劲满满！店长发给我们每人一本实习手册，而且亲自教我们如何使用。例如其中有一项内容是帮顾客测血糖，店长教我的时候，他用采血计扎自己的指头示范，看着他扎的时候，我挺心疼的。店长以身作则的勇敢，为了教我而忍受了疼痛和流血，令我十分感动。”农玉香回忆说，她第一次给一位阿姨测血糖的时候，因为心慌而有些手抖，阿姨看出来她是一个新手，但没有要求换人，也没有发脾气，而是通过跟她聊天来缓解她的紧张。第一次扎血，因为她的失误把试纸头尾弄反了，自然不能测出结果，所以这位阿姨还要被扎第二次，这下小农姑娘更紧张了，但那位阿姨没有责怪她，笑着说：“没事，再扎一下，第二下就好了。”在顾客的鼓励和信任下，第二次测试成功。这个小故事告诉我们，养和医药连锁员工的成长还不能缺少顾客的包容、理解和鼓励。

进入华侨城门店工作不久的陈丽冰是养和医药连锁这个大家庭中新成员成长的代表。她在就业感言中说，她懵懵懂懂却又充满憧憬，带着老师同学的祝福、爸爸妈妈的担忧，开始了全新的生活。在领导的关怀和引领下，她慢慢地一点一点了解了养和医药。在同事的带领下，她慢慢地学会了销售的许多知识，也在和同事的欢声笑语中学会了柴米油盐酱醋的生活，见识到了不同的人和事，从爸爸妈妈捧在手心的小公主变成能自主生活的主人。她坦言有被顾客不理解或刁难的委屈，也有被同事关怀的温暖。不管怎样她都不会灰心，她知道这是成长的必经道路，她相信自己可以在这个社会上自给自足，也相信过不了多久，她可以很自信很自豪地站在爸爸妈妈面前告诉他们，女儿长大了。这是每一个养和人成长的心路历程的写照吧。

平凡岗位　不平凡人

财务工作是一种烦琐细致的平凡工作，没有轰轰烈烈，只有枯燥的数字与重复的计算，但财务工作的计算和统计数字犹如把握着企业的命脉。进入新南方养和医药连锁财务部门工作已有19年的林升仪深有体会地说：作为公司的财务人员，基本上都坐在小方格里，对着电脑处理账务，特别是上市期间，算起来在公司的时间比在家里还多，公司成了自己的家，真没想到自己竟然能在一个公司一个行业坚持那么久。这19年发生的故事很多很多，日常工作中，有不断排除新的困难去达成目标的故事；外勤工作中，有应对各类税务事项，以及跨部门协作完成任务的故事；集团活动中，有在学习培训中自我成长的故事，还有见证公司开疆拓土、发展壮大的故事。

2020年5月，林升仪走出办公室参加养和医药连锁锦绣花园门店的五八折促销活动，这令她印象深刻。专场开放后，很多顾客着急进场抢购，但是为了安全，她与同事一起耐心又有礼貌地挡住这些焦急的群众，让他们等号进场。他们安抚顾客焦躁的心情，解释需等待的原因，在这立夏的日子，陪着顾客一起在门外流汗，给他们扇风，维持好秩序。非常不凑巧，那天门店竟然断电了三次。林升仪带了电动小风扇，顾不上自己，都用来服务顾客了。能让顾客舒心一点，她也感到不那么热了。这天的活动共有近250个顾客进场，十几个工作人员，忙得晚饭都没空吃。看着顾客们大篮小篮地买走货品，虽然店员站了一天，喊了一天，实在很累，但大家都感觉很开心。在促销活动中，店员们分工合作，紧密配合，感受到了团队的精神和集体的力量。将自己的青春与汗水挥洒在新南方平凡工作岗位上超过19年的林升仪没有怨言，只有对公司领导悉心栽培的感恩，庆幸自己与新南方集团共同成长！

2006年大学毕业来到新南方集团财务部工作的陈烨，工作迄今也有15个年头了。回首往事，他觉得自己是很幸运的，因为他遇到了传他经验、助他成长的同事；有着彼此相携、同舟共济的团队，使他从一个毛头学生成长为能独当一面的专业工作者。在这么多相处的同事中，让他印象最深的就是同事林升仪，她从事着平凡的财务工作，工作作风踏实细致、认真负责，具有良好职业道德，尤其是在财务核算工作中严谨细致，力争细节完美。众所周知财务工作其项目之细、核算之烦琐，一个细节上稍有差池，其结果就可能会谬之千里，这类工作一环扣一环，急不得，乱不得。因此，财务工作必须思维敏捷，心细如发，有条不紊。记得在养和医药连锁准备上市的那段时间，林升仪为了整理好所需要的资料，废寝忘食，晚上都不回家，累了就在办公室休息。林升仪是一个真诚乐于帮助他人的人。2020 年年初新冠肺炎疫情暴发，许多员工无法正常到公司上班，林升仪就每天准时到办公室帮大家打开电脑，使其他员工即使在家也能远程办公，及时完成每月结账报税等工作。林升仪是一个低调务实的人，非常热爱自己的工作。虽然在财务岗位上没有台前的鲜花和掌声，有的只是长年累月的埋头苦干和堆积如山的会计资料，但她与财务同事一道默默耕耘，严防经营风险，为企业发展保驾护航。

刚来财务部不久的吴晓霞说，让她印象最深刻的是经理肖雅芳，肖经理以严格认真、一丝不苟的态度对待工作，让她看到了榜样是什么样子。例如她对下属所写的财务分析报告进行的修改，将“增长”修改为“增加”，将“降低”修改为“减少”等，这些字眼的修改，反映了肖经理等财务人员认真的工作态度。很多人可能都不懂为什么这些年轻人一直在新南方服务，其坚持的“精、气、神”又是什么，而吴晓霞每次的回答都是那句：“以大众健康为己任，不懈努力！”朱拉伊总裁办实业的理念及对医药产业的深厚感情使得新南方的年轻人以“新南方人”为豪。

养和医药连锁门店中有许多普普通通的年轻员工，他们在平凡的岗位上用工作态度和行为感染了周围的同事，感动了服务的顾客，为公司赢得了良好的口碑。御景湾门店的店员吴龙敏就是一位好榜样。在同事的眼里，她总是以温柔善良的态度服务好每一位顾客，同事有事请她帮忙顶班，助人为乐的她总是微笑地回答：“好的，我来上，你去安心处理好自己的事情。”有时交班中刚好来货了，叫她帮忙点完货再下班，她也总是说没有问题。对待分配的工作，她总是认真积极地想办法完成，遇到不懂的事她会虚心去请教行家。每次公司培训，她从来不会迟到早退。正如朱拉伊总裁所说的那样，“人是需要激情的”，在他人看来，吴龙敏每天都激情满满。在疫情期间，有些老顾客不想出门来药店取药，吴龙敏就利用自己下班时间，将顾客预订的药品送到他们手上，有些顾客甚至还会叫她顺道帮忙取个快递一起送上楼，她从不计较。就这样，她用自己真诚的服务和热情赢得了许多顾客的信任，不少顾客来到门店指定要她服务，她成了门店年轻人的一面旗帜。

所谓新南方人的“精、气、神”，就是指在新南方员工身上展现出来的一种干事的正能量。“精”就是朝气蓬勃的青春活力，“气”就是一种优雅的气质，而“神”则是一种有志向的理想精神。正所谓“精充气足，气足神旺”。就药店的店员而言，就是要在工作岗位上保持旺盛的工作精力，言行彰显出有修养的气质，在服务上有替他人着想的共情和业务水准。

健康人居　潮客小镇

建高门之嵯峨兮，浮双阙乎太清。
立中天之华观兮，连飞阁乎西城。
临漳水之长流兮，望园果之滋荣。
——曹植《铜雀台赋》

人们想不到曹植在《铜雀台赋》里描述的那座既可以看到曲弯流长的漳河之水，亦可看到郁郁青青花园美景，雄伟高大、飞阁高接云天的美丽建筑，在时光之箭飞过两千年后的现代都市里到处可见。建筑一直是人类文明进步的显著标志，从山洞、巢穴，到泥屋、茅屋、木屋、竹屋、石屋，再到砖屋和钢筋水泥建筑，建筑凝聚和记录了人类生生不息、聚群结社、组建家庭的漫长历史。建筑不仅是保护人生命健康的居所、生活的场地，也是生命的摇篮和精神的家园。各具时代特色和民族风格的建筑，都是讲述历史文化故事的地方。

珠江广场　地产新标

广东新南方集团是做房地产起家的，这是众所周知的历史。盖房子的基本流程和工程技术没有什么不同，但设计房子的建筑理念和初心却可以有很大的不同。朱拉伊想盖房子的理念与他信奉的中国传统文化和中医有些关联。

2004 年朱拉伊在新南方公司“房地产板块历史经验总结暨未来发展探索”研讨会上表述了新南方房地产盖房子的基本理念：“在今后项目的市场定位、产品设计上，要继承和发扬优良传统，继续以市场需求为导向，充分以顾客利益为准则，要从特定阶层的文化背景、专业文化知识、中国文化、生理学、心理学等多角度综合考虑顾客的诉求；崇尚营造‘健康家园’的理念，要让客户住得更舒适，活得更健康，事业更兴旺。”事实上，从新南方房地产业多年发展的轨迹来看，基本达到了朱拉伊所确定的预期目标，也得到了社会的高度认同。

要建房子，首先要有地。把新南方的第一个房地产项目建设在哪里，这对于一个新起步的公司来说是非常重大的决策。地点选好了，可能成就新南方未来的事业；选地失败了，将会直接影响新南方的资金链。然而在选择房地产开发用地这件事上，并没有多少依据可以参考，或者说，只能靠投资者的一双慧眼。为了选好新南方公司房地产的“第一块地”，朱拉伊走遍了广州东南西北市郊进行考察。最后朱拉伊把目光投向了珠江南岸，当他来到南岸下渡船场的时候，眺望四周，心中猛然一动，只见这里珠江水势龙盘，地如虎踞，南北各有一座大桥，仿佛两条飞跃江的巨龙，这是一块宝地啊！不过当时这里却一直被人当作不值钱的“烂地”，甚至连来考察的人都很少。独具慧眼的朱拉伊强压住心中的喜悦，不动声色地与当地的“地主”谈判。“地主”一看这样的“烂地”有人要买，真是求之不得。朱拉伊交了50万元定金，就将这块尚未开发的临江宝地收入囊中。在朱拉伊看来，繁华都市广州，珠江江景房产开发资源十分有限，临江房地产项目必然有很大的升值潜力。也许这样的想法，这样的决策，在现在看来似乎是非常简单的，但是在当时，整个珠江南岸房地产还处于未开发状态，这是需要勇气和眼光的。

在那个年代，广州民间甚至流行“宁要河北一张床，不要河南一间房”的戏言，说的就是几十年前广州珠江河南与河北两岸发展状态的巨大差异。那时在河南生活的多为农民，而河北是达官贵人区，商业和教育相对发达。一江之隔，竟然有两种迥然不同的生活状态。珠江南岸原是农田、菜地、大小鱼塘，破败的厂房，漫漫荒草，黄土烂泥，车马稀少。在这样的背景之下，朱拉伊敢于打破当时许多商人投资的习惯和世俗的眼光，以智慧的眼光和巨大的勇气投资了新南方房地产第一盘。朱拉伊后来在总结会上感叹地说：“新南方集团所开创的许多事业是没有经验可循的，例如开发的珠江广场就是在河南江边开发的第一个高档楼盘。”

房地产投资的确需要天时地利人和及大无畏的勇气。就在朱拉伊谈判结束后的第三天就有一个知名大地产商也相中了这块地。听说此地三天前已经被朱拉伊以50万元定下的消息后，这位地产商立即赶过来和朱拉伊协商，想以600万元巨资换得这片土地的采购权。但朱拉伊不为这一转手就可以净赚

珠江广场外景图

几百万元的买卖所诱惑。即使当时有好多人劝说朱拉伊，这样轻轻松松地赚一大笔，何乐而不为？但都被朱拉伊谢绝，朱拉伊的态度是："不论谁拿再多的钱，我也不让。"在朱拉伊的心中，这是一块充满发展机遇的宝地，而不只是能赚钱的地皮。朱拉伊为了让地产商知难而退，同时也为了避免商业合作受到影响，顶着巨大的压力，以2 000万元天价一举收购了那块地。这令那位地产大佬也感到十分诧异，认为这块地怎么可能值2 000万元，于是主动放弃了收购的念头。

楼盘地址已经选定，接下来就是做好规划。带着一颗殷殷之心，朱拉伊带着新南方公司的高层和专家来到了拟开发的宝地，讨论未来发展的规划。一个念头接一个念头闪过，灵感不断在朱拉伊的头脑里涌现，新楼盘的未来规划渐渐清晰起来。"我们新南方就是要在'不要河南一间房'的年代，敢在河南做房地产，而且还要把它做成有示范性的豪宅！""我们要做健康的人居，把健康的思想做到房地产事业里面，打造一个健康居住新理念！"朱拉伊站在江边，凝视着珠江南岸的田野，眼中闪耀着执着与热情的火焰，充满自信的话语掷地有声！新南方高层和专家们在朱拉伊充满激情的创造性思维的感染下，健康、心理、医学、哲学、人文……一个又一个领先于时代的观念被注入新南方第一盘的设计蓝图中，一个关于临江豪宅的花园式建筑小区的蓝图逐渐明晰。这场头脑风暴来得突然，来不及准备任何录音设备，那时智能手机还没出现，于是这群有激情的人纷纷倒出未抽完的香烟，展开香烟盒纸，就在上面记下未来珠江广场的设计灵感……

进入建成的珠江广场，人们无不叹服这里的大花园和圈合式的建筑风格，风生水起，景色宜人。当时滨江路边的楼盘，都被称作临江的高档楼盘，每平方米平均售价高达4 000元。因此，新南方在设计珠江广场时就面临两种选择：一种是设计密密麻麻的高楼，增加楼盘的经济效益，但高楼可能像屏障一样将美丽的江景挡得严严实实；另一种设计是将江景揽入楼群中，让更多的业主能享受到从母亲河上吹来的清风。热爱中医学的朱拉伊总裁习惯将中医学的养生智慧融于企业的管理工作和房产建筑设计之中，他力主将新南方公司的第一楼定位为健康、生态型的楼盘。他认为，从社会的发展趋势来看，广州城市建设与国际建筑高水平的接轨是大势所趋，现代建筑不能只是满足简单的"人有所居"的低层次需求，还应该追求能颐养身心、对健康有益的高质量的生活环境。朱拉伊坚持的一个理念就是："房子不仅是一个生存居住之地，同时还是一个为住房人身心充电的地方。"因此，怎样从硬件设计和软件配套上，在高楼林立的城市建筑群中，打造一个生态型的绿色居住小区，便成了珠江广场要重点思考和解决的核心问题。由于珠江广场开发的时间较早，"绿色生态住宅"理念对当时的楼市来说，不仅很陌生，而且感觉是遥不可及的梦想。如何在江边打造一个这样的楼盘，还需要摸着石头过河，但朱拉伊相信，有理想和远见，并且“舍得”，就能将梦想实现。

就是凭借朱拉伊这样的初心和理念，珠江广场有了一个高起点的设计规划。许多房地产商都在建设密集型楼房以提高楼盘开发的利润，朱拉伊考虑的却是如何优化小区的生活环境。他毅然决定放弃在小区中央盖两座楼的计划，反而多花了五百多万元将原本建造楼房的空地做成美丽的园林。于是，美丽的珠江边上，终于有了第一个名副其实的楼盘中的大花园。当然，有所失便有所得，珠江广场这种高起点、高定位、大手笔的开发模式也得到了相应的回报，珠江广场第一期每平方米的售价就远远高于周边楼盘，从而奠定了那一年度广州明星楼盘的地位。

珠江广场，不仅在楼盘整体布局设计上，在每家每户的房间设计上也充分体现了以人为本、健康为先的理念。朱拉伊要求楼盘中的任何一套房的设计都要秉承“四大一正”“正大光明”“藏风聚气”的理念。所谓的“四大一正”是指客厅、主人房、厨房、卫生间要大，房间要方正。朱拉伊这样自问自答：“为什么我们设计的房子每一间都尽量保证宽敞舒适、正大光明呢？因为身处这种环境中，人的心胸会变得开阔，心情也好，做起事情来也就不易糊涂。做人做事，一定要胸怀宽广，有包容度。有多大的胸怀就有多大的成就！一方水土出一方人才。有理由相信：新南方人的胸襟绝对是宽广的！”在朱拉伊的要求下，新南方人紧跟时代发展的步伐，研究人们日益增长的对住房的新需求，研究如何合理利用有限的居住空间让人感到更加舒适，建构怎样的居住文化才能满足居住者身心健康的需求。现代的、完善的健康住宅环境不再仅仅是指有花园、喷泉、游泳池等，还应包括教育人文环境、商务环境和休闲娱乐圈，只有同时拥有这三维环境，才可称得上是一个完善的住宅环境。中医专业出身的朱拉伊，在当时房地产商建设密集型楼盘的时候，却基于中国传统住宅文化所倡导的“道法自然，择优而居”的思想，打出了一张与众不同的“健康地产文化”牌，努力打造人文景观与自然景观相互依托融合、人文养生服务与自然环境有机结合的健康社区。作为“健康地产文化”的创导者，朱拉伊认为，无论是企业、产品，还是个人，没有文化内涵，就没有生命力！一个成熟的地产品牌，一定要有深刻的文化内涵，而且这种文化不是单一的，而是复合型的，它应该是将生理学、心理学、建筑学、建筑风水学、建筑规划学、环境学、空气动力学、社会学、中医学、医疗保健学、管理学等多学科交叉融合运用的成果，是将房地产业、商业、中医药业、酒店业、物管服务业等众多行业资源充分整合后的产物，是居住者生活、充电、发展的理想空间。正因为这一设想具有超前性、涉及范围广、技术水平高、操作难度极大，为了将“健康地产文化”贯彻落实到建筑环境景观和无形的软件设计中，统一执行层的具体操作行为，集团积十年发展之经验，编制了第一份《新南方集团健康住宅执行标准》。这是一份能够充分兼顾消费者多方面和多层次需求，具有市场引导性和示范性的企业标准，是将建筑科学与人文精神相互结合的一份标准。也许通过这样一种具有先进理念的建筑设计，可以使有形建筑开放不局促，无形之气延伸不断，有助于养精蓄锐，使得有形的建筑与居住者的精气神和谐统一，达到“天人合一，万物一体”的境界。

经常有人问朱拉伊：“为什么不把珠江广场三期的楼宇建得更高一些?”他说：“答案就是‘信用’二字，我们要信守对一期住户的承诺。虽然我们在经济上确实减少了收益，却维护了我们企业的信誉，而信誉是无价的。”如果三期楼宇建高了，会挡住一期。由此可见，贯彻落实“健康地产文化”不只是思想的创意，更需要投资者有一种“舍得”小利的胸怀。新南方公司还通过设计珠江广场三期皇苑的观光电梯，为业主提供了360度观赏珠江美景和社区园林景观的平台，这也是新南方地产在业内的首创之举。

从建筑环境的环保设计，到居住文化、居住心理的健康，为了不断提升完善健康住宅的内涵品质，新南方地产公司多次邀请广东省著名建筑专家、清华大学建筑学院的专家学者、房地产专家、哲学名士一起研讨健康住宅的标准，广泛听取各方建议，前后历经十年的孕育、发展和完善，2004年《新南方集团健康住宅执行标准》正式出炉。审阅过这一标准的房地产业的专家们，都称其已全面超越了世界卫生组织关于“健康住宅”的15条标准和国家建设部关于“小康住宅”的建设标准，可以说为房地产开发提供了可供参考的一种更能全面体现人性化的健康住宅理念。华南理工大学建筑学院一位教授说：“这将是人居模式的一次大飞跃！它作为一种‘标准’，很值得在房地产业内广为推广。”该标准的公布是广州房地产业发展历史上的一个里程碑。从投资地产建设到凝练出新南方的健康地产文化，编制出《新南方集团健康住宅执行标准》，新南方人一路走来，始终表现出一种敢于创新的勇气和人文关怀精神。

新南方房地产以“生息、充电、发展”六字方针，“打造健康生态新区”的指导思想，“创品牌，树形象”，摸索出了一条适合自己发展的道路，并取得了显著的成绩。尽管新南方及其合作方珠投合生创展的楼盘价格高出市场均价许多，却依然一直受市场热烈追捧，这充分反映了品牌的价值所在。新南方集团一直非常重视研究行业发展的规律和消费者的诉求，认为企业要有超人的和独特的东西，新南方人一定要有激情，要有理想，有宽广的胸怀；要不断地进行总结反思，多检讨，哪些是好的、哪些仍然不足。新南方集团以人为本，一如既往地秉承“健康家园，美好人生”开发理念，让客户满意，让居者健康生息发展。这也是新南方房地产实现创新发展的根本经验。在

2005年集团年度总结大会上，朱拉伊自豪地说："外界对我们房地产板块的评价都很好，认为有正气、有激情，完全体现了新南方的价值观，真正做到了先做对人，再做对事。一个企业如果没有正气那就没办法发展了，如果哪个单位的第一负责人缺少正气、缺少责任感、思路不清的话，他们的发展就会出现困难，就没办法突破发展的瓶颈。"

诚信精益　态度是金

新南方集团房地产开发公司方克诚副总经理曾深有体会地说：企业管理"态度是金"，一个企业发展的关键在于员工对企业的态度，尤其是面对困难时的态度。例如2000年，在企业流动资金非常紧张的情况下，朱拉伊说："存在问题不能等，要解决。"正是以迎难而上的态度，新南方公司通过以房抵款的灵活方式实现了许多工作计划，如期完成了三期公寓的装修。经历这些事，方克诚副总经理说："不要说资金不到位就寸步难行，就不能开展工作。虽然资金不到位的确给工作带来一定的压力，但新南方人必须做下去，积极主动地去解决问题，而不是坐以待毙，这就是创业。"

对于每个员工而言，这种态度的具体表现就是对工作认真负责、精益求精的工匠精神。所谓工匠精神是指从业者的职业道德、职业能力、职业品质和职业价值取向在工作行为上的集中体现。工匠精神的基本内涵包括敬业、精益、专注、创新等。一个企业也如同工匠一样，对自己的产品和服务质量要精益求精，使其经得起市场和时间的考验。在现代社会中，企业的工匠精神对于其生存竞争尤为重要。工匠精神是生产者对产品质量的自觉的精益求精，热爱他所做的事，胜过爱这些事给他带来的利益。匠人较劲的不是别人，而是自己。老一辈新南方人说，如今新南方集团房地产开发公司能够实现规模的不断发展壮大，离不开当初朱拉伊总裁在建设珠江广场中工匠精神的引领。1997年，滨江东的珠江广场是新南方自己盖起来的第一个楼盘，也是珠江南岸第一个开创性的豪宅楼盘。在楼盘开发过程中，公司一直强调产品质量。到了楼盘准备验收之前，朱拉伊亲自带队，带着各级管理人员去到现场验收工程质量。当时的楼盘是按带装修交楼的标准建设的，朱拉伊用一根铁棍敲打测试瓷砖铺贴质量，结果发现一些瓷砖存在空鼓现象，当场要求工程管理人员对楼盘墙面进行全面的检查，并且要求将有空鼓现象的瓷砖全部铲掉重新铺设。事实上，当时楼房墙面的空鼓面积比例是符合工程验收标准，满足交楼要求的，但是朱拉伊不依不饶，要求相关人员对楼盘产品进行严格把关，对楼房质量有任何潜在不利影响的问题，不计成本也要彻底解决。经过此事，朱拉伊给每位房产的管理人员发放了一个黄色警示牌摆在办公桌面上，上书“质量就是企业的生命”。他希望通过这块警示牌能够让每位管理人员谨记建筑产品质量关乎生命安全和企业声誉。瓷砖重铺虽然增加了整个工程的建造成本，但维护了新南方的企业形象，楼盘不仅如期交付给了业主，而且因为品质超群受到业主们的称赞。由于朱拉伊对工程质量的严格要求，对建筑质量的精益求精，珠江广场三期A栋获得了“海珠区样板工程”称号。那块警示的黄牌子也因此成了新南方集团传承下来的工匠精神的文化标志。正如老子所说：“天下大事，必作于细。”事实证明，能基业长青的企业，无不具有精益求精的工匠精神。

朱拉伊作为珠江广场的顶层设计者，他的工匠精神不仅是对工程质量的精益求精，还体现在对珠江广场居住环境设计的不断优化上。当时物业管理还不被人熟知，珠江广场就引入了全面的物业管理系统，并发展成全封闭式管理，安装了5A专业智能化的综合服务系统。当时的珠江广场附近只有广州大道一条水泥主干道，下渡路还只是下渡村的羊肠小巷，滨江路旁更是遍布杂草的泥滩。为了改善楼盘周边的交通与生活环境，朱拉伊捐钱投资兴建了滨江东路，使得楼盘周边的配套设施日趋成熟完善。优秀的房屋质量、良好的绿化建设以及交通设施的提升，让新南方人提出的健康家园的理念终于实现了。朱拉伊和新南方人为实现这一理念所付出的努力赢得了良好的市场口碑，精心打造的珠江广场也荣获“广州海珠区优良工程”“广东省绿色生态健康环保社区”“广州优秀住宅综合奖”“十佳品牌社区”，连续六年获得“广州市十大明星楼盘”等荣誉。

这些年一路走来，新南方人依旧不改初心。他们不惜花费大量时间和精力反复改进自己的工作，追求职业技能和产品服务质量的精益，并且将精益求精的工匠精神的传承作为企业竞争发展的资本和员工个人成长的道德指引。

他山之石　可以攻玉

朱拉伊一直强调：“要向成功的企业学习，借鉴吸纳别人成功的经验，与我们的实际情况结合起来。创新是有前提和基础的，要先吸纳、学习，再进行创新。”

朱氏家族三兄弟都做房地产，朱拉伊是长子，但他能放下兄长的架子谦虚地向兄弟的珠投、合生企业学习管理经验。2003 年 9 月，朱拉伊在一次副经理以上管理人员的会议上特别将新南方房地产开发公司与珠投、合生做了一个对比，他认为，虽然合生企业成立的时间只比新南方早 2 年，整个组织架构体系也与新南方差不多，但是合生的发展经验是值得新南方集团借鉴的。朱拉伊将这些经验概括为：一是定位向全国发展，将建筑行业做大做强；二是设计具有超前意识，紧贴社会需求，从起步就定位在甲级，占据市场高地；三是建立强大快速的营销体系，准确掌握市场前沿信息，设计 13 层以下的中低层为主，可以缩短工期，加快资金回笼，迅速抢占市场；四是各部门和员工对公司的计划的执行力好。朱拉伊希望通过与兄弟单位的对比，借助珠投、合生的经验，帮助员工看到别人的长处和自己的不足。

打造一个优秀的民营企业，除了要有足够的资金投入和市场发展机遇之外，更重要的是如何进行公司治理。查阅 1999 年 4 月新南方一次总经理务虚会的记录，可以看出当时建筑管理上存在的许多问题。例如有一个总监反映，建筑工地上有 28 台小电机被烧坏，其中 14 台是因为没有加装防雨装置，结果碰到下雨，机器进水，造成电路短路。针对当时建筑公司存在的施工管理力量薄弱等问题，朱拉伊采取定岗、定员、责任明确的管理制度。针对当时公司经营管理中的突出问题，汇集大家的意见，总结了如下几条很重要的企业管理规则，例如可以越级检查，但不能越级指挥；下级可以越级申诉，但不能越级请示；一个人不能有两个直接领导；一个问题不能有两个管理部门；有漂亮的口号，还必须有具体的计划，等等。所谓的务虚会就是解决分歧和争论的碰头会，是非常有实际意义的管理方式，一点也不虚！朱拉伊非常善于利用务虚会这种形式来加强管理层的思想沟通。

经过了创业的几个年头，新南方以房地产开发为龙头，选择与开发业务相配套或具有发展潜力的经营业务作为开拓重点，培养和造就了一批优秀的干部和员工，逐渐建立起集团化、专业化的企业架构。

大家小家　红利分享

如何看待与处理英雄与群众、领导与职工、精英与百姓的关系是人类社会管理中的一个常青话题。新南方的发展靠谁？新南方的发展为谁？新南方的利益分享给谁？这些有关企业发展的目标、动力和价值观的重大问题是一个有胸怀、大气的企业家需要思考和回答的。如果以“以人民为中心”作为准绳，那么，朱拉伊先生真的算得上是一位为民着想的企业家。

他多次在职工大会上说“新南方是一个家、一条船”，不断阐述新南方公司这个大家与员工小家的关系。在朱拉伊看来，首先要将新南方的发展归功于大家。1999 年在公司成立五周年的志庆总结大会上，朱拉伊这样说道：“我们的事业从无到有，1994 年开始开发珠江广场，公司的成长靠的是大家的聪明才智和共同努力，是全体员工共同创造出来的，单靠一个人或一个部门是不行的，要归功于大家。”这种将功劳归于全体员工在社会心理学上叫作外归因，这是需要谦虚和宽阔的胸怀才能说出来的话。朱拉伊这样对员工们说：“你把新南方公司看成是自己的，它就是你的；若将其看成不是自己的，不去努力，那它就不是你的。大家应该都清楚，在新南方这个平台上，我和大家是一样的，只不过是岗位和职责不同罢了，所以大家应该把公司看成是自己的家，就像我把公司看成是大家的一样。公司是一个团队，也属于整个团队。”

其次，朱拉伊认为，无论是对客户，还是对朋友和员工都要讲信用，信用是无价的资源。在新南方房地产开发过程中，因为市场和金融等因素，遇到过资金链断裂、资金回流受阻等许多困难，但新南方人从来没有逃避和做老赖，而是采取了以房抵债等措施应对困难。朱拉伊这样总结道：“以前发展房地产的时候，欠过别人很多钱，但是不论欠一分还是欠一千，我们都会还，不会欠。”“公司创立以来，我们一直强调讲信用。对人讲信用，我们有困难，大家才会理解、支持、谅解，我们的项目才能顺利进展。项目的开发和公司的发展都经过很多风雨，如果不是靠自己、靠本领、靠朋友，我们是不可能成功的。我们的信誉已得到社会的认同。人家相信我们一定能做好，我们借的钱一定能够还，相信投资我们能够得到合理的回报。大家也一样，相信在新南方公司能够得到自己应有的回报。这是宗旨和信念问题。公司倡导的是什么，公司要诚实、讲信用、树形象，这跟做人的道理是一样的，我认为这个道理在将来是一个百战百胜的法宝，大家以后在工作中要坚持这个信念，所谓善有善报。”朱拉伊将做人的伦理当作办企业的道理是他从父亲那里继承而来的优秀家风。

再次，回报员工，和员工分享公司发展的红利。这是企业文化的核心。一方面新南方坚决反对任何员工利用业务之便为自己谋私利，但另一方面承诺员工：“要相信在新南方公司能够得到应有的回报。”朱拉伊将新南方上市作为一个奋斗目标，并且说：“要让新南方公司的每个员工都有公司的股份，都是公司的一分子。”他又说：“我是一个组织者、投资者，其他管理利润是大家共享的。公司的胜利、失败与大家息息相关，大家应该把新南方公司看成自己的家，自己的东西。”“以公司为家，你中有我，我中有你。”他对那些羡慕老板坐奔驰的年轻人说：“我希望以后大家都有车坐，有房住！这个目标的实现要靠大家共同努力，我觉得这个目标是能够实现的，我有信心，也相信大家有这个能力实现这个目标。”朱拉伊不断强调，公司的事业也就是大家的事业，没有公司事业的发展，也就没有各单位和个人的利益。

每当新南方公司发展某种盈利或者是具有增值潜力的新业务时，朱拉伊都会想到为公司职工谋取一份利益，都会制定对内部员工优惠的销售政策。例如在 20 世纪 90 年代中国楼市刚刚兴起的时期，不是所有百姓口袋里都有足够的钱买下心仪的新房，为了照顾新南方员工，让他们优先改善住房条件，新南方制定了职工住房基金制度，在公司投资兴建的南兴花园等楼盘推行内部认购计划，全体员工均可选购，并且 30% 的首期楼款可向公司借。这一优惠方案不仅使得员工感受到了公司的福利，也在当时楼市上产生了积极的反响。

朱拉伊对员工们说：“公司会不断有新的奖励机制，也会有好的投资机会给大家，包括我倡导大家参与的投资项目，大家尽可以放心，保盈不亏的生意，没风险，这也算是我回报公司员工的一种方式。因为大家认同我们的企业文化，我们的企业文化是最好的，是有生命力的。”朱拉伊说到做到，新南方集团先后建立了国医馆、养和药店、邓老凉茶、汤道等新的服务项目，都制定了照顾内部员工的优惠政策，让员工真切地感受到新南方公司文化的温暖。这些做法都源自朱拉伊对德性的一种理解，他说：“对公司贡献大，对员工的福利做出改善，对社会有贡献，就是一种德的表现。”朱拉伊对老板的义务是这样定义的：“一是保证员工所从事的事业是对社会有益的，符合社会道德标准的；二是承诺给予员工的待遇报酬会兑现。”由此可见，老板能有这样的认知和胸怀不一般。

重诺守信　酒店奇迹

在 20 世纪 90 年代末期，国内地产界已经开始出现业绩下降的迹象，新南方公司通过及时决策，保证了地产稳健的销售业绩和良好的发展势头，其中一个非常重要的决策就是及时进军酒店领域。当时珠江广场三期的建设正在进行中，朱拉伊从市场楼盘销售的态势中敏锐地观察到房地产业发展开始出现困局，因此，他果断采取措施，决定从房地产建设中拿出10%的资金，做一个四星级高档商务酒店。10%的资金能做酒店吗？而且还是一个四星级酒店？朱拉伊还提出，要在一年半内完成整个酒店的建设，在2001年开业！几乎所有高层都有疑虑，员工们也议论纷纷。但是朱拉伊毫不犹豫，亲自挂帅，开始了一场被很多人视为不可能成功的战斗。

时间一天天过去，酒店建设接近完成，开业的时间定在2001年的1月6日。离开业只剩下短短几天，为了接待前来参加开业庆典的曾经为新南方发展提供各种帮助的朋友们，朱拉伊决定拿出两层楼四十套房，提供给客人入住。当时聘请的为酒店进行管理的专业机构一听这个提议，马上否决，说这样做至少要三个月才有可能安置完成。但是为了坚守对朋友的“义”，实现承诺的“信”，朱拉伊说：“你们不做，我们自己做！”在朱拉伊的带领下，新南方公司的员工全体动员起来，日夜赶工，房间果然如期调整空出。但是挑战还没有结束。开业的前一天，新腾出来的144间酒店房间还没有搬入家具。于是，新南方的所有员工再接再厉，手抬肩扛，把家具一件一件往房间里搬！顾不上喝一口水，中间稍作休息的时候，一些员工就直接倒在地板上直不起腰来，在1月寒冷的冬天，汗水一次又一次浸透了员工的衣裳，通宵加班让员工体力透支，但是没有一个人离开，也没有人停下脚步歇息。终于，在第二天的清晨，所有房间的家私和清理工作全部完成。忙碌了一天的新南方员工，甚至连欢呼的力气都没有了。这时，距离开业庆典只剩下不到一个小时。就这样，新南方人用许多人不相信的低成本完成了酒店建设项目，又用许多人都不敢想象的十三个月时间建成了新珠江大酒店——当时滨江东唯一一家四星级酒店！

酒店虽然顺利开业了，但又遇到了管理上的困难。原来负责酒店管理的合作公司忽然单方面提出终止合同，而且决定之突然、交接时间之短暂、管理人员撤出之彻底，似乎要将新珠江大酒店置于死地。面对如此重大的商业危机，朱拉伊显示出他迎难而上的勇气、百折不回的志气和拿得起放得下的大气，新南方公司派遣一批从来没有酒店管理经验的新手进驻酒店，开启了在实践中学习管理的挑战。

撤出的酒店管理公司放言新珠江大酒店不出三个月便将破产垮台。然而新南方人以自己的拼搏精神和善于学习的特性，让那些人的预言落空了，而且新珠江大酒店第一年的营业业绩就超出了公司当年提出的目标的30%。

新南方人用自己的智慧和勤劳的双手创造了酒店业的一个神话。如今，新珠江大酒店傲然屹立在滨江之畔，为南来北往的客户提供着温馨如家的服

新珠江大酒店外景

务。投资接近2个亿的新珠江大酒店已经成为新南方集团事业发展的一个重要平台，是珠江广场房价升值的重要依托。2003年酒店被评选为“广州十大明星餐饮企业”。

在新珠江大酒店里还发生过许多感人的故事，从一个侧面反映了新南方人的精神风貌。例如，2001年酒店保安王治国、谢耀忠、蓝宗奕拾金不昧，将顾客遗失的9.5万元完璧归赵。再如，有客人退房把一条项链遗留在房间床头柜上，她在赶往飞机场的路上给酒店客服部打了电话，邓娟接到电话后先安抚了客人情绪，让她留下联系电话，并很快就回电话给顾客，告诉她已经找到项链，会按照她给的地址将项链邮寄给她。这位女士收到项链后，发了一条长长的信息给邓娟，表示万分感谢。

二次创业　企业转型

新南方从2003年开始就慢慢退出房地产市场，并转型发展中医药大健康事业。地产行业经历过高峰后，逐步呈下降趋势。当时是中医药大健康产业的最好时期，是下一个十年高峰期的起点。因此，朱拉伊掌舵新南方公司这艘大船，把握机遇，迎难而上。转型的过程必然经历阵痛，新南方公司创造条件进行第二次创业。到2008年，为了集中精力主攻中医药大健康产业，收紧企业经济投资和研发的拳头，朱拉伊对新南方集团的未来发展战略进行了重大调整，即将中心旗下的广东新南方建筑工程有限公司、广东新南方装饰工程有限公司及广东新南方消防工程有限公司等二级公司进行整合，成立广东新南方工程总承包管理中心，将直接参与房地产项目开发的房地产业务模式向工程总承包和房地产投资的经营模式转型。2014 年，广东新南方建设集团有限公司宣告成立，工程总承包施工为主营业务，实现了战略转型。公司已连续多年取得“广东省守合同重信用企业”证书，公司承建的项目获得省、市多项荣誉。仅在 2011 年公司就中标省内九项工程，实现了对外业务拓展的目标。

新南方建设集团承包的建筑项目有不少获得建筑业内奖项，例如广州从化的山城项目 23 栋在 2019 年获得质量优良样板工程项目奖项等。

如何看待新南方集团房地产事业与发展中医药的关系？朱拉伊在 2000 年一次企业管理部门经理就职大会上这样解释道：“五年内，房地产还是公司的支柱产业。发展房地产和发展中医药是相辅相成的，没有房地产这一经济支柱，公司的中医药事业就没有经济基础；没有中医药事业，公司就会失去良好的发展机会。”房地产业是支撑发展中医药产业的经济后盾，反过来通过中医药科技可以带动公司上市，促进房地产的发展。

安全质量　建筑核心

为了改进企业的质量管理工作，新南方在 2001 年开始全面引入 ISO 9000 质量认证体系。新南方建设集团质量安全部门周旭柳经理讲述了他所经历的一些关于新南方建筑安全和质量管理的小故事。

新南方建设集团作为梅州丰顺第二人民医院项目的设计、施工、采购一体化工程（EPC）的总承包商，需要主导工程所有的技术标、经济标的制定和落实。项目总共涉及 15 家单位，包括设计公司、施工单位和设备供应商等，时间紧，任务重。通过团队的共同努力，最终在规定的半个月之内顺利地完成了任务。相比于过去由新南方一家公司可以独自完成的工程而言，这种涉及十几家公司合作的大项目管理的难度要大得多，几乎每个环节都需要反复协调沟通，需要花费更多的沟通成本和时间成本。

对于建筑工程，人员安全和工程质量是头等重要的事情。周旭柳经理回忆说：2014 年的夏天，天气非常炎热，即使有佩戴安全帽进入施工现场的硬性规定，但是有一个施工员因为天气太热不愿意戴安全帽，通过多次一对一教育和沟通，这名工人才勉强戴上了安全帽。刚好就在那一天，他拆外部的脚手架的时候，有一块踏板从高空滑落下来，砸在离这个工人几米远的地方，幸好没有砸伤人，但是他被吓出了一身冷汗。经过这一次意外，这名工人深刻反省了自己的错误，并且非常感谢质量安全管理部门同事的反复提醒。从此，这位工人与质量监督员成了好朋友。

周旭柳经理说，要不断强调做好安全和质量管理对于建筑业声誉的重要性。新南方建设集团已经形成了对建筑安全质量管理的规范，在开工前都会组织三级教育、班前教育和安全规范学习等。在施工过程中，不仅每天有例行检查，总部也会派专人定期对施工质量与安全问题进行巡查。虽然如此，但施工人员的素养不尽相同，不规范的操作行为并不容易纠正。例如当安全质量检查员指出施工人员的某些行为不规范时，并不是每个师傅都乐于接受，有些人觉得“我都做这么多年了，都没人说过我”，或表现得爱理不理，或阳奉阴违，因为工人的收益与工效挂钩，他们不愿意为质量问题返工。为了减少工程监理人员与工人的矛盾冲突，工程监理人员就将发现的问题先拍照留存，然后跟相关管理人员沟通，由后者与工人进行沟通。

为了规范新南方建设集团在建筑施工中的安全质量行为，2014 年根据国家相关法律法规及公司实际情况，组织人员编制了一份有关建筑安全质量的图册，从发布到现在一直都在使用。每当项目开工的时候，公司都会发图册给每一位工人阅读。

周旭柳经理说，要做好建筑企业员工的管理，除了硬性的制度规定外，还必须有柔性的企业文化凝聚人心，加强人际沟通。例如新南方每年都会举办羽毛球赛、篮球赛等文化活动，让员工觉得有归属感。周旭柳经理深有体会地说，新南方是一个很大的平台，有很多资源，能让年轻人去认识不同的人，拓展自己的交际圈和人脉。他觉得这不仅对个人，对团队和公司来说也是很好的一件事情。新南方员工在养和医药连锁挂号不仅非常便利，还有照顾员工的内部价。逢年过节，公司会给员工发节日补贴。这些看似很小的事，都会被人称赞说公司福利很好、对员工很关心，让新南方公司的员工觉得在家人朋友面前很有面子。这些来自身边的评价对员工的心理也有潜移默化的影响。

周旭柳经理是从新南方公司成长起来的年青一代，当被问起他成才的经验时，他回答道：“就是先做好自己，把手头的工作做好。”他非常认同这样一句名言：“什么是人才，给你一件事你做好了，再给你一件事，你又做好了，这就是人才。”他认为事业就是盖高楼，现在做的事情就是添砖加瓦做基石，做好自己，总有一天能盖成自己的摩天大楼。个人也要找好自己在团队中的定位，服务好团队。周经理深深感到：新南方建设集团团队精神强，执行力强，氛围很好。这让他很骄傲。

朱拉伊总裁对新南方建筑和房地产板块的成长与进步是非常赞赏的，早在2005年前他就有如下评价："房地产我们有一支成熟的队伍，从开发、施工、物业管理到营销，都运作得非常成熟，已经实现程序化和制度化，大家能够自我完善、自我提高，有问题能够自行解决，形成了融洽、良好的工作气氛和环境，房地产开发中心是所有中心学习的榜样。"我们来看看广东新南方建设集团有限公司（原名广东新南方建筑工程有限公司，以下简称"建设集团"）近些年所获得的荣誉就知道朱拉伊总裁评价背后他们的努力付出：2008年6月，建设集团获评"广东省守合同重信用企业"；2011年12月，"嘉应学院项目"获评"2011年度梅州市建设工程安全生产、文明施工优良样板工地"；2012年2月，"嘉应学院项目"获评"2011年度广东省房屋市政安全生产文明施工示范工地"；2012年12月，"梅县人民医院李有才医技楼项目"获评"2012年度梅州市建设工程安全生产、文明施工样板工地"；2012年12月，"梅州宋塘保障房二期项目"获评"2012年度梅州市建设工程安全生产、文明施工样板工地"；2013年3月，"梅州宋塘保障房二期项目"获评"2012年度广东省房屋市政工程安全生产文明施工示范工地"；2014年9月，建设集团获评"梅州市2013年度纳税大户100强"；2015年6月，"梅州宋塘保障房二期项目"获评"2015年度广东省建设工程金匠奖""2015年度广东省建设工程优质奖""2015年度梅州市优良样板工程"；2019年12月，从化山水城项目住宅楼工程2幢获评从化区2019年度"安全生产文明施工通报表彰建筑工地"；2012年至2019年，建设集团连续八年获评"广东省守合同重信用企业"。朱拉伊总裁评价道："房地产板块可以说向我们整个集团展示了它强大的生命力，是新南方的领头团队。"此言不虚。

2017年是新南方稳步发展的一年，集团总体进展顺利，经济指标基本实现，在有些领域实现了新的突破与重大改变。2017年12月新南方集团高层管理者一行来到朱拉伊总裁家乡丰顺留隍鹿湖温泉度假酒店，召开了集团未来五年战略发展规划研讨会。会议历时四天，还邀请了相关产业的多名顾问为多个项目提供宝贵的建议。会议中，朱拉伊对建设集团提出了明确的新的工作方向：要寻找新机遇，走出国门承接项目，将业务体量做大，为集团融资提供更多的支持等。新南方建设集团一如既往，为新南方这艘航船增添强大的可持续发展的动力。从此，新南方建设集团步入新的征程。

潮客小镇　人杰地灵

如果说新南方公司前20年的建筑产业主要还是一个单独楼盘的建设的话，那么，20年后的宏大理想则是打造一个镇的建筑群，追求更高层次的康养人居。魏晋诗人陶渊明在《饮酒（其五）》中吟诵道："结庐在人境，而无车马喧。问君何能尔？心远地自偏。采菊东篱下，悠然见南山。山气日夕佳，飞鸟相与还。此中有真意，欲辨已忘言。"这也许是作者在饮酒后萌生的对美好人居的一种憧憬。1 500多年后广东新南方集团董事长朱拉伊先生立志要建设一个这样意境优雅、心境平和、生活休闲的美好的家园，而且要将这张蓝图绘制在他的家乡。

朱拉伊很欣赏葛洪的这句话："千仓万箱非一耕所得，干天之木非旬日所长。"2016年在广东新南方集团二十二周年庆典上，朱拉伊进行了"不忘初心　继续前进"的发言，他说："五年后，十年后，二十年后，新南方是一家什么样的企业，这个我们应该要思考。其实我就想打造一个平台，这个平台应该是新南方人共有的平台，大家可以在这里创业、工作、生活，以后可以颐养天年。我们新南方在这个过程中可以做一个典范。这种建设可能是建一个小镇，一个比较完善的可以生活、工作、养老的平台。我们要逐步把这个构思完善起来，朝着这个方向去走。我们是可以做到的，因为我们有这个条件，我们有这个基础，而且我相信社会发展未来都追求这个。试想一下，大家都有一个可以聊天、喝酒，可以下棋，又可以养老的地方，又可以一起去散步、去爬山的地方，所有这些活动能让我们活得更长寿，这就是每个人的梦想和追求。我们的幸福实际上在于我们对社会的贡献，我们应该不断丰富自己的人生。"说干就干，朱拉伊是一个实干的人。从2016年3月起，由广东新南方主导，珠光集团参与的留隍潮客小镇启动了三轮规划，总规划面积占地34 000亩，设计床位10 000个，在5年内基本建设完成，10年后成为中国最好和世界著名的康养中心！朱拉伊的梦想正从规划图纸变成现实。

朱拉伊不止一次这样说过："回到原点再出发。"朱拉伊所说的这个"原点"是什么？"初心"又是什么？要回答这个问题，最好去到朱拉伊的家乡深入体验一番。

朱拉伊提出建设的中医药康养第一镇位于梅州、潮州、揭阳交界处的留隍古镇，位于韩江中下游，地处梅州市丰顺县东北部。全镇总面积约 428.23 平方公里，常住人口约 10 万（2018 年末）。该镇有着悠久的历史。已发现的古遗址有留隍镇东岸乌石塘村的拱厝坟遗址和梅印、九河、西洞等地的窑址。仅从拱厝坟遗址就发掘出长方形穿孔石刀、石锛及捕鱼垂网圈、釉陶条纹大口樽、釉陶小樽、红陶罐、夹砂黑陶壶等。据当地县志记载，留隍原名万江，春秋战国属百越地，汉时属南海郡揭阳县治。宋绍兴十年（1140），揭阳县治曾一度设在留隍，几经变迁，后才迁至揭阳玉窖村（今揭阳榕城）。宋代时留隍城址面积约 3 000 平方米，设有东、西、南、北 4 个城门。留隍镇地处韩江中下游的岸边，韩江发源于广东省紫金县上峰，由西南向东北流经广东省的五华、兴宁、梅县、大埔等市县，在三河坝与汀江汇合后称韩江，由北向南流经广东省的丰顺、潮安等县，至潮州市进入韩江三角洲河网区，分东、西、北溪流经汕头市注入南海。流域集雨面积 30 112 平方千米，干流总长 470 千米，平均坡降为 0.39‰。韩江流到留隍这里形成了一个弧形，江阔水深，便于往来船只停泊，且这里西北靠山，少受风寒与涝灾，不仅成为潮梅水陆交通的重要枢纽和商品的集散地，也因留隍地势险要，利于江防，官府在留隍江边建有码头，并设置有渡船所，专管往来船只，对往来船装卸货物征收捐税。清代时留隍西北部辟有面积约2 000多亩的湖塘，以湾泊江防战船，百姓称之为“军塘”。

留隍镇名胜古迹颇多，其中宋留隍古城寨遗址现仍留存部分古城墙和 4 个城门遗址。留隍镇，古时称万江，后来改名为留隍，传说南宋末代皇帝赵昺被元兵追击，他带着一批近臣顺江而逃，在一个雨夜里躲进韩江边万江古庙避雨。雨刚停歇，君臣们欲赶路，雷雨又至，只得又回庙里，连续几次都是如此。近臣向皇帝进言：“万江庙小，可留皇上，天助我也!”于是当晚皇帝在庙里夜宿。临行前，在香案上用香灰写下“留皇”二字。后来当地的百姓便将“万江”改称“留皇”。后担心“留皇”二字引起祸端，故在“留皇”两字左边加上“阝”旁，以掩人耳目。尝查阅新旧版本《辞源》和《辞海》，都没有找到加“阝”旁的“留”这个字，可见“留隍”这个地名的专属独特性。

留隍潮客小镇具有独特的区域文化。许多有关人类文化与经济发展的研究告诉我们，一个地区的经济发展状况往往与族群的性格、价值观等密切相关。例如潮汕人闯荡商海如鱼得水，而客家人世代安居山区，以农耕为主，读书仕途为理想。留隍地处梅州客家和潮汕文化的交汇处，距丰顺县城 50 公里，距潮州市 40 公里，距汕头市 65 公里，距揭阳市 45 公里，历经千百年的社会变迁，留隍形成了潮客交融的独特文化。也许潮汕文化与当今市场经济更为接近，所以潮汕人的商业意识正在成为推进这个小镇经济变革和同化居民观念的强劲动力。在小镇上既可寻觅到一些客家建筑风格的老式围屋，也可见到成排的潮式骑楼，但似乎潮汕话在这里是更为常见的社交用语。从颅骨类型、族群迁徙路线、宗祠崇拜、民居建筑等文化要素可以认定某个人为客家人，但其日常用语却是潮汕话。也许正是这两种文化类型的融合给当地带来了不一样的经济、文化活力。你可以在留隍处处感受到潮客两种文化共处的场景，例如街边的潮汕粿条和客家酿豆腐，妈祖庙与姓氏祠堂共存等。

留隍的传统经济以农业为主，主产稻、薯、蔗、姜、烟，水果方面盛产枇杷、杨梅、龙眼、荔枝、青榄、香蕉、柿子，其中“铜峰牌”青榄获全国第三届水果展销会“中华名果”称号，大乌脐、青边枇杷获广东省“优质水果”奖；手工业有竹器、陶器、席编、服装、食品和水果加工等，知名的传统特色食品有云片糕和姜糖。

留隍森林覆盖率高，平均气温适中，是宜居之地。韩江水利枢纽工程已在兴建之中，该工程建成投产后将成为留隍的“韩江小三峡”，水资源将得到进一步的开发利用。本地域还有瓷土、稀土、叶蜡石、铅锌矿、多色辉绿岩等资源。留隍区域内自然地热和温泉资源丰富，以韩江东岸的鹿湖天然温泉为例，平均水温65℃，日溢流量达880吨，水质富含氡等微量元素，泡浴后可以感到皮肤变得润滑，具有很好的养生美颜作用。春夏秋冬温泉泡浴养生很有讲究，在这里被称为“浴道”。

留隍还经历了许多值得历史铭记的峥嵘岁月。1925年蒋介石和周恩来率东征军讨伐陈炯明时，曾在留隍镇科兰公祠设立军事指挥部。土地改革时期，这里曾是中共东江特委领导机关的指挥基地，并且在这一带建立起潮梅第二个游击区域，迄今还留存着许多革命遗址和文物。

古老的留隍镇如今迎来了天时地利发展的大好时机，正成为粤东地区经济文化建设的一片热土。2002年留隍镇被广东省政府确定为中心镇；2006年定为“广东省青榄专业镇技术创新试点单位”“广东省专业技术创新试点单位”“广东省生态示范镇”；2016年留隍镇入选第三批国家新型城镇化综合试点地区；2017年被国家住建部确定为第二批全国特色小镇；2018年留隍潮客小镇被广东省发改委确定为第一批特色小镇创建工作示范点；2019年通过由广东省发改委组织的全省特色小镇建设三年“回头看”工作审查，获评“创建工作优秀小镇”称号；2020年留隍潮客小镇被列入广东省发改委确定的2020年重点建设项目。这一系列光荣称号的获得，反映了当地政府带领革命老区百姓振兴经济，为实现美好理想努力奋斗的精神，其中也包含了朱的带领的朱氏家族和以新南方集团为龙头的民营企业家们对家乡故土建设的一片热忱。

中医康养　小镇名片

在《梅州市全域旅游发展规划（2017—2030 年）》关于建立梅江韩江绿色健康文化旅游产业带的大格局中，2015 年丰顺县政府制定发布了《梅江韩江（丰顺）绿色健康文化旅游产业带发展规划（2016—2030 年）》，提出了要创建国家全域旅游示范区、国家康养旅游示范基地、潮客风情温泉城市的宏伟构想。出于对家乡故土的热爱和对当地经济建设的支持，朱氏家族的兄弟们满怀激情，携带着资源和技术加入这项浩大工程的投资建设中。

据新南方集团派遣负责留隍潮客小镇建设项目的欧阳醒董事长介绍，潮客小镇建设项目于 2016 年正式启动，新南方集团和珠光集团与县委县政府签订了鹿湖国际康养旅游度假区投资协议书，同意由新设立的广东潮客康养小镇集团有限公司具体负责潮客小镇的开发与建设，预计总投资 63.04 亿元，规划用地面积约 3.4 万亩，同时还签订《凤凰溪河段经营管理权承包协议》，由广东潮客康养小镇集团有限公司承包凤凰溪河段的经营管理。

潮客小镇的总体战略是基于留隍古镇文化、革命老区优势和绿色生态资源，围绕康养主题，聚焦主题做特色，聚焦主题做配套，站在国际高度，用古老中医中药智慧结合现代生物、生命科技，以康养产业为核心，中医药产业为依托，文化旅游为纽带，打造把健康、养生、养老、休闲、旅游等多元化功能融为一体的具有世界知名度的中国康养第一镇。

规划建设中的潮客小镇按“一核两心”设计，一核——以国际康养综合体为潮客小镇的核心，两心——新凤凰溪康养谷、老凤凰溪文旅休闲带，五脉相承，构建“最美潮客小镇”。五脉，即山脉：峰山围合，环境静谧；水脉：沿溪布局，水线串联；林脉：绿带环绕，世外桃源；田脉：泥水相依，天然趣味；湖脉：凭栏听风，悠然自得。功能分区包括：新凤凰溪康养谷、鹿湖温泉区、惠仁圣寺禅文化区、三甲康复医院、森谷健康乐园、潮客文化体验区、田园牧歌、石斛农园等。分潮客十二景：新凤凰溪——凤凰夕照、惠仁禅踪、留隍晨钟、韩江塔影、云栖竹径、药谷胜境；老凤凰溪——双凤戏珠、潮客寻梦、九曲凤凰、凤凰烟雨、石斛花谷、田园牧歌。真是“一折青山一扇屏，一湾碧水一条琴；无声诗与有声画，须在凤凰溪上寻”，漫游世界级康养综合体，中医中药康养第一镇，自然风光与人文魅力在这里和谐共处，构建出一幅凤凰山水画卷！

目前，潮客小镇项目一期已投资近30亿，其中2018年鹿湖温泉度假村晋升国家4A级景区，成为梅州丰顺首家4A级景区。据统计，鹿湖温泉度假村2018年接待游客142万人次，营业收入5 802万元；2019年接待游客145万人次，营业收入5 846万元。总投资2.7亿元建成的惠仁圣寺古色古香，宏大气派，还正在筹建岭南禅学院，将打造成粤东最大的禅文化养生基地；留隍湿地生态园、创客中心、潮客文化博物馆已经完成设计，正在进行征租地工作，其中创客中心已动工兴建。为了打造具有宋代古风的小镇文化，将投资3亿元对留隍的街道店铺门面进行改建，同步的市政和安居工程已经动工建设。全部工程分三期建成。从空中俯视，建成的潮客小镇犹如一只从凤凰山飞向韩江边的火凤凰。

为了改善留隍镇与外界的交通联系，在当地政府的支持下，朱氏家族投资3.2亿元，对留隍镇东岸堤坝进行全面的修整扩建，可以大幅提升堤坝的防洪功能。同时还将建设一条两车道的交通要道，可以很大程度地改善目前小镇交通拥堵的情况，为未来国内外游客到达小镇创造更为便捷的交通条件。梅州已被列入国家公路运输枢纽规划，将通过高速路网、快速铁路等建设，成为粤闽赣三边交通枢纽，梅惠高铁近年开通；目前留隍小镇距潮汕国际机场72公里，广梅汕高铁线上设有丰顺东站，广惠—惠河—河梅高速公路可达梅州和留隍。目前和未来到这里进行康养休闲消费的一级市场为梅州、潮州、揭阳、汕头等粤东地区的各类人群；二级市场以香港、广州、深圳等大湾区的人群为主；三级市场可能为海内外到粤东旅游及康养的各类游客。

广东潮客小镇的核心区域位于留隍镇镇区东部，背靠凤凰山，风光旖旎的凤凰溪从小镇蜿蜒穿过后注入镇前的韩江。正在建设中的中医康养带就是规划在新凤凰溪两岸原生态风貌和人文资源基础上的项目。先来说说这条名字美丽但不太出名的凤凰溪。“溪”字最早见于战国时期，本义指从山谷里流出的小河或山涧，汉代《说文解字》无“溪”字，但有“谿”字。谿，右边加一个“谷”字，表示溪是从山谷里流出来的水。《尔雅·释水》解释：“水注川曰谿。”可见，溪就是指奔向大川的小河。任何大河都源自许多溪的汇合，在中国古代文化中，溪成为厚德载物的一种自然象征，如《老子》中说：“知其雄，守其雌，为天下溪……知其荣，守其辱，为天下谷。”《荀子·劝学篇》也说：“不临深谿，不知地之厚也。”孔子说：“仁者乐山，智者乐水。”可以说，源源不断从山谷中缓缓而下的清澈透亮的山涧之水正是仁者智慧的一种隐喻。朱拉伊总裁将中医康养园区建设在这条山溪两岸，是他一贯秉持的传统文化思维延伸出的构想。

丰顺县处于莲花山脉，且莲花山脉的第一和第二高峰都在丰顺境内，其中铜鼓嶂主峰高 1 559. 5 米，在丰顺北部；凤凰山主峰高 1 497. 3 米，处于潮安和丰顺交界处，故那里也称“三县顶”，站在不同的位置看山峰会有不同的感受。凤凰山遍布苍松翠竹，奇花异草，森林覆盖率接近 90%，还有巨石岩洞，瀑布溪流，自然风光绚丽多姿，空气和水体质量均达国家一级标准。据考证，山内有陆栖脊椎动物 225 种，其中珍稀濒危野生动物 34 种，占广东省珍稀濒危野生动物总数的 29. 1%；有野生维管植物 1 281 种，其中珍稀濒危野生植物 20 多种，占广东省珍稀濒危野生植物总数的 15. 2%，是岭南地区重要的动植物“物种宝库”。

广义上，发源于凤凰山的溪流都可以叫凤凰溪。凤凰溪涓涓细流源自凤凰山脉森林吸收的雨水的聚集，沿山谷走势顺流而下，依走向不同主要有三条：流经潮客小镇的凤凰溪由东北向西南依次流经凤坪青麻园经盐坪、大坪村、志扬村、新美村、口铺村，最后于口铺村埔头处注入韩江，流域面积约 85. 07 平方公里，河长 24. 10 公里，平均坡降 2. 0%。每逢大雨，山洪暴发时，溪水快速上涨，会在弯曲平坦的地方溢向两岸的农田和村庄，因此，在 20 世纪 70 年代中期为了加速山洪疏泄，当地政府组织沿线各村生产队通过集体会战对下游弯曲的河道进行改道，由原来的经顺昌、三车、长田、长林村入韩江改为经顺昌、口铺村入韩江。拉直后的下游由原来总长 5. 02 公里减少至 1 公里，大大减轻了山洪对农业的破坏。为了纪念这一人工水利工程的成就，改道后的凤凰溪被称为“新凤凰溪”，老河道称为“老凤凰溪”或“古凤凰溪”。另外一条发源自凤凰山的山溪叫“溪美溪”，是从凤凰镇康美村自北向西南经潮州市凤凰圩、白藤坑，于潮州市潮安区归湖镇注入韩江，长约 50 公里，流域面积达 293 平方公里。此外还有一条凤凰溪是从凤凰镇东尝村直接注入潮州市潮安区凤凰镇的凤凰水库。

凤凰溪山谷两侧都是一些含有铁矾土、锆石、黑云母、铜、方铅石成分的岩石，白色、古铜色、浅褐色、灰色、麻青色……构成色彩斑斓的山谷景观，溪底的岩石上可见一些类似冰臼的深坑。据说冰臼是两三百万年前第四纪冰川后期古冰川留下的遗迹之一，冰臼有“口小、肚大、底平”的特征，可能是冰川融化沿着裂隙向下流动时，对覆基岩及冰川漂砾长期冲击和研磨造成的。由于这些石坑很像南方舂米的石臼，因此被称为冰臼。凤凰溪流到留隍镇时已经接近韩江口，水势趋于平缓，并在一些水流平缓之处逐渐形成池塘状的水域。

溪涧周围有些村落，其中也保存了一些具有典型潮客文化融合特色的古建筑，虽然墙面斑驳剥脱，但房屋结构和规模仍然投射出当年的气派和家族繁荣的气息。村里的许多年轻人已经外出打工，只剩下一些年长的老人在这里坚守着老屋，也许只有等到过年时，这宁静的山村才会热闹起来。凤凰溪

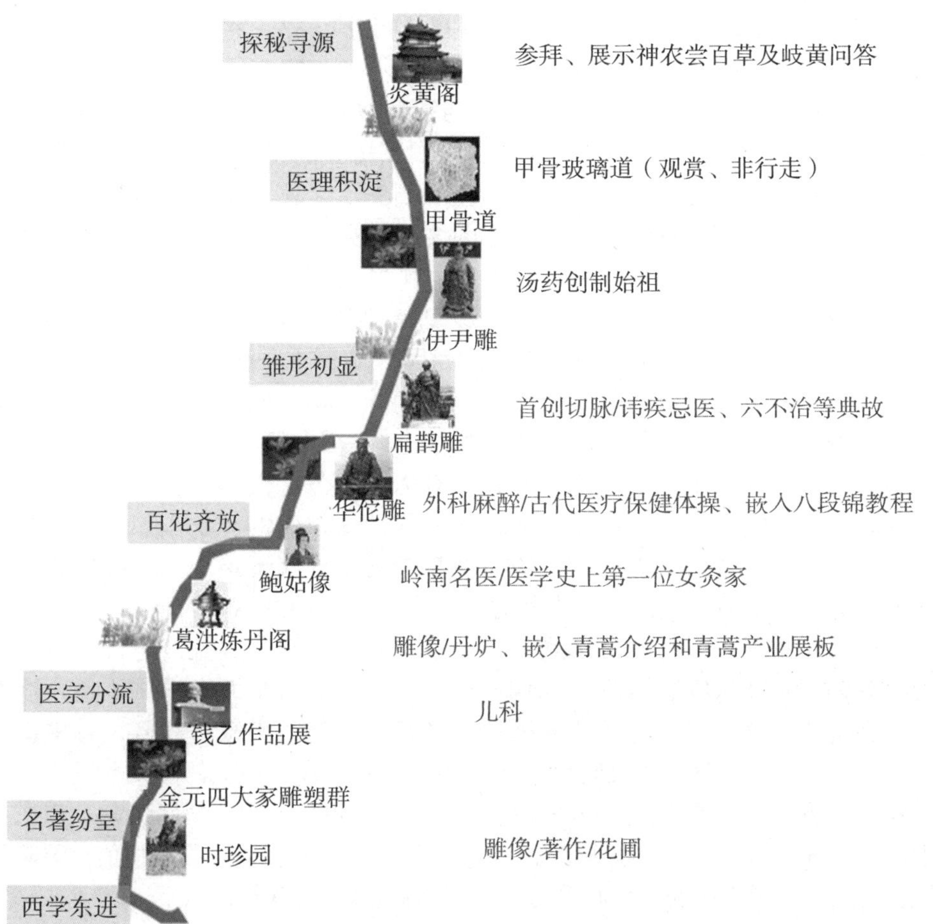

中医药智慧敬仰之路规划图

两岸翠竹绵延数里，虽然这里离圩镇并不远，但除了溪水在岩石上跳跃的声响，几乎听不到一丝丝车水马龙的噪音，真有些超脱尘世的感觉。

凤凰溪康养谷一直在紧张有序地建设中。已经建好的凤凰溪首段绿道两旁已经绿树成荫，赭土色的栏杆和绿道临溪而建；河岸种植的青蒿已经有半人多高；现代化的电动水位调节拦溪闸门已经投入使用，当该闸门完全关闭时可以将水位最高提到20米，届时溪水水面就在绿道脚下，游客会产生在溪中步行的奇妙感觉。在凤凰溪两侧山地，将建立起总数有1万张床位的康养别墅群、三甲康养医院、休闲康乐设置、大自然营地、健身绿道、传统中医药文化博物馆、药用植物园和中医中药论坛永久会址等配套设施。设想是围绕康养主题，在项目内建设约10万个床位，可作为潮、客华侨的养老基地，销售10～20年的床位使用权，利用项目内的康养医院将医疗服务向社区延伸，打造家庭床位，传统的物业管理也变身为健康驿站和护士站，将床位变为金融产品，卖的不是产权而是综合健康服务。这寂静的山村将迎来新的春天。

在潮客小镇的规划设计中，“中医药智慧敬仰之路”将是一项体现中医药文化的重点工程。这是将5 000年中医药发展历史浓缩在几公里绿道上的中医药文化博物馆，游客可以通过人物雕塑、石刻、名家书法、仿古建筑等艺术形态和药用植物园了解几千年的中医药文化的发展史。与以往其他地方建设的中医药文化园不同的是，潮客小镇的“中医药智慧敬仰之路”不仅是建设在蜿蜒数里的山道两侧，规模更大，历史梳理更全面系统，而且在其中许多段落将安排中医文化体验项目，例如中药园区的标本制作和芳香疗法体验等。为了确定这条中医药智慧敬仰之路，2015年朱拉伊总裁亲自带领几个年轻人披荆斩棘拿着砍柴刀穿梭在凤凰山余脉山林中，顶着烈日，挥汗如雨，勘探合适的建设路线。朱拉伊虽年长同行年轻人十多岁，但爬山快步如飞，随行的年轻人连叫吃不消，需要加倍努力才能跟上朱拉伊的步子。如果明白朱拉伊心中揣着一个振兴中医药事业的伟大梦想的话，就不难理解朱拉伊爬山的这股动力来自何方，这是有伟大梦想的人永不熄灭的激情。

凤凰溪康养区不仅有自然景观、古建筑和现代康养服务，还将打造中医药思想创新和文化传播的平台。2018年中医药传承创新（梅州・留隍）峰会永久会址奠基仪式在凤凰溪旁的绿地上举行，由梅州市政府、广东省中医药局、广州中医药大学、羊城晚报报业集团、广东新南方中医研究院共同主办的首届中医药传承创新峰会也同期举行，有中国工程院院士、国医大师、广东省中医药管理局领导以及专家学者等60多人出席了本次盛会。我们相信，留隍凤凰溪将成为传承中医药文化和提出中医药创新思想的榜样。

中医药传承创新（梅州・留隍）峰会永久会址奠基仪式

朱氏祖祠　精神原点

丰顺留隍镇口铺村的笃庆堂是保存较好的一座民居建筑的代表。笃庆堂地处韩江东岸，据《朱氏祖祠友恭堂纪念册》记载，东留朱氏先祖十三世腾公从黄金镇迁居东留居林村，开基“友恭堂”，传十四世显瑞，十五世其杰，十六世启达，到十七世文德公（润亭公）时，他于清咸丰元年（1851 年）在口铺村创建“笃庆堂”，文德公先后曾授儒林郎①、候选布政司②理问③等官职。

笃庆堂迄今已有 169 年的历史，整体建筑面积约 5 472 平方米，有一正门和南北两斗门。整个房屋建筑坐东向西，按地势高低分三个台阶建造，主体由三进式大厅堂、左右两厢和两座外围建筑构成，俗称“四马拖车”，这是一座在粤东地区最为多见的堂横式围屋。其建筑造型的基本特征是在中心轴线上为堂屋，两侧加横屋，中轴线上的敞厅堂、敞廊和天井构成三位一体的厅井空间，左右有平衡对称的厢房，无论是中轴或横屋，均以“四架三间”为基本构图，横屋偶数对称，整座楼宇的造型前低后高，堂屋高，横屋低，客家人称这种传统的民居结构为“府第式”。这种结构综合继承了中原地区四合院和殿堂式结构的一些特色，即厅堂、天井、天街、禾坪、池塘等配套成为一个完整又实用的综合生活空间。然而，笃庆堂还吸收了围龙屋的元素，在横屋外层增加了半月形的围屋层，弧形的围屋拱卫着正屋，形成一道防御屏障。

从远处来看，笃庆堂高低有序，层层屋顶瓦面错落，有如凤凰展翅一般，故有人将其称为“五凤楼”。此类住宅对地形适应性强，比较适合聚族而居、几代同堂的风俗习惯和生活方式，因此分布地域广、数量多。笃庆堂建筑布局紧凑巧妙，堂内共有 11 个厅堂、16 个天井、65 间房，堂与堂之间以天井相隔，各房屋单元之间有回廊紧密相连。笃庆堂内正门两边墙壁上镶嵌有青石花鸟雕刻，屋内斗拱外檐上雕绘玲珑别致的彩龙艳凤、山水花鸟等栩栩如

---

① 儒林郎为隋文帝时设置的一个官名，一般来说，儒生出身者升授儒林郎，吏员出身者升授宣德郎；清朝时六品授儒林郎，吏员出身者授宣德郎。

② 布政司，全称为承宣布政使司，长官为布政使，官品为从二品，掌管一省的民政、田赋、户籍。

③ 理问为布政司直属的官员之一，掌勘核刑名诉讼之事。

生的图案，再加上天井内摆设的小型假山和盆景，使得堂内更生气勃勃。

笃庆堂依山而建，前低后高，中轴堂屋突出，堂前为六亩半大小的半月形池塘，后半部为半月形的房舍建筑，整体造型上就是一个太极图，赋有天圆地方的含义。在两个半圆的接合部由一长方形空地隔开，空地一般用三合土夯实铺平，叫“禾坪”（或叫地堂），是居民活动或晾晒的场所。“禾坪”与池塘的连接处，用石灰、小石砌起一堵或高或矮的石墙，矮的叫“墙埂”，高的叫“照墙”。池塘主要用来放养鱼虾、浇灌菜地和蓄水防旱、防火。建筑结构前低后高有利于堂内的采光、通风、排水、排污。堂内同住数十家人，人丁兴旺，每家都有炉灶，分家治理，相互照顾，族群管理井然有序。

从正门步入上敞堂（即祖公堂）。大堂正中供奉着朱氏先祖的牌位和香烛，两旁粗大高耸的厅柱上张贴着一副红色的堂联，左联上书：“笃孝思于鸡鸣春祀秋尝历代永隆俎豆”，反映了朱氏后人崇尚身体力行孝道、勤奋、感恩的文化精神；右联上书：“庆贻谋于燕翼凤台富阁奕世长启簪缨”。尝考“谋于燕翼”一语出自《诗经·大雅·文王有声》：“武王岂不仕，诒厥孙谋，以燕翼子。”《宋史·乐志九》中亦有：“权舆光大，燕翼贻谋。”由此可见，朱氏后人懂得今天所取得的成就首先应归功于祖先为后嗣谋划创造的良好文化遗产和言传身教树立的乐善好施的优良家风。所谓堂联是指与堂号密切相关的反映家族文化的楹联。堂联有时也称为祠联，主要用于家族祠堂。由于笃庆堂的这副楹联将堂名嵌入其中，只适合本堂悬挂，因此还是叫堂联较为妥当。据朱氏家族的朱伦彪大叔介绍，这副堂联是祖上传下来的，由谁所作已无从考证，但每到春节时换上重新书写的堂联已经成为朱氏家族的一种传统。喝水不忘挖井人，寻根追祖，知恩图报是笃庆堂联的文化内涵，这也许就是

笃庆堂外景

朱拉伊常说的精神的“原点”。笃庆堂不只是一所民居，还是朱拉伊三兄弟出生、度过快乐童年的家园，接受儒学教育的第一所学校，他们纯真的“初心”就是在这里生长发育起来的。

笃庆堂正屋后面半月形“花头”和正门前面半月形池塘四围均栽有各种花木和果树，围龙屋背后的山头林木叫“龙衣”，周围绿树成荫，整座建筑掩映在万绿丛中，一年四季鸟语花香，环境优美而清幽，后院山坡上的榕树、荔枝已经长成参天大树，那沧桑的树皮上记录着笃庆堂子孙成长的足迹。层峦叠嶂起伏的山林，蔚蓝天空上飘逸着朵朵白云，映射在堂前的池塘水面上，就像一幅古朴典雅的水彩画。

客家古民居不只是一处历史遗迹，而应成为一个对后代进行民族文化传承和人文精神教育的基地。在笃庆堂正厅一侧的墙上用大理石镌刻着朱氏家训。为了鼓励朱氏后人学习传统文化，据朱叔介绍，朱拉伊总裁规定凡朱氏族人在朱氏家训背诵比赛中获得第一名的奖励 10 000 元，二等奖的奖励 5 000 元，三等奖的奖励 3 000 元。在堂内另一侧张榜公布了 2019 年朱氏家族为全村 60 岁以上老人发放养老金的清单，这张并不显眼的红纸反映的是朱氏家族敬老尊贤、乐善好施的优良传统。

朱拉伊每年都要多次回家乡看看，丰顺被他称为新南方集团的第二总部。每次回乡，他都会来笃庆堂拜祭祖先。2006 年，他还在笃庆堂内设家宴招待新南方高管和部分中层干部，这也许是朱拉伊想和员工分享自己对家乡原点和儿时初心的感悟。

笃庆堂作为粤东客家人古民居的典型建筑，蕴含了华夏民族的许多传统文化精神：其一，客家围龙屋传承了黄河流域原始社会中后期半坡氏族和龙山氏族部落由几十座方形和圆形土夯房屋组成的民居布局风格。据说，客家围龙屋与北京的“四合院”、陕西的“窑洞”、广西的“杆栏式”和云南的“一颗印”被中外建筑学界称为我国最具乡土风情的五大传统住宅建筑形式。其二，围龙屋讲究与自然地形的协调统一，是中国古代“天人合一”阴阳思想在建筑上的投射。其三，粤东地区的“府第式”围屋建筑规模宏大，与中原贵族大院形状十分相似，屋内住户按辈分高低及尊卑来分配房间，建筑中心位置都安放祖宗牌位，供后人拜祭，这在一定程度上反映了中国传统文化浓厚的宗族观念和家族伦理思想。客家先民原系中原汉人，因避战乱辗转南迁落籍繁衍，不仅将中原的先进耕作技术，也将中原民宅建筑风格移植到了南粤。这种建筑有助于客家人聚族而居，克服初到一处人生地不熟的困难。其四，反映了客家人团结互助、尊老爱幼、文明礼让、和睦共处、知书达理的传统美德。一座围龙屋大多聚居着具有近亲关系的一个家族，逢年过节，红白喜事，族内男女老少齐聚祖公堂祭拜祖宗，在大门前的禾坪上舞龙舞狮，敲锣打鼓。这些族内民俗活动逐渐形成了一股族群凝聚力，在调节家庭和社区人际关系、组织生产分工、维持家庭关系稳定、处理族群矛盾、传承民俗文化等许多社会事务中扮演着重要角色，在中国传统社会的演化中是一种强大的文化力量。

丰顺是潮汕文化和客家文化交融的地区，留隍潮客小镇可以打造成为潮汕和客家民俗跨文化比较和融合创造的示范基地。客家人又称为河洛郎，是一个具有显著族群特征，在世界上分布范围广阔，影响深远的汉族民系之一。客家人的祖先源自以洛阳为中心的洛河流域的中原地区，从秦朝开始，历经东晋五胡乱华时期、唐末黄巢起义时期、宋末金人入侵时期、明末清初客家移民的西进运动等五次大规模的迁徙来到粤闽赣川等地开枝散叶。客家文化既保留了中原文化的核心特征，又不断吸收融汇迁徙地民族的文化元素。客家方言与古汉语同源，客家话保留了中州音韵，故客家话有古汉语活化石之誉。客家山歌被誉为有《诗经》遗风的天籁之音，是中原文化与广东本土文化融合的结晶，历经千年传承，兴盛不衰。客家学甚至成为当今世界的一门显学，客家文化具有崇先敬祖、重视祭祀、耕读传家、强烈的寻根意识等特质。客家人参政从军意识强烈，具有客家血统的许多华裔在海外多个国家担任首相等重要职务，客家人在世界各地的政治地位和社会地位都呈上升趋势。

潮汕文化与客家文化一样，也是古代中原文化的遗存。据考证，潮汕文化是中原文化与闽南文化相互融汇发展的结果。因为方言是族群认同的重要标志之一，潮汕地区的主要方言为“潮州话”，亦称潮汕话，简称潮语，属汉藏语系—汉语族—闽语支—闽南语—潮汕片。可见，潮汕话属于闽南语系次方言。潮汕地区地狭人稠，人口与环境资源矛盾突出，加上以海产谋生的生存环境，培养了潮汕人乐于到海外谋生的开拓冒险精神，在农业上精耕细作、在手工业上精雕细琢、在商业上精打细算、极善经营的族群性格。相比于岭南的粤文化，潮汕文化保留了中原汉文化元素和具有开放、兼容的海洋文化特色。潮州方言、潮剧、潮州音乐、潮州工艺、潮州木雕、潮绣、潮州大锣鼓、潮汕饮食、潮汕宗教文化、潮汕侨批文化和潮汕慈善文化天下闻名。在中国历史上，著名的晋商、徽商衰落之后，潮商和浙商等商帮崛起。潮商具有勤劳、开放、冒险的商业精神，在商业资本与产业资本相结合进行经营方面积累了许多成功的营商策略，形成了独特的家族商业文化，富甲一方的潮商及其经营地域遍及世界各个角落。

从全球视野来看，世界文化由不同民族和不同国家的文化所组成，越是民族的，就越是国际化，就越能得到全人类的认可。鲁迅曾经在给友人的一封信中说，“有地方色彩的倒容易成为世界的，即为别国所注意。打到世界去，即于中国之活动有利”[①]。因此，有人说，“越是民族的就越是国际的；越是地区的就越是世界的”。在当下国家、民族和族群多元化，冲突不断的世界背景下，丰顺留隍的潮客小镇创造了不同文化和谐相处的区域发展模式。笃庆堂是当地远近闻名的古建筑，2000 年由朱拉伊父亲朱的老人牵头，号召族人集资进行了修旧如旧的修缮，现已成为留隍的一个旅游打卡热点。从这种意义上说，笃庆堂不仅是朱氏家族的宗祠，也是见证潮客传统文化演变的一个缩影。在未来，这里将进一步打造成为潮客民俗文化的活态博物馆，充分利用 11 个厅堂设置潮客戏剧、潮客艺术、潮客饮食和潮客童谣、谚语、民歌、婚俗、成人礼等专题展馆，建成粤东地区传统文化教育基地。

朱拉伊不仅对中医药事业有深厚执着的感情，还是一位勤于思考中医发展和善于运用中医哲学思想进行企业战略管理的企业家，在他领导下的潮客小镇一定会建设成为实践传统中医健康养生精神的示范“康城”，实现《素问·上古天真论》中所说的朴素的养生境界：“以志闲而少欲，心安而不惧，形劳而不倦，气从以顺，各从其欲，皆得所愿。故美其食，任其服，乐其俗，高下不相慕，其民故曰朴。”我们相信，这一天很快就会到来。尽管前进的路上还有许多困难，但新南方人已经学会了且行且悟，具有面对困难的韧性和敢于担当的勇气。在 2018 年年终表彰大会上，朱拉伊总裁以“心向暖阳　大道笃行”为题发表了激情的演讲：“什么是人生？人生就是要不断地向自己发出闪电般的挑战，恒久追求生命最为壮丽的美好未来！我作为一个普通农民的儿子，通过自己努力奋斗考取了大学，悬壶乡里，济世救人，立志梦想。我感恩时代给予的机遇，也感谢自己当初的不懈努力和坚定的选择，给我的未来开启了新的大门，也为梦想的实现创造了新的可能。正如王阳明说‘志不立，天下无可成之事’。只要立志做一件事，坚持下去，就一定能成功。”

---

① 鲁迅：《书信致陈烟桥》，见《鲁迅全集》第 12 卷，北京：人民文学出版社，1981 年，第 391 页。

坚韧智勇　十年筑梦

文夫志四海，万里犹比邻。

——曹值《赠白马王彪》

习近平主席在2015年12月中非合作论坛约翰内斯堡峰会开幕式致辞中说："非洲拥有丰富的自然和人力资源，正处于工业化的兴起阶段。中国经过30多年改革开放，拥有助力非洲实现自主可持续发展的技术、装备、人才、资金等物质优势，更拥有支持非洲发展强大的政治优势。中非合作发展互有需要、优势互补，迎来了难得的历史性机遇……中方将积极推进中非产业对接和产能合作，鼓励支持中国企业赴非洲投资兴业，合作新建或升级一批工业园区。"广东新南方集团正是积极响应习近平主席这一号召在非洲尼日利亚和肯尼亚积极推进中非产业对接和产能合作的一个先行者。

经济特区　前景光明

2017年5月北京"一带一路"国际合作高峰论坛举办期间，在肯尼亚总统肯雅塔的见证下，广东新南方集团与肯尼亚DL集团下属的肯尼亚非洲经济特区有限公司签署协议合作创建珠江经济特区。为何叫"珠江经济特区"？"因为我们来自中国广东，所以以广东标志性的珠江命名。"新南方集团总裁朱拉伊先生对记者解释了特区名字的含义。2017年7月7日，由广东新南方集团控股的广东新南方海外投资控股有限公司与肯尼亚非洲经济特区有限公司（AEZ公司）共同投资建设的肯尼亚珠江经济特区在肯尼亚埃尔多雷特市

肯尼亚副总统鲁托（右三）见证奠基仪式

(Eldoret Town）园区现场举行了项目奠基仪式，肯尼亚副总统鲁托主持了奠基仪式。与会人员包括肯尼亚工业部部长、瓦辛基苏州州长、埃尔多雷特市市长等肯尼亚政府官员和中方人员。鲁托在奠基仪式上说："肯尼亚有了珠江经济特区，这是里程碑式的事件，将给埃尔多雷特带来翻天覆地的变化，甚至将带动整个肯尼亚的经济增长。"他盛赞珠江经济特区是肯尼亚工业化的先锋，肯尼亚工业化将始于珠江经济特区。

肯尼亚珠江经济特区位于肯尼亚中西部第二大城市、全国第五大城市埃尔多雷特市，是肯尼亚的第一个经济特区。该区毗邻东非共同体国家，距乌干达仅 129 公里，通往乌干达的主要干道 A104、米轨及在建标准轨道，是东非内陆国家运输大动脉的紧要关口。肯尼亚是东非大国，被喻为"非洲之心"，是东南非共同市场（COMESA）和东非共同体（EAC）的重要成员国，众多跨国公司在肯尼亚设立了驻东非总基地，各行业商会协会和贸易投资促进机构活跃，也是中国"一带一路"倡议在东非的一个支点，是获得中国投资最多的国家之一。肯尼亚地处东非门户，是东非地区经济体量最大、发展速度最快的经济体。肯尼亚鼓励外国直接投资，颁布了《经济特区法案》《外国投资保护法》和《投资促进法》等 30 多个法律法规保护外国投资者利益，肯尼亚与包括中国在内的 10 多个国家签订了双边投资保护协定。2008 年肯尼亚政府正式启动 2030 年愿景规划，计划在未来 5 年内投入 400 亿美元用于基础设施建设，将制造业、批发零售业作为优先发展的重点产业，并通过建立出口加工区、免税、补贴等措施为外资提供优惠。肯尼亚劳动力资源丰富，劳动力素质在撒哈拉以南非洲地区处于较高水平，可以为制造业发展带来较强劲的劳动力资源。

肯尼亚珠江经济特区园区规划面积 9 平方公里，首期 3 平方公里，运营年限 99 年。珠江经济特区投资总额约 20 亿美元，全面运营后，将直接创造超过 4 万个工作岗位，间接提供 9 万个就业机会。园区产业定位为以电子信息、医药卫生、建材与机械、办公及家具用品、纺织服装、农产品加工业六大产业为龙头，以原材料加工为主体，全面打造成为工程、营销和贸易业并进发展的经济特区。通过特区建设，实现打好区域工业基础、全面升级制造业水平、汇聚经验丰富的劳动力和中高端人才、吸纳肯尼亚国内及国际投资等目标，形成区域价值洼地，从而促进东非经济发展。按照相关规章，珠江经济特区园区产品符合原产规则，可以自由销往覆盖约 20 个国家、人口超过 4 亿的东南非共同市场，豁免关税，也可享受欧美对非洲的关税优惠政策，无配额，无关税，也享受美国对非洲的优惠政策，无配额，多达 6 000 种商品可以免关税，因此园区可以依托埃尔多雷特市周边地区丰富的农业资源，加工农产品出口到中国和欧美等地。

肯尼亚制定了系列支持工业园区发展的优惠政策，包括：①限制规则，即肯尼亚政策规定，在五年内境内获批经济特区数量不超过三个。②所得税规则，即在前十年优惠企业所得税10%（目前肯尼亚一般企业所得税30%），且可获得投资额的150%抵减。③增值税规则，即销售和服务均免征增值税（VAT）。④进口关税规则，即园区所有进口产品、原材料免关税。⑤原产地规则，即指园区产品服务符合原产地规定的，即视为肯尼亚生产，100%可以销售到东非共同体市场，且只按照进口原料部分征收关税；本地采购原料的产品销售到东非共同体国家全免关税；部分产品出口欧美享受最优惠税收或者免税。⑥资金规则，即企业所有资本和利润都可调回本国，不受外汇管制。⑦财务政策，即豁免企业印花税；豁免园区内企业、开发商、运营商股东的股息预提税；外籍员工总体收入个税按照统一优惠率5%征税；十年内豁免特区企业、运营商向外籍员工支付的费用预提税。⑧移民政策，包括可获得不超过所有正式雇员人数20%的工作签证；特殊行业可在特区运营商的推荐下获得额外数量的工作签证；签证手续可在园区内通过绿色通道办理。⑨产权政策，包括园区内企业的财产权被充分保护，不会被国有化或征收；园区内批准的建设及建筑物拥有合法产权；工业产权和知识产权受到保护。⑩特许经营政策，肯尼亚的部分国家特许经营行业在特区里可以获得豁免特许执照的优惠，如酒精、茶业、宝石加工、影视等；豁免租赁限制；豁免州政府商业服务许可费和广告费。

为了促进企业入园区投资建厂，园区设立了便利的一站式服务，包括：①海关、移民局、工商管理、税务管理、环境评估、警察、建设许可等相关审批部门共同入驻园区，联合办公；②各部门指派高等级官员入驻园区，建立绿色通道，批准相应的执照、许可、证明；③设立内陆港，所有进口货柜无须在港口清关，可在园内由绿色通道清关；④所有货柜进口免申请进口预

肯尼亚珠江经济特区项目规划图

审核证书（PVOC）；⑤园内运营企业只需办理单一执照；⑥在园区总体规划内项目建设均由园区自行批准建筑许可，由园区统一报备，并且拥有合法产权；⑦园区内企业环评由一站式绿色通道批准，无须经过复杂流程。

有三大国家级专项基金可以为园区企业提供发展动力，包括：①中非发展基金，这是我国政府在2006年11月中非合作论坛北京峰会上提出的对非务实合作8项政策措施之一，是支持中国企业开展对非合作、开拓非洲市场而设立的专项资金。首期10亿美元资金由国家开发银行出资，最终将达到50亿美元。②中非产能合作基金，这是2015年12月4日习近平主席在中非合作论坛约翰内斯堡峰会上宣布设立的，首批资金100亿美元。主要用于促进非洲“三网一化”建设和中非产能合作，覆盖制造业、高新技术、农业、能源、矿产、基础设施和金融合作等各个领域。③丝路基金，这是由中国外汇储备、中国投资有限责任公司、中国进出口银行、国家开发银行共同出资设立的中长期开发投资基金，重点是在“一带一路”发展进程中寻找投资机会并提供相应的投融资服务。2017年5月14日，习近平主席在“一带一路”国际合作高峰论坛开幕式上宣布，中国将向丝路基金新增注入资金1 000亿元人民币。

园区还为入园企业提供了综合配套服务：政策咨询、法律咨询以及商务咨询；投资许可、工作许可及签证办理；入园企业的设立、注册及登记等政府文件的办理；劳动力用工指引；报关报税、商检及出入境等；举办商务会展，提供展览展示中心；协助与当地政府和机构的沟通；“五通一平”，即通路、通水、通气、通电、通信，土地平整；公共区域绿化建设；完善商贸、

新南方集团总裁朱拉伊在接受新华社记者采访

医疗、消防、餐饮及娱乐等配套设施；提供标准厂房及工业用地；保证水、电、气正常供应；连接园区内外道路畅通；园区内设立警署并聘请专业保安，提供全天候安保服务。

由上可见，肯尼亚珠江经济特区的确具备了优越的发展条件，是各类企业最有价值的投资项目，未来市场潜力巨大。

肯尼亚珠江经济特区于2018年8月开始招商，目前已协议签署入园的企业有十多家，其中新南方集团与广东省丝绸纺织集团共同出资建设的中非现代丝绸产业园已开始在园区进行小试工作。目前园区整体已完成管理区、办公区建设，正开展园区大门、主干道和厂房建设。

新南方集团总裁朱拉伊先生在接受新华社记者采访时说："我们改革开放30多年工业化走过的路，非洲现在也要走，我们的优势在于知道这条路该怎么走，哪些弯路要绕开。广东新南方集团支持非洲增强绿色、低碳、可持续发展能力，支持环境友好型项目和智慧型城市建设项目，合作绝不以牺牲非洲生态环境和长远利益为代价，让非洲人民真切感受中国企业对人类生命的尊重和关爱。"我们相信新南方人会将自己的创业精神和创业经验带给非洲的兄弟。

广东商会　助力非洲

在国家"一带一路"倡议和粤港澳大湾区框架协议的大背景下，为推动广东对非洲投资发展，提升非洲当地劳动力就业水平，在广东省外事办及非洲多国驻粤外交官的建议下，新南方集团作为发起人，受广东省贸促会指定委托筹建"非洲广东总商会"。经过前期的认真筹备，非洲广东总商会（AGBA）于2018年8月3日在肯尼亚首都内罗毕举行揭牌仪式。

作为粤港澳大湾区与非洲大陆互联互通的桥梁和纽带，非洲广东总商会将重点发挥对中国企业在非洲发展中的服务和保障作用，切实引导广东企业走进非洲，融入非洲，拉动对非投资和经济增长。

肯尼亚工业贸易和企业发展部部长彼得·穆尼亚在致辞中表示，非洲广东总商会的成立进一步展示了广东省参与中非经贸合作的意愿和担当，也将进一步推动企业对当地制造业的投资，提升当地制造业的发展水平。

非洲广东总商会创会会长、广东新南方集团总裁朱拉伊表示，新成立的非洲广东总商会将秉承"中非命运共同体"的主张，倡导走进非洲的广东企

非洲广东总商会揭牌仪式（肯尼亚，2018）

业践行自身社会责任，助力非洲绿色崛起。

商会将协调走进非洲的广东企业与当地政府、中国驻外使领馆、广东省政府以及广东省贸促会的沟通，为走进非洲的广东企业提供信息共享、项目共享、资源共享的平台，协助解决企业在当地发展碰到的问题，并与国内的学术机构、智库联合成立非洲发展战略研究院，共同为企业发展出谋划策。

未来非洲广东总商会将带领各分会及第三方金融机构推广复制成功的自贸区经验；共同打造中医医疗中心，传承推广中医药文化；整合国内和非洲金融资源，在非洲发起成立银行。通过非洲广东总商会，最终实现在非洲汇百家机构、创百亿投资、带动十万人就业，助力非洲绿色崛起。

习近平主席在中非合作论坛约翰内斯堡峰会上说："中非关系最大的'义'，就是用中国发展助力非洲的发展，最终实现互利共赢、共同发展。"

广东新南方集团有限公司秉承"诚、信、义"的企业价值观，从帮助非洲人民抗疟到助力非洲经济发展，是脚踏实地践行习近平主席号召、走向非洲大地的勇敢战士。

非洲园区　十年筑梦

2019 年 11 月 26 日，以"十年筑梦，百年辉煌"为主题的尼日利亚广东经济贸易合作区（或称"奥贡广东自贸区"）运营十周年庆典活动在自贸区隆重举行。该自贸区是首批获得中国政府批准的八个境外经贸自由贸易区之一，是中国首批落户非洲的国家级对外经济贸易合作区。尼日利亚副总统奥辛巴乔代表、工业贸易与投资部部长奥通巴·阿迪尼衣·阿迪巴约、尼日利亚奥贡州州长阿彼欧敦、中国驻拉各斯总领馆总领事储茂明、尼日利亚众议院外事委员会主席雅库布、中国驻尼日利亚大使馆经济商务参赞李元、广东新南方集团副总裁兼广东新南方海外投资控股有限公司总经理邓愚及尼日利亚出口加工区管理局、海关、移民局、国安局、警察局等政府部门负责人和当地中资企业代表、园区企业负责人等共同出席了庆典活动。

由广东新南方集团投资运营的尼日利亚广东经济贸易合作区自 2009 年创建以来获得了中尼两国政府的大力支持，成为中国企业海外投资创业的重要平台。它承接拉各斯经济贸易圈，发挥奥贡州资源优势，借鉴中国特别是广东改革开放建设的经验，形成以制造业为主，集物流、研发、会展、生活等于一体的城市综合体。合作区以轻工、家具、建材、五金、木材加工等行业为龙头，以原材料加工为主体，工程、营销和贸易并进发展。经过十年的发展，目前，合作区内注册企业已有 63 家，打造了尼日利亚多家龙头企业，包括旺康陶瓷、中国玻璃、和旺包装、永瀚家具、攀达建材、香雪海家电等在内的多家企业，生产的产品已成为尼日利亚，乃至整个西非家喻户晓的知名品牌。合作区每年总产值超过 2. 34 亿美元，总投资超过 20 亿美元，直接雇用当地社区 6 000 多人，今后每年将为当地至少新增 1 000 个就业机会，带动

尼日利亚广东经济贸易合作区运营十周年庆典

了当地产业发展，创造了大量就业机会，提高了人民生活水平，促进了企业与当地社会经济文化的融合发展。尼日利亚广东经济贸易合作区已为当地社区捐建了一座友谊小学和社区医疗诊所，改善了当地的教育和就医环境，资助当地贫困大学生到中国继续接受教育；为改善该区域的交通状况，合作区管理公司出资修建了 10.5 公里的卢萨达—伊格贝萨道路。

尼日利亚广东经济贸易合作区被赞誉为中尼经贸合作的桥头堡，中尼两国良好伙伴关系的典范！尼日利亚广东经济贸易合作区十几年砥砺前行，成绩斐然，园区形象得到中尼两国领导的高度肯定。

尼日利亚广东经济贸易合作区规划图

商务谈判　费心费力

商务谈判是国际贸易中的家常便饭，这些谈判总是涉及原则与利益的把握、机智与耐心的结合、礼节与争执的转换、喜悦与沮丧情绪的交织，其中有不少无可奈何、哭笑不得的事情。

语言沟通是商务沟通的桥梁，虽然新南方集团在非洲管理的自贸园区都在以英语为官方语言的国家，但在谈判中仍会发现，你听到的英语并非你熟悉的标准英语。不同文化中的语言沟通成了商务谈判中的第一大障碍。邓愚总经理说，他刚到肯尼亚，为珠江经济特区相关政策进行的谈判就因为语言问题而显得异常艰难。合作方的英语带着浓重的当地口音，谈话间还会无意识地夹杂着斯瓦希里语（东非的地方语言），说得又长又快，中方代表往往只能听懂一半不到，其他的就只能连蒙带猜了。如果是日常交往问题不大，可是在商务谈判桌上，一丝半点的语义误解都可能会让双方陷入争吵或者是尴尬的境地。虽然有翻译在场，但涉及一些经济政策条款，一般的口语翻译也难以准确地表达，这只能靠自己了。邓愚总经理的经验是：一是做到多听多说，慢慢地适应对方的语言风格，从模糊到明白；二是脸皮要厚，一遍听不明白就请对方再说多几遍，直到搞清楚意思为止。

商务谈判少不了利益的争执，各方代表都会从各自的立场出发，有时会吵得面红耳赤。虽说谈判者都是体面人，但有时争论的声音会越来越大，音调越来越高，当然人也越来越高，因为开始是坐着谈，争着争着就不自觉地站了起来，似乎恨不得站到凳子或桌子上吼。在这种“大战”一触即发的时候，中方的魏律师就会很风趣地说：“我要上天台去抽根烟啦！”于是大家趁此机会暂时分散一下注意力，抽烟的抽烟，喝咖啡的喝咖啡，剑拔弩张的气氛顿时得到了缓解。也许闲聊几句关于风土人情的话，刚才的敌对情绪就烟消云散了，谈判继续。后来，抽烟似乎成了中非商务谈判中常用的一个“缓兵之计”。其实谈判双方，只有魏律师一个人是抽烟的，但大家心照不宣，每当双方吵得不可开交的时候，总会有一个人提出“我要上天台抽根烟”，或者当一方觉得另一方人员应该冷静时也会建议说，“我觉得你应该上天台去抽根烟”，这也算是一种幽默吧！

中国文化鼓励“只争朝夕”的工作精神，但在非洲工作，可以把急性子变成慢性子，再把慢性子变成没脾气。非洲人工作节奏缓慢。例如约好了开会的时间，中国人等非洲客户是常有的事。有一次，邓愚总经理约了非洲客户下午三点开会。到开会的时间了，大家都在等一个当地的高管到会，打电话给他，说路上有点堵车，过去了一个小时，还没有到，再打电话给他，还在路上，于是只好边开会边等待，会议一直开到六点多，那位高管还没有出现，又打电话，还堵在路上，马上就到了，于是邓总风趣地对他说：“好吧，请您调头，现在您可以回去了，会议结束了。”

非洲的交通拥堵问题也与路况太差有关，尼日利亚的许多公路还是以前由英法殖民者规划或者修建的，再加上很多失业者在路上向过往车辆兜售小商品和食品，就更增加了公路的无序和拥挤。在拉各斯，几公里路，开车花上三五个小时也不奇怪。

非洲人非常健谈，见了面一定要先寒暄一阵，大多先从天气话题聊起，然后开始问候你的家人，如果时间允许的话，可能会从你祖母那一辈问候起，一直问候到你的儿孙。如本来开一个会，会议内容一个小时内就能解决，但这一阵长长的寒暄，可能就花去半个小时。许多非洲国家受英法文化影响，不管大小事都喜欢请律师来谈，新南方集团入乡随俗，也请了当地的律师，但律师在当地的习惯是按时间收费的，这样一来，可把邓总急坏了，因为每一次开会光是问候天气就得花不少钱啊，可以说，越聊就越心疼。邓总说，吸取了以往的经验教训，后来请律师就按项目或者事情付费，这样就不怕闲聊了。

商务谈判是件苦活，考验的是专注，拼的是耐心，一件简单的事情，往往对方会想得太多，甚至会从完全出乎你意料的角度，翻来覆去为同一个问题反反复复地提问或质疑，如果没有足够的耐心，可能就谈不成了。有一次在埃多园区，跟对方团队讨论园区的有关工作，孰是孰非争论不休。正好那天是圣诞节假期，在当地这是一个和中国的春节一样重要的日子，从上午十点开始，谈判桌上的唇枪舌剑就没有停歇过，大家各执一词。时间在不断流逝，但争执并没有随着谈判者的疲惫而减弱，反而话题越扯越多。五个多小时过去了，对方又把他们的财政部部长、议会的商业委员会主席都从家中请来，有了新力量的加入，似乎又有了不同的意见与新的说法，不断有新的问题提出，新的争执再次掀起高潮。又是五个多小时过去了，双方都差不多疲倦烦躁到了极点。对方开始急于回家跟家人团聚，渐渐无心“恋战”，最后双方总算是基本上达成了共识。谁知道，就在各自上车准备回家的时候，对方又提出了新的想法，于是又在停车场上演了一番论战。当一切都结束时，已经是晚上十点多了，顶着满天的星斗赶回园区，饥肠辘辘的邓总等人心里想：要是有一碗热腾腾的面条就好了。

在非洲漫长的商务谈判中常常会跨过午餐的时间，双方对此的态度和习俗很不一样。邓总风趣地告诉国内的同事，中国人喜欢将饭局当作促进彼此关系、交换工作意见、达成某种合作协议的辅助手段，但是在非洲，吃饭就是吃饭，可以是一种礼节，一种友情的象征，但他们讨厌在饭桌上谈工作。对待吃饭的态度，似乎差异也很大，特别是午餐，有时候开会刚好到了饭点，按照中国人的习惯，那当然就是共进午餐，可以把会议开到餐桌上去。如果你置之不理，还会被人认为你不谙待客之道。但在非洲就不一样了，很多人并不在意午餐，他们习惯用咖啡加一点小糕点或饼干坚果之类就打发了。记得有一次在肯尼亚的蒙巴萨州跟州政府的整个团队开会探讨园区建设与青蒿灭疟两个大项目，会议气氛很好，讨论得非常热烈，不知不觉就到了中饭时间，工作人员拿来了一些小点心和萨摩沙（当地的一种小吃），大家边吃边开会，完全没有停下来的意思，直到下午两点才结束。还有一次肯尼亚副总统召见开会，将政府相关部门的负责人都召集过来，要研究解决特区里的一些问题，会议拉得很长，眼看到中午了，心想今天可以在副总统这里蹭一顿大餐了，不知道会不会有什么特别的美味呢。结果会议开到中午一点多，端上来一看，还是三明治萨摩沙，当然咖啡和茶可以自选，看来副总统接待的饭局也没啥特别呀！

文化禁忌　不能不知

中国人无论到非洲去旅游，还是去做生意，不只需要科学、金钱和勇气，还需要了解当地的文化习俗，否则一不小心就踩到违法的地雷了。轻则受罚，重则后果难以想象。新南方海外投资控股有限公司邓愚总经理讲述了他在非洲遇到的关于文化的奇闻趣事，其中令他印象深刻而不得其解的是在城市里拍照的事。

外出旅游，随手拍张靓照以作留念好像是一件很随心所欲的私事，特别是在智能手机普及的今天，随时随地想拍就拍，似乎没有想过会触犯什么规矩。不过在非洲，拍照就不是一件可以随心所欲的私事了。有一次，在多哥工作的邓愚总经理想去看一下多哥著名的地标和平鸽，他让的士司机拉他过去，想着拍几张风景照就走。不料司机将车远远地停在离广场有些距离的路边，让他们几个乘客先在车上等候一下，他要先过去那边请示交涉。这令邓总几个人一脸懵，以为是广场不让停车，后来比画了半天才知道，原来这里是不可以随便拍照的。等了大约半个小时，过来几个警察，见邓愚几个同车的人是外国人，还比较客气，不过他们说这里不能随便照相，他们的权限不够，拍照还需继续向上级请示。邓愚总经理心想，不就是拍个景点照片吗？又等了一会儿，好不容易来了一个长官，还带着一个士兵，说经过请示上级，终于批准这几个在他们看来是友邦人士的人拍照了，但是必须由他带来的这个士兵领着，哪里可以拍照都要听他的命令，切不可擅自行动！于是邓愚总经理一行跟随着那位士兵穿过马路，令人意外的是他竟扬手截停了来往的车辆，让大家走到马路中间，手一指："就在这里照！"原来这叫指定位置、指定角度、专人陪同照相！抓紧时间照完一张，邓愚总经理突然发现指定角度相反方向的景致也很美，就想顺手拍一张，没想到那位陪同的士兵马上说："NO！"出手给予制止。

邓愚总经理亲历了这一件事后，特别留意了非洲人对拍照的许多文化禁忌。总体上来说，他发现在非洲是不能随便给别人拍照的，如果看到某种新鲜东西或美景切记不能随手一拍，如果被当地人看到了，他们会很不高兴，甚至可能冲过来要你删除照片。当然，你也可以大大方方地向相关人员提出照相的请求，但大多数时候他们会摇头拒绝。尤其是军人和警察，是绝不可以偷拍的。

邓愚总经理听朋友介绍，非洲人不喜欢被拍照的传统源于一个古老的传说，认为被别人拍照会把魂给摄了去，不过这种传说中的忌讳在21世纪还传承着？这样看似是非洲本土文化习俗的一个小问题，但广东新南方在非洲业务的拓展与本土化有关，带着这个疑问，新南方商学院的小记者去请教商学院的执行院长邱鸿钟教授。邱教授是一位知名的心理医生，做过文化人类学的访问学者，还给研究生们讲授“文化心理学”课。对邓总讲述的这些文化习俗，邱教授解释说：这是一种被称为“塔布”（Taboo）的文化现象。据说“塔布”是一个来自太平洋波利尼西亚岛群的词汇，具有“神圣的”和“可怕的”两种完全对立的语义，简而言之，就是禁忌和限制接近的意思。心理学家弗洛伊德说：“塔布”的特点是“塔布禁忌既没有理由，又没有明确的来源”①。经过人类学的考古和文化心理学的研究，一般认为“塔布”禁忌可以追溯到原始社会心理。在人类进化的历史上，塔布的目的有很多，也带来很多益处，例如保护首领、僧侣等重要人物不受伤害，保护妇女儿童等弱者不受影响，保护生育、婚姻和性功能等生命中的重要事件和行为不受干扰等等，后来鬼神观念产生了，塔布遂与之相联系，成为一种约束人们某些行为的习俗规则。历代社会会对那些危害自己同胞的冒犯者进行惩罚，可见，人类最早发明的惩罚体制与塔布俗信有关。照相、直呼别人的名字、踩到别人的身影都是一些地方的塔布禁忌。考察发现，触犯塔布会使触犯者自己变为遭人远离避之的塔布，当然触犯塔布所造成的危害可以通过赎罪或涤罪的方式来加以回避。由此看来，每一个打算去非洲工作或旅游的人都需要了解当地的文化习俗，这不仅关乎对他国文化的尊重，也是作为国际商务人才的一种必备素养。为此，邱鸿钟教授还特别向准备去非洲工作的新南方人推荐阅读英国学者弗雷泽所写的世界名著《金枝》和法国人布留尔所写的《原始思维》两本书。

不同的生活、不同的历史、不同的环境造就了不同的文化。在非洲，邓总说，完全不一样的文化形成了意想不到的思想碰撞，给他留下了许多印象深刻的故事。他讲了一个关于给小狗取名的故事。无论从安保的角度，还是从情感需求的角度考虑，在园区内养一只狗都是有好处的。“多多”是一只纯种的德国牧羊犬，长得帅气，刚刚抱回园区就深得大家的喜欢，给它取个响亮的名字一时间成了热门话题。几经讨论，最后决定叫它“爱多”，大家拍手

① 车文博主编：《弗洛伊德文集》（第五卷），长春：长春出版社，2010年。

叫好，这个名字跟我们园区的名字一样，叫着亲切响亮，而且寓意也很好。有一天，一个当地合作方老板来园区谈工作，小狗迎了上去，这位老板很高兴，他一边逗弄着小狗，一边问这个小家伙叫什么名字。一位中国员工很自豪地介绍说，它叫“爱多”，然后还补了一句，跟我们园区的名字一样！谁知道，这位老板一听，面露愠色。中国员工都很诧异，邓总就直接问他为什么不高兴。这位老板解释说，对当地人来说，只有牛、羊这些给他们带来食物、养家糊口的大型家畜才会被用地名或者是类似的昵称来称呼。如果我们养一头牛叫“爱多”，他会很高兴的，但狗不配用这种名称。为了照顾他的情绪，邓总只好给小狗改了一个名字，于是“爱多”就变成了“多多”。邱鸿钟教授也对此做了解释：在古埃及、美洲印第安、东印度群岛、澳大利亚、高加索地区等许多地方，都有将名字视为神圣的习俗，因而有许多关于名字禁忌的古老习俗。这些民族都将名字视为自己生命中神秘而神圣的重要部分，十分注意加以保密，许多人有一个公开使用的名字，还有一个出生后由家中长辈取的名字，除非特别亲近的人，一般人都不知道，即使非要喊这个名字也要特别小心，声音小到几乎旁边的人都听不见。他们认为，如果自己的名字被陌生人听到，就是违反了本族的族规，其严重程度不亚于亵渎了圣灵，因此产生了关于如何隐讳自己真名的习俗，唯恐心怀恶意的人用巫术通过名字来害人。有些人还将亲口说出名字列为禁忌，因为这相当于把自我精力吐出来了，从而影响自己的身体健康。此外，还有关于国王等神圣人物名字的忌讳、神的名字的忌讳、亲戚的名字的忌讳、死者名字的忌讳、动物名字的忌讳，这在世界上许多地方是一种传统的文化习俗。人类学和文化心理学家的研究表明，这些在现代人看来很奇怪的文化习俗、禁忌是人类原始思维在集体无意识中留下的痕迹，是人类在蒙昧时期关于万物有灵的世界观在语言与事物关系上模糊投射的结果。尊重历史，理解心理，包容差异，应该是去海外工作的新南方人应该始终注意的文化修养功课。

中国人吃饭好喝酒，也好敬酒，如果敬酒客人不喝，主人总觉得招呼不周。所以，中国式的饭局上敬酒和干杯之声不绝于耳。中国人来到了非洲经商，自然也把中国的酒文化带到了非洲，请客吃饭，往往也想对方一饮而尽，但非洲人喝酒是随意的，吃饭喝酒，往往只是抿一口，一杯酒晃了一个晚餐还没喝完。于是，中国人去敬非洲客人喝酒时就发明了一个专用词汇，叫“Chinese style”和“bottom up”，意思是叫对方按照中国习俗将杯中的酒喝完。当然遇上酒量好的或者是不明就里的客户，经这么一劝还真的干了杯。

非洲人虽然不善喝酒，但他们会斗饭量。特别是那些关系很好的客户，请你去他们家赴宴，往往是很隆重的。虽然是分餐制，但为了表现他们的客气，每一道菜都会给你盛得满满的。非洲人的饭量本来就大，但他们给客人

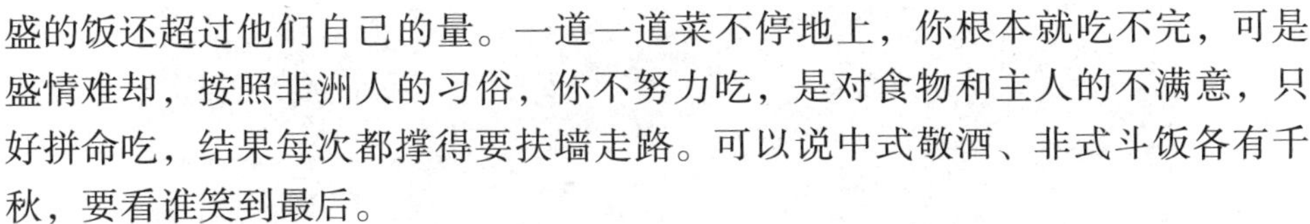

盛的饭还超过他们自己的量。一道一道菜不停地上，你根本就吃不完，可是盛情难却，按照非洲人的习俗，你不努力吃，是对食物和主人的不满意，只好拼命吃，结果每次都撑得要扶墙走路。可以说中式敬酒、非式斗饭各有千秋，要看谁笑到最后。

遭遇疫情　勇敢逆行

从 2017 年 8 月起，邓愚以广东新南方海外投资控股有限公司总经理的角色，带领着团队的兄弟姐妹们，怀揣着希望与梦想，不惧未知与恐惧，告别家人与朋友，踏上了开疆拓土的征程。几年来，他们在尼日利亚、肯尼亚等非洲十余个国家的不同战场上战斗着，这支年轻的队伍，经历着、成长着，用自己的青春和热血、用自己的激情谱出了一首最美新南方人的精气神之歌。

2020 年 1 月，中国人民正准备迎接一年当中最重要的节日——春节，期待着一家团圆，享受一年中难得的休闲时光。这时在尼日利亚待了 10 个多月的员工也正好休假回国，与家人同享欢乐，迎接新年的钟声，但是这安详宁静的时光被新冠肺炎这位“不速之客”打搅了。自新冠肺炎疫情发生以来，世界各地都把疫情防控作为首要任务，人人都是“战‘疫’兵”，人人都有“责任田”。在这场席卷全球的庞大战“疫”前，远在万里之外异国他乡的新南方管理公司团队也不例外，他们秉承着广东新南方集团坚韧智勇的团队精神，在自贸区内打响了他们的“抗疫”之战，书写着他们不平凡的人生篇章。

尼日利亚广东经济贸易合作区内有 60 多家企业，总共雇了 6 000 多名工人在这里工作，是人口密集的生产基地。此地若是有一例新冠肺炎确诊病例，自贸区就得停止运营，当地工人失去工作，没有经济来源，自贸区极有可能面临内忧外患的局面。在如此艰难的时刻，多一个人就多一分力量，多一分责任担当，多一分希望。维护自贸区的稳定运行、科学有序地开展防疫工作部署是自贸区的首要工作，但管理公司中方团队全员 16 人，有 5 人还在国内休假，面临着人手严重不足的问题。当时正是疫情暴发时，医疗条件一般的非洲国家无疑是个极高风险的地方。此时在国内休假的 5 名同事听说工作需要后都说：“我们马上回来！”在一些人想尽办法回国躲避疫情的时候，这批新南方人一心往外赶，他们是危机形势下了不起的“逆行者”。

饶文婷作为新南方集团的招商经理，每年定期前往非洲了解企业和园区

广东新南方集团总裁朱拉伊考察园区入驻企业

最新运行动态是她日常工作内容之一。去尼日利亚出差对于她而言早已习以为常，只是 2020 年 3 月这一次出发前，来自国内外环境的多种因素使她感到很有压力。她记叙了她去尼日利亚的难忘经历。当时一些国家对新冠病毒有许多错误认识，并趁机抹黑中国形象，煽动反华情绪，中国人在国外受到误解甚至歧视。加上非洲医疗系统并不发达，尼日利亚多地相继传出拉沙热和其他致命的不明传染病，让人闻风色变。家人朋友听闻她要去非洲的想法，非常担心，再三劝阻。面对前方未知的危险和家人的担忧，饶文婷也有过纠结，但她知道此时前方正是急需人手的时候，还有很多工作在等着她。一想到这些，她就没有什么好再犹豫的了。因为肩上的责任不允许她畏首畏尾。她安抚好忧心忡忡的家人，便义无反顾地奔向尼日利亚。

饶文婷说往常 20 多个小时的旅途很快就过去了，可是现在全身被防护服包裹着，特别是戴着口罩让人呼吸不畅，密闭的机舱又是专家们强调的高危区域，不敢吃饭不敢喝水不敢说话，连去个厕所都辛苦，旅程漫长得可怕。就这样拖着疲惫的身子，脸上被 N95 口罩勒出深深的痕，她终于抵达了尼日利亚广东经济贸易合作区。饿得两眼冒金星的她，看到园区大厨准备的西红柿鸡蛋面，简直如饿狼扑食般将一大碗面一扫而光，把送餐的人看得目瞪口呆。她不好意思地冲他笑了笑，心想这时候哪里还顾得上淑女形象啊，吃饱了还得干活呢。

时差还没倒过来，一夜没睡，可第二天早上，尼日利亚关于新冠肺炎疫情暴发的新闻已经满天飞了，饶文婷即刻参加了新南方管理团队紧急召开的会议，讨论制定相应的防疫措施。保障园区安全是公司的当务之急。在制定防疫措施的过程中，新南方管理团队非常注重将中国的防疫经验与当地政策和文化及园区实际情况结合起来进行全面考虑，力求不放过一个细节。包括建立严格的人员进出检查程序，设置隔离观察区，对大门、生活区、办公区进行消毒，大量采购口罩、防护服、消毒液等医疗物资等。他们走访了园区内的每一家企业，了解企业的防范情况，检查每一处隔离点，确保防疫措施严格到位。虽然每天忙得脚不沾地，但想到每一滴汗水都是为了园区6 000多名中外员工健健康康地工作和生活，饶文婷顿时觉得浑身充满了干劲。

在非洲疫情暴发之初，自贸区便严格按照集团公司制定的《广东新南方集团关于做好境外园区新型冠状病毒防控工作方案》开展园区疫情防控部署，并且密切联系我国驻拉各斯总领事馆，在科学的指导下开展合作区新型冠状病毒疫情防控工作，加大疫情摸排力度，全面宣传防控，并采取积极有效措施应对疫情。

工欲善其事，必先利其器。要想防疫，没有药物可不行，可是新冠病毒没有特效药。饶文婷说她幸好是一个新南方人，有邓老团队研发的邓老清冠饮为身体筑起一道防护。可是问题来了，疫情之下尼日利亚封国封州，怎样才能把抗疫物资运到园区来呢？按照领导指示，饶文婷立即联系国内运输公司，可是尼日利亚政府一道封关令，物流几乎全部中断，问了不少海运货代公司均不敢接单，且海运耗时至少 3 ~ 4 个月。她又联系了国内多家空运公司，不仅价格猛涨，且均不能保证货物顺利运达。饶文婷开始尝试多方渠道在当地打听可靠的物流，功夫不负有心人，最后在当地找到一家有经验的物流公司帮忙顺利运输了一批清冠饮到达非洲园区。收到清冠饮后，园区立即安排派发给员工和企业。从尼日利亚暴发疫情至今，园区有且仅有一家未执行园区规定的企业出现了个别新冠肺炎病例，园区的防疫工作得到了国内政府和使领馆的高度肯定。

2020 年 3 月，海外新冠肺炎疫情愈演愈烈，尼日利亚联邦政府为了控制疫情，发布了“封城”指令。自贸区根据法令，开始了长达 3 个月的停工停产。长期的封州措施及园区企业的停工停产不但导致自贸区无法取得收入，运营资金短缺，还面临着生活物资和防疫物资短缺的危机，防疫物资已难以满足日益严峻的抗疫工作需求。尼日利亚对新冠病毒感染患者实行分级管理措施，即对无症状感染者不强制管理，对轻症者采取自行居家隔离自愈措施，对重症者安排进入疾控中心进行治疗。自贸区的防疫工作难度很大，园区除测量体温外，无其他检测方式，不能排除当地员工中有无症状感染者的情况，且园区防疫物资储备不足，园区防疫存在极大的风险。此外，长期的封城政策在当地衍生了一系列社会问题，打砸抢烧事件明显增多，威胁着园区内的生命财产安全。

在海外新冠病毒疫情肆虐下，致命的病毒威胁没有让管理公司团队面露胆怯，艰苦的生活条件和沉重的防疫工作压力没有压垮他们的斗志。面对困境，他们依然勇敢地坚守岗位，用自身的力量，构筑起保护自贸区人员和财产的安全防线，他们是勇敢的“守护者”。

园区防疫　很不容易

很多人对非洲的印象，要么来自走马观花的几天旅游，要么就是从几部惊心动魄的电影那里感受到战斗、疯狂与危险。其实，真实的非洲，在大多数情况下，好山好水，人民友好。作为正常的投资者、守法的经营者和文化的传播者，去非洲工作的新南方人感到是安全的和受欢迎的。但这并不意味着和平的环境下没有危险，2020 年世界暴发的新冠肺炎疫情，把全球人都弄得神经紧张，非洲也不例外。在这种背景下，新南方在非洲尼日利亚的自贸园区，按照联邦政府和州里的规定实施了封园措施。在疫情带来的一系列危机事件面前，新南方人仿佛就是一群战士。

园区中有很大一批工人来自尼日利亚北方，由于他们回家路途遥远，加上沿途各地为了抗疫而采取的封锁措施，这些工人无法回到自己的家中，只得滞留在园区。园区管理部门要求滞留的工人在各自厂区内实行自觉隔离，企业为这些自愿留在园区的工人提供了食宿，发放基本工资。可是封园没几天，就有一些别有用心的人向政府反映，说园区的这些措施限制了黑人的自由！

为了避免政府和舆论的误会，园区内的企业让所有留园的员工签署自愿书。如果哪位员工不愿意签署，可选择离开园区回家，企业也会结算工资让这些人自由离开，但在封园期间，不能随意返回园区。2020 年 4 月 13 日，也就是西方复活节假期的最后一天，谁都不曾料到，本该是一个舒适、惬意的复活节假期却变成了一场噩梦。园区一个大型企业，招聘有 3 000 多名本地工人，封园之前，有 1 900 人选择留下，由于实行了签订知情同意书的新举措，有 1 000 多名工人结算了工资后离园。然而后来仍然留园的部分员工再次要求离开，但他们要求不只是结算工资，还要求有更多的补偿！企业老板当然不能答应这样无理的要求，于是一场劳资纠纷上演了！但这个企业的管理团队并不能胜任谈判，于是请求园区管理部门派人出面。新南方园区管理的副总经理车伟带着人会同这个企业的人一起去跟留园的非洲员工沟通谈判。由于闹事的人群里混杂着一些别有用心的家伙，他们只希望把事情搞大，并不想轻易解决问题。车总敏锐地嗅到了一丝紧张的气息，一边镇定地继续与对方谈判，一边指挥将园区管理局的官员、驻扎园区的警察队长、安保队的年队长和于队长、村里的长老一同请到了谈判现场，希望有助于事情的顺利解决。

然而被挑拨起来的人群往往是最容易失控的，群情激奋的人群只是一个劲地喊，索要每人二十万到二十五万，甚至一百万的高额赔偿。他们自愿选择留在园区，厂里已经停工，不用干活，包吃包住，还发放基本工资，只要遵守防疫的一些基本要求；也可以选择自愿离开园区回家，凭什么要补偿呢?连在场的尼日利亚官员都无法理解这种无理要求。但是失去理智的人拒绝谈判，几百号人把谈判团队围困在厂区的一间办公室里。为了说服外面起哄的人，车伟副总不惜犯险，从被围的办公室窗户爬出去，和外面闹事的人讲道理。他也希望稳定这些人的情绪，不要让整个局面失控。园区管理人员被这些人足足围困了五个多小时，没吃没喝，孤立无援，此时园区的安保力量仅有不到两百人，还要兼顾偌大一个园区其他区域的管理。

不料，更糟糕的事情发生了，那些封园前自愿离开的员工并未回到家乡，而是滞留在了园区附近，也许他们离开时结算的工资到这个时候也已经花得差不多了。在厂区闹事的人显然抓住了这群在厂外进退两难的人的心理，希望他们也加入闹事，煽动说如果斗争成功，可以获得巨额赔偿。谣言一传十、十传百，很快园区大门前就聚集了许多原来已经离开的员工。

之前为了防止事态失控，园区管理已经从各处抽调了更多安保人员来谈判现场，构筑一道安全防线，所以园区大门的安防力量就变得薄弱了，只有两名警察和十余名保安人员，大门已渐渐挡不住起哄的人群。警察小队长在封锁线前来回奔走，声嘶力竭地劝说那些试图冲进来的人。傍晚时分邓愚总经理与园区常务副总黄辉和总助高建中赶到园区大门口，看到这样的情形，立即分头重新布置了应对措施，包括召集所有休班的安保和警察立刻上岗，请求卢萨达警察局给予支援，通知有保安力量及警察配置的园区企业及单位抽调力量支援园区安保；将现场情况通知中国政府驻拉各斯总领事馆；安排仍在管理公司大本营的成员，包括女性、后勤、医护、财务人员以及暂居管理公司大本营的客户，立即撤离到安防力量相对较强的厂区。

一直折腾到晚上 10 点多钟，疲惫的警察局分局长带着他的队伍，还有一众参与谈判的人出现在了园区大门口，漫长的谈判其实只是暂时平息一下混乱的局面，闹事的工人里有些思想激进的人仍在暗中挑拨闹事，闹事者们也各有各的想法，一时一变，并未能达成一致。警察局分局长安排了第二天园区的安全防卫工作就准备撤离了，不过他还是不放心，留下了他队伍的大部分人员，以加强夜间的安全保障。谁知道他还没有离开，闹事者们又在园区大门口点燃了一堆大火，警察们又开始驱散人群，扑灭大火。

晚上 11 点半，经规劝已经回到宿舍的工人，听说园区外有工人被警察抓走，又被激怒起来，再次聚众闹事。人未卸甲、马未卸鞍的警察和保安只得再次出动，但闹事者情绪越来越激动，警察不得不施放催泪瓦斯，才让场面略略平稳了一些。见此情景，新南方园区管理层紧急与警察领队商量，考虑到这些闹事者大多是一般工人，并非职业歹徒，因此建议他们不要采取捉拿的方式来处理，以尽快平息整个事态，警察同意了园区管理者的建议，最后人群终于渐渐散去。

虽然这一天好像过去了，然而正如俗语所说的“好事不出门，坏事传万里”，国内有关部门已经接到远在非洲园区的各种信息，急需了解有关情况，所以又赶紧准备各种报告材料，注定这是一个不眠之夜。

第二天，天刚刚亮，邓愚总经理还不曾眯上眼睛，新一轮闹事又开始了，而且这一次已不是简单的劳资谈判，而是直接向厂方施压与冲击。那些闹事的人成群结队，冲向厂区的办公大楼，向大楼投掷石块，砸碎玻璃。见此情景，副总经理车伟按照原来的计划，立即前往警察局向局长汇报再请救兵。现场聚集的工人逐渐增多，基于昨晚的经验，邓总和黄辉等人前往大门查看情况，预计这里将成为他们下一个攻击目标。园区内这么大的风波引起了很多企业的恐慌，不实的消息与传言乱飞。于是，邓总等人回到大本营，召集园区各个企业负责人开会。一是通报现在的情况；二是要大家做好防范，保护好企业的利益；三是要精诚合作，共保园区。会议结束后，园区大门口聚集的人群越来越多，而且据观察，人群里已经混入了不少当地的混混。考虑到一些国家借新冠肺炎病毒给中国抹黑的舆论，担心一些人对中国人有负面情绪导致攻击行为，安保队长及警察要求新南方管理人员不要再出现在一线。邓总等管理层接纳了他们的建议，将管理团队撤退到大本营。此时大门一线已经一片混乱，警察甚至鸣枪示警，但由于当地混混的加入，闹事者的破坏力似乎越来越大。他们不单攻击园区大门及旧大门，还开始破坏两个大门沿线铁丝网，导致园区安保的战线越拉越长，已经是捉襟见肘、顾此失彼。

一会儿，在厂区里闹事的家伙又跟园区外面的人串通一气，就在外线十分吃紧的关头，里面的千余人中又分出了一部分冲向大门，准备跟外面的人里应外合。很快园区新旧大门之间的铁丝网已经多处被突破或者破坏，安保与警察已经失了阵型，只能各自为战。情况十分危险，中国人有可能会成为攻击目标，已来不及将后勤非战斗人员转移，遂决定暂时撤到大本营办公楼二楼。警察小队长奥贡已经红了眼，嘶哑着嗓子，提着枪来回奔跑，见到邓总，劈手夺过他手里喝了一半的矿泉水，咕咚咕咚喝了个精光，扔了瓶子嘶哑着向邓总叫道："赶紧退回大本营，不要再留在外面，外面的事情交给我。你们放心，我绝对不会让中国人受伤的。"说完就冲了出去。他的言行令人感动。

从旺康冲出的工人与外面的人群汇合，大本营外一片混乱，到处都是呼喊冲突的人。大门的防线相继失守，他们把园区用作路障的车辆焚烧，并且开始打砸园区的安保办公室。中方人员只能全部退守到办公楼二楼，锁上了楼门，守卫大本营的保安与特警以及部分退下来的警察在院内布置着最后的防线。也许冲突人群中的混混的目标是在混乱中捞上一票，他们看到中国的大本营没有铁门，以为是一个容易攻击的目标，一大群人大呼小叫地冲进了院子，与特警和警察扭在一起。特警训练有素，几番交锋之后，终于把闹事者压制住，赶出了大院。这些人看大本营是块难啃的骨头，也就退了出去，转而向厂区去了。这个时候，双方力量悬殊，整个园区只有不到五十个持枪警察和一百多名安保，而里外两边聚集闹事的人数已近两千，跟他们搏斗已经没有太大的意义了，安保索性退守到大路两旁，重点保护沿途的企业不受冲击。

到了中午时分，车伟副总终于回来了，随同助理局长带着十卡车的警察来驰援园区。大批警察的到来，让闹事者们收敛了一些。助理局长是该国的豪萨族人，由他出面谈判最合适不过了。工人们终于愿意重新回到谈判桌前，但是谈判仍然艰难。下午时分，中国驻拉各斯总领事储茂明一行来到园区，在此之前他已经将此次事件上报了外交部，王毅部长亲自做了批示。没想到他到现场一看，才发现不只是几百人了，已经发展到近两千人的大事件。我们将整个事情的来龙去脉向总领事做了汇报，并听取了他的指示。总领事提出要到厂区现场去看看，联络了在现场的年队长，年队长认为现场虽然在谈判，但场面依然混乱，总领事不适合前往。为了让储总领事了解更多情况，我们请来特区管理局的现场负责人穆斯塔法做了补充汇报。但是总领事仍坚持到现场看看，此时谈判已基本达成，我们决定在不惊扰工人的情况下，进入现场区域。在那里见到了卢萨达警局助理局长等现场人员，总领事与他们进行了亲切的交谈，表达了一定要保障中方和尼日利亚人双方的安全与财产的意愿。厂区负责人也来到现场对中国总领事的到来表示感谢。这时年队长收到消息，一些工人在我们撤退的必经路上开始聚集，担心会再起事端，因此总领事一行改从另一条未建好的小路撤了出去。

一直到下午 5 点多，劳资双方最终达成一致意见，企业给员工结算工资并发放路费，在拿到钱之后，工人们开始陆续离开园区。此时，助理局长给警察下达命令，要求所有撤离的员工在晚上十二点前离开园区，以确保园区的安全。二十四点后园区清场，宵禁，园区内暂时获得了一丝安静。

第三天清晨，邓总发现园区大门外仍有不少员工在逗留，安保人员不敢掉以轻心，经了解，原来这些都是昨晚撤出园区后一时找不到去处或者是没有交通工具滞留在此的人。于是警局、园区和长老们想方设法安排车辆护送他们，这无疑是一项艰巨的工作，而园区管理工作也还有漫长的路要走。

复工复产　新宠受捧

直到2020年6月1日，根据尼日利亚奥贡州政府和尼日利亚出口加工区管理局的指令，自贸区正式解封，开始复工复产。为应对解封后有可能出现的状况，新南方管理公司团队制订了《尼日利亚广东经济贸易合作区新型冠状病毒肺炎应急预案（试行）》，并向区内所有企业发布“复工复产防疫举措”，16条防疫措施主要围绕减少人员接触，强调保持2米以上安全距离，禁止群体性聚集活动等，同时要求园区企业对员工实行封闭式管理，上下班时间错峰、路线错开及倡导企业实行无接触工作流程。

虽然受疫情的影响，园区和园区内企业经济遭受很大的损失，但园区新南方管理公司团队为保障园区人员的健康和企业的财产安全付出了大量的人力、物力、财力，并多次向合作区所在地奥贡州政府及当地社区捐赠防疫物资、生活物资及资金，得到了我国驻拉各斯总领事馆和当地政府的高度赞扬。

通过一系列防控措施，并且与当地社区开展“联防联控”防疫机制，园区内安全稳定，并快速恢复正常运作，区内企业已全面复工复产。

随着全球疫情防控趋长期化，抗疫战斗仍在继续。新南方管理公司团队仍将继续落实疫情防控常态化工作，多举措促进园区经济增长，加快推动园区建设发展。他们坚信：自己的每一份真心付出，总会有人铭记！每一份诚挚的坚守，必有回响！他们可以自豪地说：这一年，危难当前，我们坚守在岗位，寸步未退！他们的确是最美丽的新南方人！

新南方人牢记“以大众健康为己任，不懈努力”的使命，懂得在疫情面前，人类是一个命运共同体，万不可有“事不关己”“自扫门前雪”的心理。新南方集团除了给自己的员工和园区企业员工发放清冠饮之外，还向中国驻尼日利亚大使馆和领事馆，尼日利亚出口加工管理局、海关、州政府和当地社区捐赠了一批清冠饮和防疫物资，积极助力当地疫情防控。在突然暴发的新冠肺炎疫情面前，在无特效药的情况下，新南方集团研发的清冠饮受到了追捧，不少园区企业纷纷前来订购，甚至有园区外的企业也找到新南方管理公司团队订购，于是新南方集团连续向非洲园区发运了四批清冠饮。此外，通过商会、媒体、拉各斯华人圈等渠道，清冠饮名声大噪，很快在尼日利亚三家超市铺货，清冠饮一度供不应求。

在圆满完成公司布置的各项工作任务后，8 月 24 日，饶文婷终于启程回国。离开前，她吃了一顿大厨包的饺子。我们中国民间习俗是“出门饺子进门面”。饺子在中国人的心里代表着圆满和团圆，送家人和朋友出远门的时候，就给他包上一顿饺子，代表着对他的祝福。这次饶文婷没有像刚到园区时那般狼吞虎咽，而是一口又一口细细地品尝，她想记住这里的味道。在这里，饶文婷经历了极为凶险的时刻；也是在这里，她和一群乐观的兄弟姐妹一起并肩战斗，相互鼓劲。有欢笑、有感动、有泪水、有汗水。坚守在非洲，每个员工都承受着难以想象的压力。平时看到大家都是一副乐呵呵的样子，但一起并肩作战过的人都明白其中的心酸、不易。在尼日利亚这段时间，饶文婷的家人住院做手术，而她不能陪伴在身边，总有些内疚自责，但她依然感谢这段难忘的经历。这一年的磨砺和种种压力、挑战以及重重考验，锻炼了她的适应性、抗压和应急管理能力。如今的她比以往更加坚韧勇敢、自信笃定。

丝绸之路　美好梦想

据说古代郑和下西洋的终点就是肯尼亚，也可以说古代丝绸之路的尽头就在肯尼亚。新南方集团目前正在肯尼亚筹划一个新项目，在当地引进丝坊产业，从种桑养蚕到丝绸工业和商业贸易，未来可以创造大量就业机会和巨额出口创汇。预计这个项目一旦成功，将给肯尼亚的农业格局带来巨大的变化。据考证，在肯尼亚马萨附近有个村庄会使用中医针灸，也许是当年郑和团队留下的传统医药技术。

邓愚总经理说，现在肯尼亚珠江经济特区发展很快，令人振奋。他每隔一个月去，情景都不一样，上次去看还是块空地，下次去就已经是热闹的工地，盖起楼了。

邓愚总经理说，新南方集团在非洲的事业需要大量的年轻人，能通过面试，能最后留下来的精英人才却不多。目前能跟他去非洲工作的年轻人都只有30岁左右，很有冲劲，只要用心做，成长很快，因为他们这个团队的学习氛围很浓。在非洲工作可以心无旁骛，因为在这里除了工作，就是学习和生活，跑跑步，健健身，身体也会越来越好；也通过接触不同的环境、不同的文化，和各种各样的人打交道，见识和眼界变得更广，这是书本上学不到的东西。为了新南方集团的事业，邓愚总经理也牺牲了与家人团聚的许多时光。他刚进新南方集团的时候，和朱拉伊总裁说，不要外派他出去，因为以前他长期不着家，与家人相处时间太少了。可是，想不到，一旦投入下去，他基本上还是往外跑。但他觉得非洲的事业很有意义，有挑战，能学到很多东西。“越是有挑战的事情就越有成就感。”邓愚总经理说，“跟着一个好老板是很重要的。”他将朱拉伊总裁在非洲的理想概述为三件事：一是用青蒿素做救人之生命的大事；二是通过工业园区帮助当地人提高生活质量；三是投入生态、绿色、环保建设，让当地人活得更好。他认为新南方集团在非洲的事业能促进当地的经济发展，改善人民生活，提高就业率，这个国家的人民一定会记住新南方人在这里的善意善行，这些奋斗的经历以后也是可以给子孙后代讲的，在如此艰苦的环境下还能坚持、还能战斗、还能继续做事，是很自豪的。

最后，以诺贝尔文学奖获得者，尼日利亚诗人和剧作家渥雷·索因卡的诗作《琥珀的墙壁》（木木译）作为本章的结束语吧：

太阳的呼吸
冠盖绿藤和珀珠
有童声自东方之门响起

你随着太阳来狩猎
向昏沉的大地扬眉
在苏醒的湖散播硫黄火焰

太阳的手停顿在猎物
在最高的树枝，眼神游漫着欲望
质疑这个隔绝的人之谜

比焚燃的芒果更丰饶的幻想
闪过太阳尊贵的心
开放的正午高悬封锁的大门

愿你近午时不太痛苦
就发现男囚监狱
内在的损失里是一墙的收获

你黄昏的笛音，你唤醒种子之舞
填黑夜以生机，我听见
你星光闪闪的歌中太阳哀愁的伴唱

广东新南方集团朱拉伊总裁关于企业文化的论述（摘要）

朱拉伊先生虽然为人低调，在外不爱滔滔不绝，但他理想高远，胆识过人，思想敏锐，在公司内部会议的发言中常语出惊人，充满激情。由于他带着潮客交融的乡音和太快的语速，使得不少人未能很好地听清他表达的语义。于是，公司企业文化协会的秘书便将朱拉伊的讲话记录下来，经整理后下发给公司全体管理层学习，久而久之，就成了新南方企业文化的一种重要形式。这无论对于一个企业的凝聚力、领导力和执行力，还是对于加强领导与员工的思想和情感沟通，理解公司战略都是非常重要的。现将朱拉伊论述部分摘录如下，也许这些片段能唤起新南方人一连串美好故事的记忆。

企业文化的意义和作用

企业文化的内涵是非常深刻的，不是嘴上说的那么简单，一个企业要发展离不开文化。文化可能会被看作是一个潜在的社会控制系统，应成为企业的核心准则。文化是一种机构内成员共有的信念与期望的形成。这些信念与期望所产生的准则，有力地引导着个人和团体的行为。所以，新南方的文化大家要自觉遵守。

——2005 年朱拉伊在新南方成立 11 周年庆典大会上的发言

做大事需要有共同的思想，我们提这些东西，是因为我们心中有理想，有抱负。新南方的发展印证了企业的发展离不开企业文化，任何取得成功的发展都有其成功的要素，做对了不成功是很难的，做错了想成功也是很难的，这是个辩证关系，值得我们思考。

——2005 年朱拉伊在新南方 11 周年庆典大会上的发言

企业文化建设是新南方公司继续发展的动力和企业核心竞争力的重要组成部分。

——2005 年朱拉伊在年度总结大会上的发言

企业文化是企业在长期发展中形成的思想和道德准则，是企业面对市场变化，自我进化、自我提升和自我创新的东西，是一种独特的能力和组织行为方式。企业文化是“功利”的，是支持企业战略目标，为企业发展战略服务的。谈企业文化不应只是理论的，更要把企业文化落实到每个员工的行动上。牢记企业文化的宗旨，并以此指导我们的工作实践，我们的事业就一定能够成功。

——2006 年朱拉伊在年度总结大会上的发言

我们企业的气质是培养一种成功的气质，培养好的企业文化，培养有竞争力的文化。每个公司都有它的企业文化，但有的企业文化是不适宜的，不能成为它的核心竞争力。我们能不能培养有竞争力的企业文化，培养成功的气质，培养让人认同的人格魅力？如果能把企业文化渗透到每个员工，成为大家的智慧，那么企业成功的概率就非常大了，所以企业文化建设是至关重要的，是公司要长期建设的。

——2008 年朱拉伊在新南方成立 14 周年庆典大会上的发言

新南方企业文化的形成

十一年来，新南方从无到有，从小到大，我们的发展过程是曲折的，但是我们还是走过来了。我们发展靠的是什么？取决于什么？我想关键就在于新南方形成并拥有自己独有的企业文化和特有的经营理念，培养了一批我们自己的中高层管理人才，建设了自己的管理团队和管理体系。

——2005 年朱拉伊在新南方成立 11 周年庆典大会上的发言

新南方公司有非常好的企业文化，企业文化一定要渗透到每个员工身上。不单单是中层管理员工要懂得企业文化，每个员工都要懂，我们现在倡导的新南方 16 条共同价值观，希望每一位新南方的员工都能够理解它，能够把它运用到平时的经营过程中，形成每一个新南方员工的行为准则。如果所有员工都能理解好、运用好这 16 条共同价值观，那将成为新南方的核心竞争力……以后公司将以这 16 条价值观来衡量一个人，同时以此作为衡量晋升的标准。

——2005 年朱拉伊在年度总结大会上的发言

什么是好的社会责任感和企业责任心呢？我们的 16 条共同价值观，就是社会责任感在我们企业文化中的体现，是企业发展的道德基础。我们的企业正在不断向前发展，产品走向世界已不再遥远，也许就是明天的事。参与国际化竞争更要牢牢地把握企业文化，并以社会道德为基础，不断寻求发展。

——2006 年朱拉伊在年度总结大会上的发言

我们的企业文化三大理念、八大意识、团队精神和十六条共同价值观包含了成功的所有要素，学透了就能成功。

——2006 年朱拉伊在新南方第三次白云山会议上的发言

新南方公司走到现在，已成为一个有高度社会责任感的民营企业，我们提出的“诚、信、义”，是我们的行为准则，也是使我们走到今天，成为被社会尊重、我们自己引以为傲的企业的基础。

——2009 年朱拉伊在新南方成立 15 周年庆典大会上的发言

新南方人的共同价值观

以“诚、信、义”为理念，坚决走正道，做对社会有益的事，是公司对整个社会的承诺。

——2003 年朱拉伊在新南方集团务虚会议上的发言

新南方植根的企业文化不能变。“诚、信、义”三大理念和“事业、服务、品牌、人本、制度、创新、专业、协作”八大意识是公司十年来形成并坚定的核心文化。

三大理念、八大意识，我们新南方人将以此来经营企业，并经营我们自己的人生。

——2004 年朱拉伊在新南方成立 10 周年庆典大会上的发言

新南方的企业文化核心很简单：“诚、信、义”，但做好却并不容易。十多年我们都一直坚持这个核心理念，就如同每年的今天，我们都欢聚一堂，总结、回顾、思考，十三年都没有改变过。其实很多有价值的东西，就是贵在“坚持”。麦当劳能够取得今天的成绩，也是坚持了“品质、服务、亲情、价值”的企业核心理念。坚持不懈、坚持到底，谁能坚持，谁就能做大，不但能做大，还能做强，不断发展！

“诚、信、义”，是我们一贯秉持的核心文化。我们的企业文化体系已经基本形成，但是如何将企业文化理念贯彻并指导经营活动，这条路是非常漫长的。我们的企业文化基础已建立，但尚未能将其完全渗透下去，连贯性也仍稍显欠缺。我们必须将新南方的企业文化完整地渗透到每一位员工身上，使新南方企业文化充分体现在每一位新南方人身上，成为新南方员工独有的特质！

——2009 年朱拉伊在年度总结大会上的发言

我们心中有五气：大气、勇气、志气、霸气、正气。大是无形之大，是一个企业知识、智慧、思想、观念、习惯、经验、教训、悟性、远见、判断力、掌握的资源以及对事情分寸拿捏把握的综合反映，这些内在的东西外化到企业每个人身上，就成了一种“气”。这种“气”在不同时候有不同的表现。在决断大事时表现为一种“大气”；在敢为人先、挑战困难、承担责任时表现为一种“勇气”；在为实现目标努力时表现为一种“志气”；在自信、行动坚定、执意进取、志在必得时表现为一种“霸气”；在处理公司内外大是大非面前表现为一种“正气”。一方水土养一方人，有怎样的企业文化就会培养出怎样的人才，我们新南方致力培养“五气”人才——大气、勇气、志气、霸气、正气。所以大家的形象不光是个人的，更代表着新南方整个企业的形象。

——2004 年朱拉伊在新南方成立 10 周年庆典大会上的发言

我和大家一样，心中充满了激情，充满了对未来的希望和憧憬。未来怎样，是未知的，但是我觉得是可以预见的，新南方的未来一定会越来越好。因为我们有 15 年的经验积累，我们是在风雨中成长起来的，我们不怕什么，我们有克服困难、战胜困难的勇气和信心，有敢去开创事业的雄心壮志，我们铸就新南方人独有的特质，新南方的成功是指日可待的，我们的发展势头是阻挡不了的，大家一定要紧紧围绕公司的战略目标，尽力去做。

——2009 年朱拉伊在新南方成立 15 周年庆典大会上的发言

我们鼓励有个性的人、欣赏英雄主义，支持大家成为行业的专家、业界的精英。但同时我们也注重团队的力量，坚韧智勇、严礼协和、理想卓越是我们的团队精神。

我们的团队要团结，要发挥团队的力量，团队间要互相包容，我们要思考团队存在什么问题，有什么优势，在发展中可能碰到的问题和解决的办法。

在集团内不能拉帮结派，要发挥团队精神，互相欣赏，团结互助，互相沟通，真诚相待，把新南方的事业看成大家共同的事业。建立一个团结、互信、高效的管理团队。各经营单位在各司其职的同时，也要加强沟通联系，有效整合集团资源。各单位的管理水平要进一步提高，要多开研讨会，发挥集体智慧，共同决策，避免独断专行。

——2006 年朱拉伊在总裁办公扩大会议上的发言

要建立一个团结、互信、高效、具备高度责任感的管理团队。要发扬光大并不断灌输新南方的团队精神，不断反思、总结、提升，以“亮剑”的精神（临危不惧，有勇气，有气魄，有进取心，有决心，敢于面对任何困难和艰险）来开展工作，使团队有战斗力，通过不懈努力实现战略目标。

——2007 年朱拉伊在总裁办公扩大会议上的发言

人要经得起磨炼，一个人的成长需要宽广的胸怀。我在今年新员工入职座谈会中引用了曹操的一句话：“夫英雄者，胸怀大志，腹有良谋，有包藏宇宙之机，吞吐天地之志者也。”这句话对我影响很大。不是说我们能随便就成为英雄的，你要成功，你要得到别人的尊重，你得胸怀大志，要有谋略，有志气。一个人要成才，要成功，要得到别人尊重，要满足几个方面：第一要有抱负、有理想、有追求，没有抱负，你的信心、你的力量从何而来；第二要保持激情，一个没有信心、没有激情的人碰到困难时容易退缩，失败时会丧志；第三对中国的传统文化有深刻理解，中国的传统文化教你怎样做人，要尊重别人，要包容、谦虚；第四必须有知识，有智慧，虽然会做人，但不会做事，不懂得把做人转化成做事也不行。

——2007 年朱拉伊在应届毕业生培训交流会上的发言

在我看来，今年所有任务完成得好的单位，都有一个共同的特点，那就是：他们都有一个出色的、团结的管理团队，团队成员之间互相包容、互相补充、互相支持。我认为，一个优秀管理团队的基本特质可以总结归纳为——团结、拼搏、向上、包容、有执行力、敢于迎接挑战、善于战胜困难。要成功建立起一个团队，团队的第一负责人至关重要，他必须带领好每个团队成员；但若缺少了以上所列举的基本特质，就很难成功。

——2009 年朱拉伊在年度总结大会上的发言

我们重视自己的承诺，言必行、行必果是我们的作风。经常有人发出疑问：为什么不把珠江广场三期的楼宇建得更高拔一些？答案在于“信用”二字：我们要信守、履行原先对一期住户的承诺。虽然我们在经济上确实减少了收益，但维护了我们的信誉，而信誉，它是无价的。

——2003 年朱拉伊在“房地产板块历史经验总结暨未来发展探索”研讨会上的发言

“做事先做人”，诚信是得到社会尊重与认可的关键，要做到言必行、行必果就必须以诚相待，讲求信用，走正道，树正气，做与集体利益相符的事。

——2004 年朱拉伊在新南方成立 10 周年庆典大会上的发言

宣誓不仅是一种仪式，“蓝天在上，白云山为证”是我们决心和事业的证词，以天地为证是对中国传统文化精神的延承，以表达我们言必行、行必果的信条。我们要坚持自己的理念，记住我们的目标。

——2006 年朱拉伊在新南方第三次白云山会议上的发言

我们赞赏坦率、正直、奉献和高度的责任感，我们认为包容是一种美德，互相欣赏、互相支持，有礼仪是应当提倡的。有容乃大。为什么我们设计的房子每一间都尽量保证宽敞舒适、正大光明？因为身处这种环境中，人的心胸会变得开阔，而心情好，做起事情来也就不易糊涂。做人做事，一定要胸怀宽广，有包容度。有多大的胸怀就有多大的成就！一方水土出一方人才。有理由相信：新南方人的胸襟绝对是宽广的！

——2003 年朱拉伊在“房地产板块年度总结暨评先大会”上的发言

现在中国提倡建设和谐社会，就是要把中华民族传统美德继承下来，要讲究礼数，如果不尊重别人，别人也不会尊重你，要得到他们的尊重首先要尊重他人，这也是我们待人处事的准则。

——2005 年朱拉伊在新南方成立 11 周年庆典大会上的发言

要实现追求就要肩负责任，没有责任追求就没有价值。成功需要具备几个方面的特质：有责任、有激情、有胸怀、有抱负、有智慧、要包容、要勤俭。我们的企业文化三大理念、八大意识、团队精神和十六条共同价值观包含了成功的所有要素，学透了就能成功。大家应该互相欣赏、相互支持，遇到困难团结一致向前。

——2006 年朱拉伊在新南方第三次白云山会议上的发言

经理人最关键要有德性。德，是要负责任，对员工、对企业、对社会负责任。“德”表现在为人要像大海一样博大、平和、庄重，有宽广的胸怀和丰厚的感情。

——2008 年朱拉伊在第五届新南方高级管理人员培训班上的发言

我们有远大的抱负，有崇高的追求，有自己的使命感，我们铸就了一批有自己特色的新南方人、新南方企业家和新南方管理团队，他们身上最重要的是高度的责任感，责任感至关重要，没有责任感是不道德的表现。你在一个岗位，就应该履行自己的责任。如果我们要成就这份伟大的事业，新南方每一员都必须在其位，谋其职，做好自己分内的工作。我们的基础打牢了，企业才有竞争力，我们事业就不难成功。一个人的力量是很大的，只要你有意志，有责任感，肯做，努力去做，没有什么是做不好的。新南方公司也一样，你看我们房地产团队，从最困难的时候做起来，建立起自己的总部，自己的家园，这就是靠责任感。房地产板块可以说向我们整个集团展示了它强大的生命力，是新南方的领头团队。新南方的发展历史也证明了这份责任感。所以说做事不要轻易放弃，一定要尽自己的一切努力把工作做好，正因为我们有这种坚强的意志，有高度的责任感，我们才克服了一个又一个困难，开创了一个又一个新的事业篇章。

——2009 年朱拉伊在新南方成立 15 周年庆典大会上的发言

各位应抛开个人的主观意见，对事不对人，人要客观评价，牢记公司的16 条共同价值观。尊重他人，在寻求别人尊重的同时，首先思考自己有无值得他人尊重的东西，自己有没有做好，有没有对公司、对社会作出贡献。

职能部门与经营单位之间要加强沟通，增进了解，增强合作。职能部门是代表集团对各经营单位进行管理的，经营单位要理解职能部门的管理流程，充分配合，不能因为职能部门办事人员的职务或级别高低，而有不同的态度。

——2006 年朱拉伊在总裁办公扩大会议上的发言

做人有很多要求，还有很多技巧。别人做错了事，我们要给别人台阶下，不要让他难堪；同样的，别人做好了，我们要欣赏他，赞扬他，妒忌他是绝对不行的。我们要站在跟他一样高的起点来要求自己，而不是想办法拉低他，这是两种不同的文化，拉低了对你没好处，你没前进，他也没前进。企业发展前进，大家也能发展前进，对社会也有好处。

——2007 年朱拉伊的“9·30 会议”纪要

新南方是有理想，有抱负的，是有自己的愿景和追求的。以前很多人说新南方这不行，那不行，当然这是客观存在的。因为我们从什么都不懂到开始创业，有过失、有不足是正常的，但是我们敢于面对困难，面对我们存在的不足。所以我说，做错事没关系，这次错，下次做对就好。大家要善于总结，要不断提升，有句话说得好，“失败乃成功之母”，失败不可怕，但我们一定要善败，不能惨败，要善于去总结，我们才能成功。

——2009 年朱拉伊在新南方成立 15 周年庆典大会上的发言

我们宁可因知识而受约束，不愿因无知感觉自由。我们追求知识，不断学习、充实生活。

——2004 年朱拉伊在新南方成立 10 周年庆典大会上的发言

在公司发展的过程中，困难和挫折都是不可避免的，大家要不断学习，思考“星状模型”如何匹配，把问题进行有效归因，充分把握蓝海竞争的优势，要把我和大家讲的这些知识充分运用到工作中，这些都是非常有效的管理工具，要懂得借助知识的力量，运用世界上最先进的管理理念将事业做大做强！

——2006 年朱拉伊在总裁办公扩大会议上的发言

管理要精耕细作，加强执行力，掌握现代化的管理工具。虽然我们的工作都很细致、烦琐，但我们也要不断学习，运用现代化的管理工具、理念、方法、文化进行管理，节约成本，缩短管理半径，使流程更简约，辐射范围进一步扩大，提高快速反应能力，创造有盈利的业绩，突破发展瓶颈。

——2007 年朱拉伊在总裁办公扩大会议上的发言

我们认为没有责任心、不做事是不道德的，我们要敢于承担责任。在职业道德上，每位员工都要做到各尽其责，每项工作都要责任到人。尤其是公司的高层管理者和中层负责人，更要仔细思考自己的职责，要勇于承担，敢于负责。

——2003 年朱拉伊在新南方成立 9 周年庆典大会上的发言

大家要有责任感，勇担责任。找到你的位置，培养你的位置所需的能力。

——2006 年朱拉伊在新南方第三次白云山会议上的发言

高度的社会责任感是职业道德的要求，也是责任心的表现。有责任心才能为公司贡献、创造价值，才能够对得起跟随你的员工，完成公司下达的任务。新南方有很多事情都不是一朝一夕能够成功的，必须从无到有，靠我们自己去开拓，战胜严峻的挑战，所以更要大家培养高尚的职业道德和职业习惯，提高责任意识。

——2006 年朱拉伊在年度总结大会上的发言

我们中医药的发展也是要稳，一定要紧紧扣住我们的质量和品质，每个员工一定要严格按照规范标准进行操作，不能有一丝疏忽，一定要对得起社会，对得起大家对我们的信任，我们要对消费者负责、对社会负责；同样，员工要对公司负责，特别是医药产业的老总，一定要记住，一定要把这种理念、思想贯彻给每个员工。新南方所有员工每做一件事情都一定要认真、负责，要有高度的责任感。

——2009 年朱拉伊在新南方成立 15 周年庆典大会上的发言

我们感到为社会、公司和他人作出贡献能使人生充满意义。为促进祖国繁荣富强和人类社会进步与发展，“走正道、树正气、弘扬正义”是我们提出的伟大使命。这样的终极目标是永远没有尽头的，但这恰恰意味着我们的追求永无止境，我们奋斗的脚步不能停息。对实现我们的使命和追求，我们依然坚定不移，相信有志者事竟成、苦心人天不负。

——2004 年朱拉伊在新南方成立 10 周年庆典大会上的发言

我们要做中国最伟大的企业，要具有必备的品质，即对社会、对企业的社会责任感，没有这个就难以成功。

——2006 年朱拉伊在新春茶话会上的发言

我认为社会责任感是一个企业的核心竞争力，是企业持续发展的动力。一个企业只有具备了社会责任感，将创造社会价值、服务社会作为其发展的战略目标，其生产出来的产品才能给消费者带来更多的附加值，才能促进产品的销售，真正赢得市场。

作为生产关系大众健康产品的企业，必须把创造社会价值纳入公司战略性目标，打造具有社会责任感的企业，追求企业社会价值的长期化。

走正道、树正气，做出对国家有益、能回馈社会的事业，才是于自己、于企业、于国家、于社会真正有价值的根本所在。这既是一个企业社会责任感的体现，更是我们事业的道德基础。

——2006 年朱拉伊在年度总结大会上的发言

市场经济下，很多人、企业是以利益最大化为目标的，但仅仅关注这些利益是不全面的，企业更应该关注社会利益。新南方公司深刻地认识到这一点，一直注重社会责任，这就是新南方之所以能屹立不败的原因。

——2007 年朱拉伊在新南方 13 周年庆典大会上的发言

我们一直倡导要有高度的责任感，要回报社会，我们从事中医药事业就是出于这个目的，我们建立慈善基金也是这个目的，大家一定要把我们的事业做好。

——2007 年朱拉伊在总裁办公扩大会议上的发言

对公司贡献大，对员工的福利做出改善，对社会有贡献，就是一种德的表现。

——2008 年朱拉伊在年度总结大会上的发言

未来的发展是难以预测的，历史的脚步永远向前，要发展我们就必须思考人类最根本的需要，人生中最有价值、有意义的东西，这是人类发展最深层次的、最本质的东西。在共同价值观中，我们提出要追求精神享受，鄙视物质享受，金钱追求相比人类本质的追求而言是低层次的享受。

——2006 年朱拉伊在新春茶话会上的发言

创造利润是企业的核心目标，非常重要，但利润并不是我们企业追求的根本和唯一。走正道、树正气，做出对国家有益、能回馈社会的事业，才是于自己、于企业、于国家、于社会真正有价值的根本所在。企业是一个营利性的组织，要持续向前发展，就一定要挣钱，营利是企业的基本特征。但企业的盈利只有在为社会提供优质产品和服务，在满足消费者需求的基础上产生的才是正当的、合乎道德的。这样获得的盈利表明我们善用了资源，成功地向社会提供了所需的产品，是社会给我们的褒奖，是一种价值回报。

——2006 年朱拉伊在年度总结大会上的发言

我们不喜欢为物质享受侵吞企业和他人利益的人。新南方一直倡导做事先做人，这就是做人的道理，祛邪扶正，正义是我们追求的东西。老板的义务一是保证员工所从事的事业是对社会有益的，符合社会道德标准的；二是承诺给予员工的待遇报酬会兑现。员工的义务一是忠诚；二是勤勉。忠诚就是对企业负责，做对企业有益的事，不损公为己，不以权谋私。我们倡导扶正祛邪，杜绝一切歪风邪气，严惩不良作风，树立正气。

——2006 年朱拉伊在新春茶话会上的发言

做人要有正气，该拿的就可以拿，公司没有承诺，不该拿的就不能拿，最关键的还是品质。金钱是有价的，可以衡量的，但一个人的品质是无价的。在利益面前，要想清楚哪些是无价的，哪些是有价的，头脑要清晰，一定要想透，不能犯错。很多人在利益面前把握不住原则，不该得的利益一定不要拿，否则你会失去最宝贵的东西。

人富要富得明，穷要穷得有志，现在困难并不代表永远困难，有和无是相对的、变化的，你有成功的志气，你就有成功的可能。那些采取不正当手段获得的成功，只能是短暂的，是不会得到社会的承认和尊重的，这些人对中国文化、现状了解不透，往往容易倒下。

——2007 年会议纪要

无论是企业、产品，还是个人，没有文化内涵，就没有生命力！一个成熟的品牌，一定有说不完的故事。它不是单一的，而是复合的。它应该能够充分地兼顾多方面、多层次的市场需求。我们必须要有超人的、独特的东西，不断地进行总结反思：哪些是好的？哪些仍欠缺？

——2003 年朱拉伊在“房地产板块年度总结暨评先大会”上的发言

任何品牌战略成功需要有深厚的文化积淀，我们每一件产品恰恰都具备这样的品质。所以大家要坚定信心，要把我们产品的内容与形式整体地、完美地呈现出来，把创品牌、树形象真正落到实处。

——2004 年朱拉伊在新南方成立 10 周年庆典大会上的发言

新南方具备的创新能力不能变。公司做的很多事是前无古人的，没有经验可循。先有我们的珠江广场，在“不要河南一间房”的年代，作为河南江边的第一个楼盘，我们就敢为天下先将其定位成豪宅。后有对中医药产业的构想，早在四五年前建设初期，就从研发和控制资源两个源头抓起，逐步形成环环相扣的系统化中医药产业链。实践证明，我们涉及的领域都是欣欣向荣的朝阳行业，我们的发展思路是符合国家乃至社会整体前进趋势的。想常人所不能想、做常人所不能做，这样的超前思维和创新能力就是使我们总体战略领先于别人的根本所在。

——2004 年朱拉伊在新南方成立 10 周年庆典大会上的发言

要赢得明天，企业不能靠与对手竞争，而是要开创“蓝海”，即蕴含庞大需求的新市场空间，以走上增长之路。这种被称为“价值创新”的战略行动能够为企业和买方都创造价值的飞跃，使企业彻底甩脱竞争对手，并将新的需求释放出来。深层次分析问题，避开常规市场竞争，突破未来才是解决我们发展问题的根本之道。

——2006 年朱拉伊在新春茶话会上的发言

要强调坚持，任何事能坚持就能成功。其次，是治理，先有治理后有执行。公司战略一旦决定，就要坚决去执行，完全穷尽，对与错要做了才知道。先做，做好，再总结。犯错没关系，强调学习和包容。不能总是怀着批判的心态去对待老板的决定，这样是肯定不能实现我们的战略目标的。执行力是成功的关键，有执行力，战略目标才能实现。

——2006 年朱拉伊在新南方成立 12 周年庆典大会上的发言

我们相信激情是生命力的象征。做人做事，一定要有激情，要有理想，有宽广的胸怀。要多反思、多检讨：如何才能更好形成我们合理的格局？一个人的最终成功、一个人的气质魅力，都是由一点一滴积累起来的，都要反复经受成功、失败的一遍遍洗练与陶冶。

——2003 年朱拉伊在“房地产板块历史经验总结暨未来发展探索”研讨会上的发言

梦想能不能实现，目标能不能达到，要看我们是否能坚持理念，保持激情，只要能够坚持自己的理念，保持这份激情，就一定能实现自己的梦想，为社会作出最大的贡献。

——2006 年朱拉伊在新南方成立 12 周年庆典大会上的发言

一艘船如果没有方向，什么风都不是顺风；一艘船如果没有动力，它也无法前进。动力是一种激情，一种激励机制。成功需要激情，需要一种向上的抱负。

——2008 年朱拉伊在年度总结大会上的发言

成功与否，主要决定因素在人，在于人的知识。在这种激烈竞争的环境下，我们要生存、立足、发展，还是需要在座的管理人才、管理团队铭记心中的责任，保持激情，坚持公司的理念、文化，明白公司的战略，清楚我们发展的思路，一步一个脚印向前迈进，那我们的事业就能够成功，我们就能够成就一个伟大的企业，为人类健康事业、为国家作出应有的贡献。

新南方公司的舞台，大家和我一样，我们要利用这个舞台，奉献我们的青春，展示我们的价值。企业不是老板个人的，企业是大家的，把企业看成是自己的，它就是你的，这个平台是大家构造的。

——2008 年朱拉伊在新南方成立 14 周年庆典大会上的发言

人要有激情，要相信自己，相信团队。企业亏损的状态说明我们总体竞争力不强，理想、信念和激情应该永远陪伴着我们。总体而言，作为企业管理者首先要把人做好，然后把事情做好，要有理想有激情。目前我们有战略的眼光，但缺少实施战略的激情和能力。

——2008 年朱拉伊在第五届新南方高级管理人员“如何成为优秀的管理者”培训班上的发言

作为新南方的一员，要有责任感，有抱负、有激情，要有敢于付出的精神；要先把人做好了，再做事，要多做少说，少埋怨、多学习、多思考，努力成为一个“有你跟企业有很大关系”的员工，把我们的青春、热血奉献给我们高尚的事业、亲爱的祖国。

——2007 年朱拉伊在新员工培训交流会上的发言

要敢于接受挑战，要有一定能完成任务、实现目标的勇气和信心。要克服畏惧心理和懒惰的心态（没去做怎么知道完成不了），要有奋斗的精神，全力以赴就能成功。新南方是在风雨中成长和壮大的，我们有信心、有力量、有智慧克服前进中的一切困难。

——2007 年朱拉伊在年度总结大会上的发言

南方经营理念

以“诚、信、义”为理念，坚决走正道，做对社会有益的事，是公司对整个社会的承诺。为大家创造良好的工作环境、学习环境和生活环境，是公司对所有员工的承诺。

——2003 年朱拉伊在“整合资源　发掘潜力　做大做强”总结会上的发言

九年来，公司走的每一步都为今天打下了坚实的基础，并得到了社会的普遍认同。我们靠的是什么呢？我想，靠的就是公司认定的理念，靠的就是真正属于新南方自己的企业文化。“诚、信、义”三大理念和八大意识不是轻易得出的，可以说是我几十年人生经验的领悟和积淀，更是公司在历经每次得失后的经验总结。我希望它也能成为新南方每个员工为人做事的要求和准则。

——2003 年朱拉伊在新南方成立 9 周年庆典大会上的发言

房地产营销中心围绕提出的“一旦拥有，别无他求”核心意念，根据“生息、充电、发展”六字方针及“打造健康生态新区”的指导思想，摸索出了一条适合自己发展的路，并取得了显著的成绩。

——2003 年朱拉伊在年度总结与计划会议上的发言

我们新南方肩负的伟大使命不能变。“为促进祖国繁荣富强和促进人类社会进步与发展，走正道、树正气、弘扬正义”是我们提出的伟大使命。这样的终极目标是永远没有尽头的，但这恰恰意味着我们的追求永无止境，我们奋斗的脚步不能停息。创造利润是企业的核心目标，非常重要，但利润并不是我们企业追求的根本和唯一。走正道、树正气，做出对国家有益、能回馈社会的事业，才是于自己、于企业、于国家、于社会真正有价值的根本所在。因此，对我们的使命和追求，我们依然坚定不移，相信有志者事竟成、苦心人天不负。

——2004 年朱拉伊在新南方成立 10 周年庆典大会上的发言

十一年来，新南方从无到有，从小到大。我们的发展过程是曲折的，但是我们还是走过来了。我们发展靠的是什么？取决于什么？我想关键就在于新南方形成并拥有自己独有的企业文化和特有的经营理念，培养了一批我们自己的中高层管理人才，建设了自己的管理团队和管理体系。我们提出追求利益不是公司发展的首要目标，我们做的事业是对社会有益的，是为大众服务的。就如我们做“邓老凉茶”是为大众健康，是一个有社会效益的产品，如果不能传播出去，不能为更多的人品尝和接受，就实现不了我们的效益，社会效益和经济效益是相辅相成的有机整体。只有做对社会有益的事情，创造良好的社会效益，我们的经济效益才有生命力。

——2005 年朱拉伊在新南方成立 11 周年庆典大会上的发言

要实现追求就要肩负责任，没有责任，追求就没有价值。人生的价值体现在对人生价值的追求中，在追求中实现价值。是否得到家人、社会的尊重关键也在于是否在家庭和社会中实现自我价值。新南方一直倡导做事先做人，祛邪扶正是我们追求的东西。

如果我不是学中医，不是受中国传统文化的影响，不会有我们今天的事业。一路走来，很多东西是我们必须一直坚持下去的。这是历史发展的轨迹和经验总结，是我们取得成功的思想武器。

——2006 年朱拉伊在新春茶话会上的发言

新南方的发展历程是十分辛苦的，以前发展房地产的时候，欠过别人很多钱，但是不论欠一分还是欠一千，我们都会还，不会欠。现在的中医药发展也是一样，一定要有“诚、信、义”，要把“诚、信、义”作为行为准则，不要见利忘义，要敢于承担社会责任。

我们的创业阶段已经过去了，现在进入了发展时期，我们要继续强基固本，再创辉煌。

——2009 年朱拉伊在新南方成立 15 周年庆典大会上的发言

我坚信，成功会属于我们，如果把今天当作起点，让我们准备就绪，携手并进地为实现目标而不懈努力。

——2003 年朱拉伊在新南方成立 9 周年庆典上的发言

新南方的事业是伟大的事业，我们要以高标准严格要求自己，对社会负责，做对社会有贡献的事。新南方鼓励创新，对于失败我们要积极面对，但不能犯同样的错误。只要我们及时总结，汲取经验教训，不断开拓创新，一定能取得更大发展。

——2007 年朱拉伊在总裁办公扩大会议上的发言

我们要以大众健康为己任，不懈努力，要成为受人尊重的、有高度责任感的企业。我们当时所提出要成为“中国医药产业十强”“世界五百强”，这是我们追求的愿景，能否实现要看大家，我相信只要我们做好，就一定能实现，当然在这个过程中要靠我们新南方人一步一个脚印去履行自己的责任。

新南方的事业是值得大家去为之奋斗的，因为我们从事的是对社会有益的事业，会受到社会的尊重。一个人、一个企业不可能无缘无故成功，也不会无缘无故失败。这么多年来，新南方一代一代的员工、管理者为公司不断奋斗，公司才能走到现在。

——2009 年朱拉伊在新南方成立 15 周年庆典大会上的发言

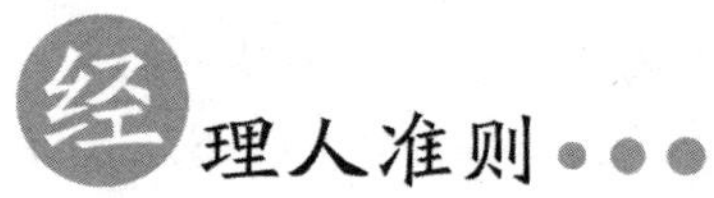

经理人准则

做一个企业的管理者，要能够准确提出问题，完全穷尽。准确提出问题就是公司存在什么问题，准备做什么事情，必须对此非常清晰，思路清楚了就要完全投入实施。大家要对照自己的工作，特别是经营没做好的单位，看看自己工作上是否做到完全穷尽，为什么没做好，原因是什么？大家不要把很多问题归因到外部，要找到出现这些问题的真正原因是什么？其实很多问题主要还是出在单位内部和自身上。目前，单位内部问题占 80%，外部和客观环境都是大家共同面对的，为什么面对同样的外部因素，有些单位能盈利，但有些单位就亏损？新南方内部资源是非常丰富的，但为什么有些单位拥有这些资源都做不好，但有些单位没有这些资源都能做好呢？这主要还是内部因素的问题、管理层的问题。

——2005 年朱拉伊在年度总结大会上的发言

新南方的发展前景是广阔的，但任务也是艰巨的，要实现这个宏伟的目标，需要我们做好几个方面的工作。这要求我们：①要用战略的眼光看待事情；②要建立与战略目标相匹配的支撑体系；③要建立具有强大战斗力的管理团队；④要有激情和踏实的工作作风，以及艰苦奋斗、坚韧不拔的精神。

——2005 年朱拉伊在新南方成立 11 周年庆典大会上的发言

执行度不够是阻碍公司发展的大问题，决策通常是深思熟虑的结果，一经确定就要配合执行。坚定不移地执行决策中心的决策，同时加大监督及反馈的力度，实现资源共享，减少无用功，是提高工作效率、尽早实现目标的有效途径。

——2003 年朱拉伊在年度总结与计划会议上的发言

管理者要深入第一线，及时发现问题，高效解决问题。处理问题时，要想得透，考虑全面，灵活运用发散性思维，做好比较分析，选择最优解决方案。

——2004 年朱拉伊在“房地产板块历史经验总结暨未来发展探索”研讨会上的发言

各个公司的第一负责人要学习老子的思想，运用哲学的观点，去发现我们存在的问题。要找到问题出现的根本原因，避免头痛医头、脚痛医脚的现象发生。

——2006 年朱拉伊在总裁办公扩大会议上的发言

各单位的管理水平要进一步提高，要多开研讨会，发挥集体智慧，共同决策，避免独断专行。我们要“先胜后动”，即要“先算”，计算出成功的概率再行动。要对存在问题进行准确归因，要对前景充满信心，对困难有充分的预见。我们要培养向上、包容、互相学习、互相欣赏的企业道德。

——2006 年朱拉伊在总裁办公扩大会议上的发言

对于公司战略要进行有效反思，有思考才会有提升，以高度的责任感来对待自己的工作。高度的责任感来自抱负、激情和职业道德，希望大家与新南方共同进步，鼓励大家过得更好，但要“取之有道”，不该拿的利益绝对不能拿。不能“精明”，要有大聪明，多为别人着想，自己才能成功。

——2006 年朱拉伊在总裁办公扩大会议上的发言

一个管理者没有战略思维是不行的。管理者思考问题一定要有深度，对业务状态和行业的发展趋势要了解，要有超脱意识，这对管理者的要求是很高的。要按照集团整体战略规划和阶段性战略意图部署工作，把握时机，调动一切资源突破发展瓶颈。

——2009 年朱拉伊在总裁办公扩大会议上的发言

老一代的高级管理者要重燃激情，不断保持向上的精神，不断进取，才能带动下面；如果你不保持激情，不进步，企业就没办法前进，你就会被后来的人取代。年轻人则要不断跨越自己，不断挑战，不断学习，不断成熟，成为企业高级管理人才。

——2009 年朱拉伊在新南方成立 15 周年庆典大会上的发言

作为管理层，一定要有战略眼光，一定要清楚地知道我们未来依靠什么去盈利，依靠什么去竞争，依靠什么去取胜。

每一个新南方人，特别是高级管理人员，一定要时刻谨记公司的经营理念是什么、企业文化是什么、公司倡导什么、公司反对什么，进一步推动新南方的企业责任建设，做一个对社会负责任的企业。

——2009 年朱拉伊在新南方集团总结表彰大会上的发言

我认为，一个优秀管理团队的基本特质可以总结归纳为——团结、拼搏、向上、包容、有执行力、敢于迎接挑战、善于战胜困难。要成功建立起一个团队，团队的第一负责人至关重要，他必须带领好每个团队成员，但若缺少了以上所列举的基本特质，就很难成功。

——2009 年朱拉伊在新南方集团总结表彰大会上的发言

新南方员工准则

人才问题是制约我们事业发展的根本问题，要配合公司的战略步伐，现有的人才结构和人员水平是远远不够的。希望职能部门能配合各单位切实解决好这个问题，如果哪个单位还是无人可用、业绩不佳，相关部门的负责人都难辞其咎。也希望大家在自我学习、自我提升的过程中，同时注重培养和引进人才，更希望大家能不断突破自己，真正将领导力和执行力提高一个层次。

人是能不断突破自己的，集体的智慧更是潜力无限。在压力和困难面前，要勇于创新、勇于承担、积极发掘潜力、尽快整合资源。箭在弦上，整装待发，只要大家有能力、有魄力、有激情、有信心，相信新南方梦想成真的一天将指日可待！

——2003 年朱拉伊在“整合资源　发掘潜力　做大做强”会议上的发言

“做事先做人。”诚信是能得到社会尊重与认可的关键，要做到言必行、行必果，就必须以诚相待，讲求信用，走正道，树正气，做与集体利益相符的事。一方水土养一方人，有怎样的企业文化就会培养出怎样的人才，我们新南方致力培养“五气”人才——大气、勇气、志气、霸气、正气。所以大家的形象不光只是个人的，更代表着新南方整个企业的形象。三大理念八大意识，我们新南方人将以此来经营企业，并经营我们自己的人生。

——2004 年朱拉伊在新南方成立 10 周年庆典大会上的发言

目前公司内部有一些不好的现象，议论人多，论事少。希望大家不该说的话不要说，要少说话、多做事；少谈人、多谈事，不要造成不必要的纷争和误解，营造公开、公正、和谐的工作环境。公司的架构不好要调整架构，人不好就要调整人。公司引进人才越来越理性，理想、诚信、道德是基础，我们仍应坚持一诚对百计。

——2006 年朱拉伊在总裁办公扩大会议上的发言

做工作必须有责任心，这是有“德”的表现，没有责任心就是没有职业道德，这是新南方坚决不允许的。

——2006 年朱拉伊在总裁办公扩大会议上的发言

在新南方受欢迎的员工是那些自动自发的员工、找方法提升业绩的员工、从不抱怨的员工、执行力强的员工、能提建设性意见的员工。不受欢迎的员工是那些找借口的员工、损公肥私的员工、斤斤计较的员工、华而不实的员工、受不得委屈的员工。

——2008 年朱拉伊在第五届新南方高级管理人员培训班上的发言

我们要成功，新南方的企业文化必须体现在每个人身上，新南方人必须有以下几方面特质：第一，要有抱负、有理想、有追求、有责任心。第二，要保持激情。第三，要学习、传承中国的传统文化，要学会尊重别人，要包容、谦卑。第四，要成为有智慧的人，要敢于去实践，不断地学习，跨越自己。第五，要甘于奉献，不要计较，一时的得失不足以说明一个人的成败，也不能说明一个人的问题，一个人有没有价值，主要看你对社会、对别人有没有贡献。第六，要敢于挑战，敢于面对困难，不要轻易放弃，碰到事情要想清楚，准确提出问题，完全穷尽。第七，要勤俭、节约，该花的钱可以花，不该花的，一分钱都不能花，离开办公室要关灯、关空调，节约资源，即使我们富有了，也要保持节约的习惯，把钱用在该用的地方。第八，做人要有正气。该拿的才可以拿，不该拿的就不能拿，一定要牢牢记住自己的使命，作为新南方的员工，尤其是管理者，要上对得起公司，下对得起你的员工，最关键还是要对得起社会。这八个方面大家一定要记住，要形成我们新南方人的特质，让大家一见到你，就觉得你是一个有这样气质的人，因为有这样气质的人就容易成功，容易得到别人的尊重。

——2009 年朱拉伊在新南方成立 15 周年庆典大会上的发言

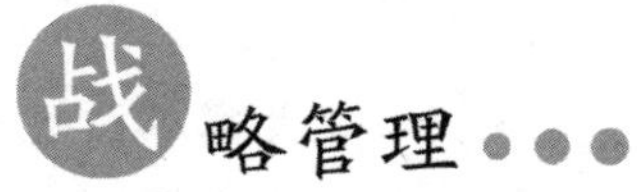

战略管理

战略制定者要有广博的知识，要善于思考和摸索，对问题的本质要能看透，要先谋而后动、先胜而后战，要懂得取舍，该放弃的要放弃，该做的要组织力量去做好，要把握住关键点、节点。

——2003 年朱拉伊发言记录

新南方集团未来发展的战略目标是，重点发展中医药产业，房地产稳健寻找发展。现在房地产与珠光公司的合作也非常顺利，北京珠江御景、广州珠江高派和珠江新城项目是明年的重点项目。房地产产业也要进一步发展，它是新南方集团向前发展的重要经济支柱，目前中医药板块经营亏损，必须得到房地产的经济支持，才能实现向前发展。

我们在中医药产业的战略规划上要抢占两个制高点：一个是开发拥有自主知识产权的产品；一个是构造终端渠道，这方面我们已经形成了多领域的终端渠道，形成了全面的、新南方独有的产业体系。我们建立这些是为了我们更伟大的抱负和追求，我们要打造全国最著名的医药集团，能够真正为大众健康、为社会的健康事业作出贡献。我们经过了 6 年的摸索和建设，我们中医药产业的前景是非常广阔的。

——2005 年朱拉伊在年度总结大会上的发言

新南方的战略思想是：稳步发展，寻找突破。稳步发展不代表不突破，是等待机遇，创造机遇，看准就大胆向前。我们要创造更好的业绩，让大家过更好的生活，让我们对社会作出更大的贡献，让我们得到更大的认可，这些都是互动的。我希望大家能充满信心，接受挑战，大胆向前，完全穷尽，那我们的事业一定能够成功，我相信我们能够成就一番伟大的事业，我也相信大家有这种抱负，我们有这种实力和能力去实现我们的目标，去为社会作出更大的贡献！

——2005 年朱拉伊在年度总结大会上的发言

战略是要有所取舍的，战略的本质就是选择不做哪些事情。战略设定了取舍原则，这些原则界定了各个单项运营活动如何配置并整合在一起。诸如组织结构、系统和流程都必须与特定战略相配套，要合理整合利用各种资源支持战略定位。客户关系、运营卓越、产品领先三者选一，并不是说其他两方面不重要，而是有侧重、有层次，三者实际上组成了完整的系统，缺一不可。同时，战略是分阶段实施的，也是需要细分的，在公司不同的发展阶段都有对应的战略目标，只有实现了各阶段的目标，才能实现公司制定的发展战略。

——2007 年朱拉伊在总裁办公扩大会议上的发言

中医药产业是一个非常有发展前景的行业，我们有信心在这个产业里做好我们的工作。中医药产业是研究型的，回报周期是较长的，我们是通过房地产的高回报来支援中医药的产业链，我们是有长远打算的，我们已做好了充分准备。

——朱拉伊在 2007 届新员工培训交流会上的发言

要从战略层面去思考这些问题……先谋而后动，先胜而后战，建立可盈利的模式，这是关键。只有这样，我们才能更持续地对社会作出更大的贡献，也只有这样，我们才能引入资本。

——2009 年朱拉伊在邓老凉茶营销政策研讨会上的发言

我们要走一条根本强大之路，这条路要如何走：首先，把战略制定好，把模式想好，组织构架调整好。模式必须是可复制的，可盈利的，跟战略是对应的，这样才能成功。如果这种模式经营下来是亏损的，那就说明这种模式不能用。明年重点还是要明确战略，战略没明确的要尽快明确，模式不明确的要尽快明确，组织架构要搭建，激励机制也要建立，然后就是执行问题。战略没定下来，战略决定一切；战略定下来，细节决定成败，这些都是很有哲理的。

——2008 年朱拉伊在新南方集团年度总结暨表彰大会上的发言

在定位理论当中，有一个原则：要选择一个“我有的，对手没有的，市场需要的”概念，并不断地重复宣传这个概念，将自己与之联系起来，进而在消费者心中占据一席之地。

谁懂得定位，谁就可能博得消费者的青睐，分得市场上最大的蛋糕；谁不懂得定位，谁就可能成为消费者心中“被遗忘的存在”。

——2010 年朱拉伊在第六期中高级管理人员培训班上的发言

市场营销

品牌的内涵是异常丰富的。它的无形资产是巨大的。珠投、合生以及我们公司楼价高出市场均价许多，却依然受市场热烈追捧。这就反映了品牌的价值和意义所在。不管是过去、现在或未来，“创品牌，树形象”都是我们所应坚持、贯彻的重要战略思想。

——2004 年朱拉伊在“房地产板块历史经验总结暨未来发展探索”研讨会上的发言

不断打造品牌，提升物业附加值。销售人员要研究客户对我们产品最关心的是什么？要多跟客户沟通，了解他们的需求，同时要对自己的产品有信心，以“无招”胜“有招”。即使最后不能成交，销售人员也要保持笑容、亲和力，同时充满自信，要包容和真诚，这样才能吸引客户，让客户感觉你可信可亲，从而产生信赖感。

——2005 年朱拉伊在新南方营销知识培训班上的发言

我们做邓老凉茶就应该把文化理念贯彻到底。相对王老吉把凉茶做成饮料的市场定位，我们采取的战略是确立真正意义上的凉茶市场，宣扬中医药传统文化，让人们通过凉茶了解中医药，通过中医认识凉茶，这是一个相辅相成的过程，我们打的是文化牌，要建立独具特色的文化品牌。未来的市场竞争是文化和附加值的竞争，具有高利润、高附加值的产品才能占有市场的先机。中医文化即是邓老凉茶的核心附加值，如何充分发掘附加值的作用是我们目前经营管理中最重要的问题。同样，我们地产、酒店的核心附加值是健康文化理念。

——2006 年朱拉伊在新春茶话会上的发言

要制定可实施的行动纲领，指导行动。在营销策划上，一定要围绕着“我来了；我是谁；我来干什么；我能提供什么”这四句话细化宣传内容。一定要贯彻体验营销——什么是中国凉茶道，什么是现代凉茶，为什么要喝邓老凉茶，喝邓老凉茶有什么好处，这些诉求我们一定要讲清楚，宣传给顾客，深度灌输到消费者大脑，提倡高档中医养生文化，塑造邓老凉茶高端品牌。这种方式虽然需要时间，但也是一种实现可持续发展的模式。

——2009 年朱拉伊在邓老凉茶营销政策研讨会上的发言

我们必须将品牌作为企业发展的核心竞争力，将打造品牌作为我们的主要任务。在经营活动中，要好好思考——我们的工作是不是围绕自己的品牌展开？我们的营销活动是不是和品牌建设密切相关？

——2009 年朱拉伊在年度总结大会上的发言

定位的目的是使产品在潜在顾客心中占据有利的地位。定位的真谛就是“攻心为上”，消费者的心才是营销的终极战场。要抓住消费者的心，必须了解他们的思考模式，这就是进行定位的前提。

——2010 年朱拉伊在第六期中高级管理人员培训班上的发言

继续以“营销”为龙头，一切皆要以“支持一线营销”为主导来开展我们的业务。坚持以市场为导向，以营销为龙头，客观分析公司产品的动销情况，并归因、推导产生问题的相关因素。

——2009 年朱拉伊在年终总结大会上的发言

要建立满足客户价值的盈利模式，并要求团队认真执行，保障团队持续增长。开拓国际市场时，经营观念和商业模式很关键，要转变观念，制定可行的商业模式，才能与非洲国家进行谈判，我司出技术、产品，对方用资金、资源来平等交换，我们决不做亏本生意。

——2009 年朱拉伊在总裁办公扩大会议上的发言

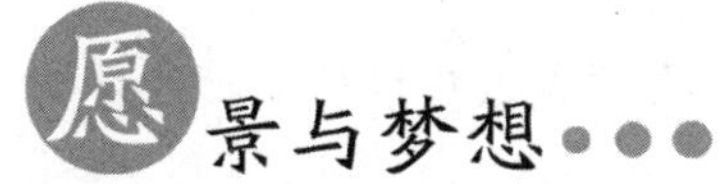

愿景与梦想

新南方未来的发展前景，出路在哪里？我们要学会从历史中看未来，以史为鉴。回顾我们的发展历程，新南方所走的是以中国文化为指引的发展道路。在知识爆炸、信息全球化的当今社会，在竞争日益激烈的市场环境中，企业要如何发展，走什么样的发展道路，是摆在我们面前的重要课题，值得大家深思。我们的战略应取之何处，应如何取舍？这些问题都亟待解决，要思考清楚。

——2006 年朱拉伊在新春茶话会上的发言

作为管理层，一定要有战略眼光，一定要清楚地知道我们未来依靠什么去盈利，依靠什么去竞争，依靠什么去取胜。要培育我们的核心业务，创新我们的经营模式，创立我们的核心产业，并在此过程中加强培养人才，加强学习，围绕我们的核心业务来展开经营活动。

——2009 年朱拉伊在年度总结大会上的发言

价值创新很大程度上是如何追求买方价值的重大突破，同时也是如何推动行业成本结构的迅速改组。创造新价值曲线的四个行动是：降低（应该降低哪些因素，使之大大低于本行业标准）、提高（应该提高哪些因素使之超过本行业标准）、消除（应该消除哪些本行业习以为常的因素）、创造（应该创造哪些本行业从未提供的因素）。

——2010 年朱拉伊在第六期中高级管理人员培训班上的发言

我们的产品充分以顾客利益为准则，以市场需求为导向。在产品开发、设计上，崇尚“健康家园”的理念，要让客户住得更舒适，活得更健康，事业更兴旺。这些理念顺应了当代兴起的“健康”思想潮流。从我们多年发展的轨迹来看，我们基本达到了预期的目标，也得到了社会的高度认同。

——2004 年朱拉伊在“房地产板块历史经验总结暨未来发展探索”研讨会上的发言

管理者要正确地判断未来。未来是看到别人看不到的地方，算别人算不清的账，做别人做不到的事。管理者要进化思路。目前信息化改变了旧的商业模式和行业，进化是适者生存、优胜劣汰。如何适应社会的发展与社会同步，用机制和文化来优化团队，形成有竞争力的团队，这是每个管理者都必须要思考的。

——2008 年朱拉伊在第五届新南方高级管理人员培训班上的发言

企业的战略方向至关重要，团队建设至关重要，薪酬、人员架构、企业文化等各方面都很重要，都是相互紧扣的，我们要打好这些基础，以便实现我们上市的目标，提升我们企业的综合竞争力。

——2009 年朱拉伊在新南方成立 15 周年庆典大会上的发言

新南方 24 年的发展有着一种哲学的思想：有责任、有担当，多为他人着想，别人也会为你着想，这种利他的形象让我们的事业得到了多方面的支持。新南方的使命感，体现在青蒿素复方抗疟项目和科摩罗方案的成功践行，也体现在将邓老凉茶品牌做强做大，将宝贵的中医药经验贡献、挖掘出来，分享给社会，让更多人共享健康。

——2018 年朱拉伊在新南方成立 24 周年庆典大会上的发言

新南方人要学会且行且悟，面对困难要有韧性，敢于担当。做到战略性的判断和战术的相配合，不断克服困难，不断总结，奋勇向前。要对自己充满信心，我相信新南方的未来会更灿烂更辉煌！什么是人生？人生就是要不断地向自己发出闪电般的挑战，恒久追求生命最为壮丽的美好未来！我作为一个普通农民的儿子，通过自己努力奋斗考取了大学，悬壶乡里，济世救人，立志梦想。我感恩时代给予的机遇，也感谢自己当初的不懈努力和坚定选择，给我的未来开启了新的大门，也为梦想的实现创造了新的可能。正如王阳明说："志不立，天下无可成之事。"只要立志做一件事，坚持下去，就一定能成功。

迎着2019年的第一缕阳光，我们站在新的起点眺望，对未来充满信心，对我们进行的事业充满期待。奋进是新南方的常态，奋斗是新南方的精神，新南方人就是这样风雨无阻地砥砺前行。要有勇于担当、善于作为的勇气，让梦想在心中燃烧。理想与责任激励我们去奋斗，美好的未来属于奋斗者。

——2018年朱拉伊在年终表彰大会上的发言

产品要成为品牌，第一看品质，第二看文化，企业也是如此。企业要发展，就要有燃烧的斗魂和一颗利他之心，为别人着想，为社会发展着想，为祖国繁荣富强、为人类社会的进步和发展作出应有的贡献。古代，葛洪发现青蒿草可治疗疟疾；近代，屠呦呦教授与李国桥教授运用现代科技，提炼青蒿素，利用现代技术证明了老祖宗所留财富的科学性。这是中华民族的文化和智慧发展传承的过程。

——2019年朱拉伊在年终总结暨表彰大会上的发言

青蒿药业、邓老凉茶的发展得到了诸多领导、专家、朋友们多年以来的大力支持，这种支持是超越金钱范畴的，也是新南方得以不断发展的重要原因。

——2019年朱拉伊在年终总结暨表彰大会上的发言

公司利益高于一切。公司制定战略需要得到充分执行。团队至高无上。团队不能单打独斗，团队精神对于企业至关重要。规范就是权威，规范是一种精神。我们要沿着公司明文规定的原则前进。没规矩、没制度、没规范，企业就走不长远。从个人行为礼仪到工作态度，我们都要讲规矩、懂礼节、遵守公司制度。主动就是效率，把复杂的事情简单化。中医说"急则治其标，缓则治其本""寒者热之，热者寒之，实者泻之，虚者补之"，治理企业亦是如此。做事要以结果为导向，推诿无效。主动创造效益才能走得远；工作要做足、做在前，要主动关注过程，跟进落实，及早发现问题，及早处理问题。

——2019 年朱拉伊在年终总结暨表彰大会上的发言

企业要持续兴旺，必须具备两个基本条件：一是要有燃烧的斗魂，二是斗魂的根基，即人格、道德和一颗美好的利他之心。永远保持齐心进取的心态做事，不断朝着目标去奋斗，去拼搏，久久为功，锲而不舍，并且把工作做细、做透，那么企业一定能成功。

——2019 年朱拉伊在年终总结暨表彰大会上的发言

把握谋划规律，懂得在反复的进退修改中完善谋略、修正问题，进一步将其落实为规章制度。制度的生成就是谋万世的最好体现。以制度治理公司，这才是最长久、最稳固的谋略。

——2019 年朱拉伊在年终总结暨表彰大会上的发言

企业发展要推动社会的进步，不能受利所困，我们选择这个行业，是与“义”相行的。

——2019 年朱拉伊在新南方成立 25 周年庆典大会上的发言

能用众力，则无敌于天下矣；能用众智，则无畏于圣人矣。所以各公司、各部门第一负责人一定要带好自己的团队，多思考公司的战略，提高执行力，遇到困难要坚韧不拔，鼓足干劲，充满信心去克服，不断向自己发起挑战，坚定地向着目标前进。

——2019 年朱拉伊在新南方成立 25 周年庆典大会上的发言

二十五周年是我们的行动年，我们即将迈上新的征程，开创新的辉煌。新南方人要记住“为祖国的繁荣富强，为人类社会的进步和发展，作出应有贡献”的宗旨，谨记“以大众健康为己任，不懈努力”的使命！长风破浪会有时，直挂云帆济沧海。新南方人有坚韧不拔的意志，公司有困难大家一起坚守，团结一致，任何强大的敌人，任何困难的环境，都能取得胜利。我们的追求，我们的梦想是让中医的光芒照耀全球！我相信我们的雄心壮志一定能实现！

——2019 年朱拉伊在新南方成立 25 周年庆典大会上的发言

公司的每个人一定要坚守正确的世界观、道德观和价值观。守道者升成，失道者沉败。新南方并不是通过一味抬高定价来牟取暴利的企业，而是通过挖掘和整理国医大师的经验来提升价值，通过科技创新来获得利润，并且具有高度社会责任感的企业。

——2020 年朱拉伊在新南方成立 26 周年庆典大会上的发言

我希望大家能够充满激情，满怀壮志，肩负责任，不忘初心。我们的目标是让中医温暖世界，造福人类，希望大家能共同朝着这一宏伟的大健康目标砥砺奋进！

——2020 年朱拉伊在新南方成立 26 周年庆典大会上的发言